国家出版基金项目
NATIONAL PUBLICATION FOUNDATION

名师 党校

中央党校大讲堂

刘景禄讲稿

ZHONGYANGDANGXIAODAJIANGTANG

实事求是

中共中央党校出版社
The Central Party School Publishing House

图书在版编目（CIP）数据

刘景禄讲稿/刘景禄著.—北京：中共中央党校出版社，2013.11

（中央党校大讲堂系列）

ISBN 978-7-5035-5165-9

Ⅰ.刘…　Ⅱ.刘…　Ⅲ.社会科学-文集　Ⅳ.C53

中国版本图书馆 CIP 数据核字（2013）第 271915 号

刘景禄讲稿

责任编辑　曲　炜　王　琪
版式设计　尉红民
责任校对　张新月
责任印制　宋二顺

出版发行　中共中央党校出版社
（北京市海淀区大有庄 100 号）
邮　　编　100091
网　　址　www.dxcbs.net
电　　话　（010）62805800（办公室）（010）62805824（发行部）
经　　销　新华书店
印　　刷　北京四季青印刷厂
字　　数　254 千字
版　　次　2013 年 11 月第 1 版　2013 年 11 月第 1 次印刷
开　　本　700 毫米×1000 毫米　1/16
印　　张　15.125
定　　价　46.00 元

编者说明

历经80年的风雨，中央党校作为培训轮训党员领导干部，培养党的理论队伍，学习、研究、宣传马列主义、毛泽东思想和中国特色社会主义理论体系的重要阵地和干部加强党性锻炼的熔炉，在党的干部教育方面一直发挥着重要作用。中央党校的教师们以他们独特的学术视角、深厚的理论功底和紧跟时代发展的观念意识，在讲堂上传播智慧，启迪思想，其中一些教师还为中央政治局集体学习做过讲解，他们多年的研究成果和授课经验是十分难得的珍贵教学研究资料。

因此，我们选取了在中央党校有代表性的教授，将他们的讲稿进行精选和编辑整理，形成《中央党校大讲堂》丛书。丛书中收录了各位中央党校著名教师为中央党校各班次学员、地方党校学员以及政府机关和企事业单位培训授课的讲稿。这些讲稿在一定程度上展示了中央党校的教学风貌，反映了中央党校教学的高度，也体现了中央党校在中高级党政领导干部教育方面所作的努力和贡献。

丛书第一辑共收录了10位名师的讲稿，讲稿的每一位作者均为学界一流的专家，内容涉及马克思主义理论、中国特色社会主义理论体系、哲学、经济、党史、党建、文化等各个领域。

希望通过这些讲稿的公开出版，可以使更多的读者受益，在感受各位大家学理智慧的同时，承续厚重的历史，提升知识和文化涵养。

2013年7月

前　言

近30年来，我在中央党校内、外讲课的主要内容，大都可以纳入在“文化”二字的范围内，从这本书的目录可以看出我在全力张扬中国传统文化，我以为这是我的责任和义务，也是我最情愿做的事情。

20世纪五六十年代，我有过长期读经史子集之类线装书的经历，以后由于兴味驱使，即使在“文化大革命”中也没有完全中断古文古史的阅读。到了改革开放的年代，中国传统文化恢复了应有的地位，可以名正言顺地研究、宣讲了，甚至堂而皇之地登上中央党校课堂，我作为文史教师十分兴奋，讲起课来自然也就十分卖力。20世纪末，经中央党校校委批准，我们文史教研部组建了文化学教研室，吸纳了一批年轻的博士，这方面的教学与研究工作进一步拓展开来，迹象令人乐观。

传统文化、宗教文化、国民教育以及《红楼梦》研究是我30年来教学、研究工作的主要内容。我认为，今天的党政领导干部应该懂得祖国的传统文化，不能精到，也要粗通，否则他们就不可能懂得什么是“中国特色”。近代杰出翻译家、思想家严复于1921年逝世时在其遗嘱特意说到传统文化：“须知中国不灭，旧法可损益，必不可叛。”他的话仍值得今天的我们认真省察。宗教文化也是当代干部综合素养的重要内容之一，我们的干部不信宗教是正常的，但能多懂一些宗教，懂得尊重宗教，对构建和谐的中华民族大家庭将是意义深远的事情。国民教育是兴国之基，这话我们的干部人人都会说，但真懂得的人有多大比例？所以我喋喋不休地讲过几次教育问题，不揣简陋，将一孔之见发表在这里。《红楼梦》研究是我的爱好，也是传统文化的内容，我在文史知识讲座中讲过许多次，似乎大家很爱听，所以把讲稿也收入此书之中。

关于传统文化讲的次数多，讲稿中小部分内容略有重复，为保存原貌，没有删改，敬请谅解。

刘景禄

2013 年 8 月

目　录

目　　录　　CONTENTS

社会主义文化建设理论与当前中国的文化建设

一、简释“文化”

“文化”在日常生活中是个使用频率很高的词汇。可是，一旦认真问一下什么是“文化”时，作出一个大家都公认的答案就不容易了。据有人统计，迄今为止世界各国有100种到200种关于文化的定义，但没有哪一种具有公认的权威性。

在中国古籍中最早把“文”、“化”两个字联系起来的是《易经》：“观乎人文，以化成天下。”其意思是：圣人考察人类社会的文明，用其精神（指儒家的诗书礼乐）来教化天下人，使社会变得文明而有秩序。在以后漫长的封建社会中，一直是在“文德教化”这个意义上使用“文化”这个词汇的，这和我们今天使用的“文化”一词，虽然有联系，但并不一样。

在西方，“文化”一词源于拉丁文“CULTUE”，本意是“耕作”、“开化”之类的意思。在后来的欧洲历史中“文化”一直是指由于人类在思维和理性方面的发展而引发的整体社会生活的变化。我们今天使用的“文化”一词，是由西方的“文化”（英语为CULTURE）意译而来，在内涵上与之等值。

我们认为：人类凭借自己独有的理性和智慧，为着某些特定的目的，在征服自然和管理社会过程中所创造的一切物质成果和精神成果以及制度习俗，都属于文化的范畴。马克思在《1844 年经济学—哲学手稿》中说的“自然的人化”，即指示了文化这个概念的外延。

换一种说法就是，文化是指一个社会人群所具有的既相对稳定又不断演化着的物质和精神生活样态，即生产方式、组织方式、生活方式，行为方式等，其深层意蕴就是理论、观念、心理以及科学、宗教、文学、艺术、法律、道德等。广义的文化（或称大文化）包含物质文化和精神文化全部。狭义的文化则特指精神文化以及与之相适应的各种制度。我们要侧重研究讨论的是狭义的文化。

二、建设有中国特色的社会主义文化必须把握的几个重要原则

我们通常把政治、经济、文化三者并提，因为正是这三者构成一个社会的有机整体。经济是基础，政治是经济的产物，文化又是经济和政治的产物，它们相互作用，相互制约，共同推动社会向前发展。人类社会正在一步步地从必然王国走向自由王国，人类在自然和社会中获得的自由度逐步增大，当今人类社会的进步和发展在相当大的程度上受制于人们按照某种价值取向对世界的自觉地、能动地规划和改造。文化意味着人类对自然和社会的自觉认识和把握，随着社会的发展，文化在社会发展中的作用必然越来越大。因此，我们必须高度重视文化在社会中的地位和作用。江泽民在 2001 年的“七一”讲话中详尽地阐释了“我们党要始终代表中国先进文化的前进方向”的思想，我们应高度重视和深刻领会，并在其指导下努力搞好我们的有中国特色的社会主义新文化建设。

有中国特色的社会主义文化建设涉及许许多多的问题，我们首先需要弄清和把握的应该是如下几个重要的原则问题：

（一）坚持马克思主义在文化建设中的指导地位

世界历史上任何一种文化形态都是在某种特定的指导思想指引下形成的。如中国古代文化即是在以儒家思想为底色的思想体系指引下逐步形成的，而现代欧美文化则是自觉不自觉地在西方启蒙运动思想家们的

理论指引下逐步形成的。没有指导思想的文化是不可想象的。当代我国社会主义的经济和政治决定了我们的社会主义文化建设必须“坚持以马克思列宁主义、毛泽东思想、邓小平理论为指导”。我们的社会目前还处在社会主义的初级阶段。在经济上，以公有制和按劳分配为主体，其他经济成分和分配方式为补充；在政治上，实行中国共产党领导的多党合作的政治协商制度；由这样的经济、政治决定的文化就必然呈现出多成分、多层次、多样化的特点。因此，只有马克思主义的统一指导，才能把这种多样化的文化格局统一到社会主义这个大目标上来，才能保证中国文化的社会主义性质和鲜明特色。马克思主义理论是科学，它在揭示自然、社会和思维发展的普遍规律的同时，也揭示了文化的起源、本质和发展规律。作为最科学的世界观和方法论，它具有指导我们一切工作的品格，同样可以最有效地指导我们的社会主义文化建设。邓小平曾说：“对马克思主义的信仰，是中国革命的一种精神动力。”① 离开马克思主义的指导，我们的社会主义文化建设就要失去动力，失去灵魂，失去方向。

（二）文化建设必须根植于并服务于当代实践

我们正在建设有中国特色的社会主义，这是没有先例的伟大历史实践，我们的文化建设必须始终“立足于建设有中国特色社会主义的实践”。文化建设既是社会主义建设的根本内容之一，同时应发挥它的巨大功用服务和促进经济和政治建设。社会主义文化的功用主要体现在如下几个重要方面：

1. 要充分发挥文化的伦理教化功能，为现代化建设事业提供精神支持

一个健全的社会总要有自己特有的思想观念和价值体系，这是文化核心的核心。在长期的社会实践和共同生活中，通过教育、培养和熏陶，使这种思想观念和价值体系为全体社会成员普遍接受，从而形成大体一致的思想信仰、价值追求和行为规范。这就是我们通常说的民族精神，有了它一个国家民族就有了强大的凝聚力，就可以干成大事业。如今，“四化”建设事业已经把全国人民动员起来了，各个阶层的人们依

① 《邓小平文选》第3卷，人民出版社1993年版，第63页。

照不同价值取向同时参与进来，认识不一，行为各异，评价不等，一时间形成了某些无序状态，甚至唯利是图，弄虚作假，蝇营狗苟，违法犯罪的现象也普遍出现。在这种情况下，社会主义文化的信仰教育、道德教育、法制教育的功用就突现出来了。我们现在正在进行的“三讲”和“三个代表”重要思想的教育，就是在新的历史条件下进行的坚定共产主义信仰、提高共产党员品德、强化遵纪守法意识的教育。通过这个教育，首先全面提高党的领导干部和党员的素质，继而教育和影响全国人民。此外，我们还要调动一切教育手段，如宣传媒体和文学艺术，来进行信仰、道德和法制教育，向人们提供真假、善恶、美丑的价值判断标准，把全社会的智慧和能量凝聚起来，形成强大的精神动力，目标一致地建设有中国特色的社会主义。

2. 要充分发挥文化的技能教化功能，为现代化建设事业提供智力支持

文化中凝结着一代又一代人积累下来的知识、经验和社会生活技能，通过文化教育，将其传给下一代；下一代经过发展和丰富再传给下一代。文化的传递和发展意味着社会的进步。人类社会走到今天，知识和科学文化在社会生活中的作用越来越大，成为生产发展和社会进步的关键性因素。“科学技术是第一生产力”，邓小平的这个科学的论断已经被社会普遍承认。刚刚过去的20世纪的历史表明，所有发达国家生产率的增长主要是靠科学技术的进步获得的。正是鉴于这样的现实，党中央提出“科教兴国”的方针，大力发展科技和教育事业，培养知识渊博能力高强的各类人才。当前，我国人口的整体文化科学素质还不高，培养足够比例的高水平的各类人才还须经历相当长期的过程和相当长期的努力。

3. 我们还须认识到文化的定向功能，即一种成熟的文化可以制约和塑造人们的认知方式、思维方式和生活方式，从而决定一个社会的特色和取向

一个国家民族的思维传统和价值体系一旦定型，它就会形成一种潜在的惯性力量，制约人们认识和改造世界的方式，进而决定其未来走向。从这个意义上说，有中国特色的社会主义文化建设成败甚至关乎着我们国家民族未来的命运。

（三）继承祖国历史文化的优秀传统

如何认识和对待祖国的传统文化，从五四运动以来一直是个讨论的热点。这是一个科学问题，需要作理智的思考，情绪化的论断是轻率无用的。马克思在（《路易·波拿巴的雾月十八日》）一文中曾说："人类自己创造自己的历史，但是他们不是随心所欲地创造，并不是在他们自己选定的条件下创造，而是在直接碰到的、既定的、从过去继承下来的条件下创造的。"马克思的这个论断对于我们如何对待传统文化有着直接的指导作用。"我国几千年历史留下了丰富的文化遗产，我们应该取其精华、去其糟粕，结合时代精神加以继承和发展，做到古为今用。"中国传统文化，特别是作为其核心的精神文化部分，大体是在春秋、战国时代定型的。那是个充满灾难的混乱的时代，在文化上却创造了辉煌的成就。其特点是人们冲破天命鬼神的观念，张扬理性精神，凭借自己的理性思考去探索世界的本质和规律，构筑出庞大的理论和知识体系。这个时代先后出现了老子、孔子、墨子、庄子、公孙龙子、荀子、邹衍、韩非子等一大批思想家，形成了儒家、道家、墨家、名家、法家、阴阳家等大的学派，留下大量经典性著作，对其后中华民族两千多年的历史产生了广泛深刻的影响，规定了中华文化的特质和型范，指示了中华文化的未来走向。秦汉以后，中国文化不断发展，深化，充实，出现过若干领先世界的辉煌时代，如汉代、唐代、宋代、清代前期等。传统文化到了 19 世纪呈现出明显的衰败之势。那之后，一代又一代的中国人为振兴中华文化而奋斗，直到新中国成立才有了重新振兴的条件。如何承继传统文化中的精华，使之向现代转型，成为我们民族的精神力量，这是个相当复杂的问题。下面，我们就几个带有根本性的问题，讲一下传统文化精神应该继承而且完全能够继承的道理。

1. 由传统的"忧患意识"到现代爱国主义精神

中华民族是个重理智的民族，在经历无数兴亡盛衰、深重苦难之后，培养出一种可贵的忧患意识。如儒家最早的经典《易经》里说："君子安而不忘危，存而不忘亡，治而不忘乱，是以身安而国家可保也。"《孟子》里说："生于忧患而死于安乐。"这是我们的先民对天道自然和人生社会长期观察和深沉思索得出的结论，是一种深沉的戒惧心情，也是一种坚毅的人生态度。从这种忧患意识出发，到"忧国"、"忧民”、“忧天下”直到“天下兴亡，匹夫有责”，形成了中华民族的爱国主义传统。从屈原到文天祥、到秋瑾，历史上的爱国英雄犹如满天星斗，把这种爱国主义精神一脉传承下来，直到今天。我们中国共产党的无数先烈和先驱者也是怀着这种忧患意识走上革命道路的，读一读方志敏烈士的《可爱的中国》便可深切地感受到这一点。当前，我国的“四化”建设大业正在迅猛向前发展，但是潜在的问题也不少，如果不能洞见和预防，都可能带来严重的后果。忧患意识是一种富有远见的精神状态，我们今人仍须具备。由忧患意识发展而来的爱国主义精神是永远不可或缺的，仍是当代文化建设的一个重大课题。

2. 由“穷变通久”的思想到现代改革自强的精神

中国传统文化中有一种深刻的“发展、变化”的观念，这就是始于《易经》时代的“穷则变，变则通，通则久”的思想，中国人把其视为宇宙、自然、社会、人生的法则，认定事物的变化和生灭是普遍的、绝对的，天地万物，概莫能外。我们的先民认为人是自然的一部分，人应该效法“天道”，要不断变化向上，奋斗不懈。《易经》里说：“天行健，君子以自强不息。”这样，刚健自强就成了高尚人格的核心，它鼓励人们去追求高远的目标，为崇高的理想去献身。这种信念和追求，造就中国历史上无数大有作为的英雄人物，鲁迅称他们为“中国的脊梁”。正是“穷变通久”的思想和“刚健自强”的信念又形成了中国历史上的“变法求强”的传统。历史上的商鞅、王安石、张居正等人领导的变法便是例证。鸦片战争以后，“变革弊政以求自强”成了全民族的基本心态，成了中国近代史发展的“内驱力”。龚自珍、魏源、王韬、郑观应、严复、康有为等思想家无不以传统的“变易观”为武器，提倡变法求强。中国近代史上的改革，虽然步履维艰，艰难曲折，终究还是缓慢地推动了历史的进步。我们今天为建设有中国特色的社会主义所进行的改革，实质上也是历史上改革的发展和延续，目的都是求中国之富强。

3. 由传统的“民本主义”到现代的民主主义

在中国传统文化中一直存在着“民为邦本”的思想。如《尚书》里说：“民可近，不可下。民为邦本，本固邦宁。”孟子的“民为贵”的话更是尽人皆知。儒家在上述思想的基础上进一步提出“德治”的主张。这些思想显然带着很大的理想成分，历代的统治者没有人完全做到，但至少对他们起到了一些约束作用，使历史上出现了一些较贤明的君主和好官。但是民本思想还不是近代的民主思想。与西方的“民有，民治，民享”的思想相对照，中国传统思想中完全没有“民治”的内容。近代我国的先进的思想家和革命家们接受了西方的民主观念后，重新研究中国固有的民本思想，作出新的解释，赋予它“人民当家做主”的内容，使其演化成现代的民主思想。这样，我们就有了一个明确的概念：人民是国家的主人。由此演化出“公仆意识”，即共和国的官员是人民的公仆，他们的天职是为人民服务。

4. 中国传统文化与未来的世界社会

20 世纪人类文明发生了人们没有想到的巨大变化，21 世纪还将会有我们无法预料的大变化。但是文明的发展和进步从来都是一把“双刃剑”，带来的不全是美妙的后果。从人和自然的关系说，由于人类无止境地向自然索取，造成对自然的巨大破坏，气候反常、环境污染、资源穷竭、耕地减少、物种灭绝等都是眼见的事实。从人和人的关系说，工业文明的进步带来了社会失衡，导致人性的异化。金钱拜物教、权力拜物教到处泛滥，导致精神价值失落，道德沉沦。如德国学者马尔库塞所说，这种社会造就了只有物质生活，没有精神生活，没有创造性的麻木不仁的“单面人”。对这些问题马克思早在 19 世纪就有批判。上述问题是全球性的，须用全人类的智慧来解决。中国是世界第一人口大国，应该为解决上述问题作出贡献。

中国传统文化中始终贯穿着“天人合一”的思想，强调主体与客体的统一，强调有机地、整体地看待天地间的万事万物，这对今人未尝不是一种智慧的启示。《庄子》里说：“天地与我并生，万物与我为一”；宋代思想家张载说：“民吾同胞，物吾与也”，都是强调人是自然的一部分，要热爱自然，平等、和谐地对待自然。这种思想可以启发人们善待自然，对西方“戡天役物”的倾向有所补正。儒家历来讲“内圣外王”，即向内追求个人的人格完善，向外追求社会的安定和谐。人格完善包括讲求“义利之辨”，讲求个人对社会的责任。这同西方以个人为本位的价值取向不同，应该对其有所补正。

（四）博采世界各国文化之长

早在 19 世纪，马克思和恩格斯就在《共产党宣言》中作出这样的论断：“过去那种地方的和民族的自给自足和闭关自守的状态，被各民族的互相往来和各方面的相互依赖所代替了。物质的生产是如此，精神的生产也是如此。各民族的精神产品成了公共财产。”马克思、恩格斯这个论断进一步被20世纪的历史所证实。如今市场经济大潮已席卷全世界，所有国家都主动地开始“照国际惯例办事，与国际惯例接轨”了。正是面对这样的现实，邓小平指示中国人要“面向现代化，面向世界，面向未来。”江泽民也强调指出，发展社会主义文化“必须具有世界眼光”。从文化的角度看，在当前这个时代自然科学、社会科学、思想、道德等等，都已超越国界，成为一种世界性的文化现象。与世隔绝是没有出路的，聪明的中国人当然不会自外于世界。列宁在十月革命后谆谆告诫苏联青年“必须善于吸收人类的全部知识”，并说，只了解共产主义口号是危险的。他提醒人们：“只有确切地了解人类全部发展过程所创造的文化，只有对这种文化加以改造，才能建设无产阶级文化，没有这样的认识，我们就不能完成这项任务。”我们中国共产党人应该具备高远的目光和博大的胸襟，把继承和发扬人类社会一切优秀文化视为自己的历史责任。邓小平在南方谈话中说的“要大胆吸收人类社会的一切文明成果”，值得我们深长思之。

（五）文化建设的根本目的是塑造一代新人

文化的核心是价值观念体系，在社会生活中外化为人们的生活方式和行为模式，人们从儿童时代开始就受其引导和规范，伴随着知识和技能教育，成年后开始定型。一个社会成员的素质是由这个社会的文化塑造，这是显见的事实。没有文化意蕴的人只是生物，不是社会的人。就这个意义上也可以说，文化素质是人的第二生命。四个现代化要靠人来实现，因此四个现代化题中应有之义是人的现代化。现代化建设需要大量的高素质的领导人才、科技人才、管理人才；适应人民日益增长的文化要求，需要大量的创作人才；同时全体劳动者的科技素质也必须大幅度地提高。真正有价值的人才，不仅要有高级的专业才能，而且要有正确的人生观，优秀的品德，健全的心理和良好的精神状态。江泽民在《七一讲话》中明确指出：“发展社会主义文化的根本任务，是培养一代又一代有理想、有道德、有文化、有纪律的公民。”我们应该时刻记住这个宗旨。

知识分子是先进思想的传播者、科学技术的开拓者、各类人才的培育者和精神产品的生产者，他们应该得到全社会的关怀和爱护。

三、当前文化建设中需要重视的几个问题

文化建设中的问题千头万绪，其中有一些重要的、带有根本性的问题不解决得好一些，必定影响文化建设全局。就我国当前文化建设的现状看，如下一些问题应该引起重视。

（一）国民教育问题

提高全民族的科学文化素质最根本的办法是发展教育事业。新中国成立50年来，教育事业的大发展是举世共知的，但目前我们的教育事业依然落后也是毋庸讳言的事实。文盲仍有2亿多，占全人口的1/5强。中等教育远未普及，小学生也有大量流失的情况。至于受高等教育的人比例就更小。邓小平深深意识到教育的重要，他说："搞好教育和科学工作，我看是关键。没有人才不行，没有知识不行，'文化大革命'的一个大错误是耽误了十年人才的培养。现在要抓紧发展教育事业。"他还说："现在这么多青年人犯罪，无法无天，没有顾忌，一个原因是文化素质太低。"要发展教育必须有大量的资金投入，而我国的教育经费只占GNP的很小比例，与许多国家相比相去甚远。教育资金的投入见效甚慢，远不如其他的建设项目见效快。像三峡这样空前巨大的工程15年即可见效，而教育投入须几十年才能看出明显效果，因此许多领导干部虽然也承认教育的重要，但舍得在教育上花大钱的似乎还不多。现在，拖欠中小学教师工资和教师流失的情况在许多地方仍然存在，不可谓不严重。这几年，大家捐钱办"希望工程"是一件好事，但这不是解决问题的根本办法。日本这个国家发达得很快，原因很多，但无论日本人自己还是外国人一致认为它舍得在教育事业上作大量投入是最根本的原因，在明治时代和二战后都是如此。教育事业关乎国家民族的"底气"、"元气"问题，在这个问题上出现失误，其损失难以计量。

（二）学术文化问题

任何社会都有其特有的学术文化，即由专家学者所构建的理论、学说，表达他们的理想、信念和价值观念，以期对社会产生影响。这种高

层文化主要表现为观念形态，即它是一种“思想创造”，有鲜明的主体性和自觉的价值追求，对解决各类社会问题有导向作用。经过历史检验体现出其价值的理论、学说，将丰富文化的内涵，形成文化积累，成为文化遗产。我国从新中国成立始，直至“文化大革命”结束，由于文化建设主导思想出现“左”的偏差，压抑了许多具有创造性的思想成长，一连串的政治运动使知识分子心怀恐惧，发挥不出他们的积极性和创造性，学术文化成果寥寥。改革开放以来，我们深切地意识到学术文化建设的重要性，重新执行“双百”方针，打破长期的僵化状态，使学术文化出现活泼的生机。在科技、教育、文化等等领域，许多知识分子投入各种学问的研究，著书立说，自觉地为“四化”建设中的各类问题出谋献策，提供理论依据，已有了良好的开端。但是，我们的学术文化远未繁荣。我们知道，学术文化相对于政治文化，有其相对的独立性和自主性，但科学的学术文化往往会成为政治文化的营养补充，使政治文化更为健全。为了真正繁荣我们的学术文化，使中国出现更多的有影响的学者学说，甚至世界级的学者和学派（像我们拿奥运会冠军那样），我们必须真正贯彻“百花齐放，百家争鸣”的方针，使学说文化有更广阔的发展空间。

（三）大众文化问题

大众文化，是指理性成分较少，偏重于满足人们感性要求的文化现象，亦即广大群众经常进行的文化娱乐活动。大众文化大致有两个方面的功能：一是娱乐功能，即通过看电视电影、读书看报、参加舞会、做健美操、唱卡拉 OK 等等，取得松弛、愉悦、调剂身心的效果；二是教化功能，即健康舞会活动可以提高人们的审美情趣，培育人们的良好品德，还可普及一些文化科学知识。自党中央大力提倡精神文明建设以来，我国的大众文化对人们的思想观念、审美情趣、风俗习惯等等，都产生了积极的影响。但是，大众文化随时都存在着畸变的可能性，实际上我国的大众文化已经产生了一定程度的畸变。这是相当数量的素质不高的文化接受者和素质很坏的文化骗子交互影响的结果。一些冒牌的文艺工作者仅仅为了牟利，把大量艺术低劣，注入色情、暴力、迷信内容的“作品”推向市场，有的出版、发行部门也乐得借此发财。还有的娱乐场所成了黄、赌、毒的黑窝。由于人的科学文化素质低，传统的陈规陋习仍在顽强地延续，求签问卜，装神弄鬼的现象所在皆有。整顿文化市场的任务相当艰巨，一刻不可放松。当然，大众文化要绝对纯净几乎是不可能的，但大体规范是应该也可能做到的。即便达到这个起码的标准，也须待相当时日。

（四）道德文化问题

在今天的市场经济迅猛发展的大环境中，我们的多数党员干部一直用共产党员的标准要求自己，人民中的多数也恪守着我们民族崇德重义的道德传统，他们遵纪守法，急公好义，从不放弃对高尚的精神价值的追求，这是我国社会道德精神的主流。改革开放22年来，我们的建设事业取得如此巨大的成就，没有全民道德力量的支持是绝对办不到的。然而，一些党政干部贪污纳贿，一些人坑蒙拐骗，还有盗窃、抢劫、杀人等等丑恶现象也普遍存在。造成这种状况的原因很多，根本原因是信仰失落的问题。长时期极“左”的影响，特别“文化大革命”降低了党和社会主义的威信，一些人没有理想，不相信任何道德说教，只是“跟着感觉走”，加上周围“纸醉金迷”的诱惑，就随时可能堕落。这种道德堕落、世风败坏的严重情况早已引起全党、全社会的高度重视。多年来，我们在进行正面品德教育，树立孔繁森这样的光辉榜样，表彰各类先进人物，提升人们的道德水准的同时，也在加紧惩治官员腐败，严厉打击各类违法犯罪，遏制道德滑坡。从当前的情况看，已初见成效，但离党的要求和人民的期望仍相去甚远。

（五）法制文化问题

法制文化是整体文化的一个子系统，也是“现代化”的一个重要标志。有法制才谈得上文明。新中国成立后的相当长时间，我们忽视了法制建设，许多法律没有制定，不向人民进行法制教育，甚至像《宪法》这样的根本大法也几乎无人重视。邓小平说：“我们国家缺少执法和守法的传统，从党的十一届三中全会以后就开始抓法制，没有法制不行。”① 近20多年来，我们陆续制定了许多法律，这是重大的历史进步。但是，“有法不依，执法不严”的情况还很普遍。其重要原因是，

① 《邓小平文选》第3卷，人民出版社1993年版，第163页。

许多人都缺乏法制意识，法制观念普遍淡漠。这说明一个重要问题：健全法制不容易，要在全民中培养起法制意识和守法观念比制定法律还要困难十倍，百倍。一部法律的制定用一两年时间就可以了；但法制意识的培养和法制传统的形成往往需要几十年甚至上百年时间。有了法律后，一些执法人员执法不严，甚至自己枉法，使百姓失去了对法律的信任，也是法制观念难以培养起来的重要原因之一。为建立法制文明，我们须作长期不懈的努力。

文化建设是个庞大复杂的系统工程，其各个子系统之间有着千丝万缕的相互制约的关系。上述问题（还不止这些）的解决，固然需作单项努力，但更需全部文化系统的完善。

我们对建成有中国特色的社会主义文化充满了信心，但对于面临的诸多客观困难也须有足够的思想准备。一是我们这个庞大的国家各个部分发展的还很不平衡，人造卫星与煤油灯同在，喷气机与独轮车同在，康拜因与弯钩犁同在，贫穷的魔影还未完全消散，而贫穷和愚昧是双胞胎。在这种条件下，文化的全面高度的发达，不会很快，也许还需要半个世纪。二是生态环境的困难。“地大物博，人口众多”这句话我们说了多年，现在明白了：“地大物博”千真万确，如把它作分子，加上“人口众多”这个分母，其数值就立刻变小了。资源制约着经济的发展，那么由经济决定的文化的发展也必然受到制约。面对这样的实际，党和国家各级政府决策的科学化和民主化就显得特别重要了，应把决策失误减少到最低程度，使有限的资源发挥最大的效益。《老子》里说的“治大国若烹小鲜”，用在这里也许最恰当不过了。

近代以来中西文化的相遇、冲突与融合

建设有中国特色的社会主义文化，有三个文化资源，即中国传统文化，中国现代文化和世界各国文化。各国文化，首要是指欧美文化，亦即西方文化。我们每天说的“现代化”（modernization）源于西方，因此谈论现代文化也就离不开对西方文化的评价。从鸦片战争至今160多年来，中国人在逐步走向现代化的过程中不断地讨论如何认识和对待西方文化，原因即在于此。我们今天的社会主义文化建设，依然是在世界各种文化首先是西方文化的冲击和影响下进行的，因此正确认识和对待西方文化仍是我们的一项重要任务。

一、中国历史上的两次文化输入

不同样式的文化由于各种历史机缘彼此相遇，相互交流，自然融合，本是很正常的。我们中华文化就是中原汉民族文化和周边少数民族文化长期交流、融合形成的。但是根源不同的异质文化的大规模输入，情形就大不相同。这种情形在中国历史上共有两次，一次是佛教文化的输入，一次是西方文化的输入。

约在公元一世纪初（西汉末东汉初），印度的佛教传入中国。这是和当时中国人的信仰和思维方式完全不同的宗教。后经魏晋南北朝一直到隋唐，佛教流传越来越广，出家的僧尼也越来越多，所谓“南朝四百八十寺，多少楼台烟雨中”（杜牧诗）说的就是这时的情形。随着佛经翻译的增多，经许多高僧大德的深入钻研，许多中国化了的佛教宗派渐渐形成了，如天台宗、法相宗、净土宗、律宗、禅宗、密宗、三阶教等，其教义和中国固有的传统思想相互影响，相互吸收，对中国文化产生了深刻而久远的影响。例如，宋代的思想家们便是“援佛入儒”，吸收了佛学的宇宙论和认识论思想，构建起庞大的理学体系，影响了其后数百年的历史。此外，佛教和佛学对中国的道德、知识、文学、美术、语言、音乐、建筑等等方面的影响至为深远。人们习惯把儒、释、道并称，以这三者为中国精神文化的主干，就充分说明了佛教在中国文化中的地位。佛教文化融入中华文化的过程是漫长的，其间虽然也曾有过一些矛盾冲突（如“三武一宗”灭佛），究竟是短暂的，从总体上说，舒缓平和，表现了中华民族的博大胸襟和自信力，表明了中国文化完全有接纳和消化外来文化的能力。

近代西方文化的大规模输入是从1840年鸦片战争开始的。和佛教文化的和平输入完全不同，西方文化是伴随着血与火、灾难与屈辱输入进来的，中国人，从统治者到平民百姓对此都毫无思想准备，所谓“数千年未有之变局”的说法足以说明当时在全社会引起的巨大震动。此后，中国人认识和接受西方文化经历了一个痛苦而漫长的过程。如果把整个文化由表及里地分成“物态文化”、“制度文化”、“精神文化”三个层次的话，中国人接受西方文化也恰好依次经历了这样三个阶段。学习西方，首先从物态文化开始，为了“师夷之长技以制夷”从19世纪60年代开始搞“洋务运动”，创办以军事工业为主的现代工业，可是接着在中法战争和甲午战争中又战败了。这时先进的中国人觉悟到光学物态文化不行，又进一步学习西方的制度文化，于是有以君主立宪为目标的“戊戌变法”，结果只经历了103天就以失败结束。20世纪初的“辛亥革命”推翻了延续两千多年的帝制，建立了以西方“共和制”为蓝本的中华民国。可是中国依然无法走上富强之路，军阀混战、袁世凯称帝、张勋复辟等等事件把中国弄得乌烟瘴气。这时一些先知先觉者如陈独秀等人，认识到学习西方最根本的问题在于学习精神文化，于是有彪炳史册的五四运动，主张请进“德”、“赛”两先生，开启民智，逐步改变中国现状。也正是在这一运动中，西方的马克思主义传入中国，诞生了中国共产党，使中国历史进入了一个新时代。

从1949年中华人民共和国建立起，直到70年代后期，有近30年时间和西方文化处于隔绝状态，所以基本上不存在文化冲突引起的精神激荡。“改革、开放”的国策实行之后，西方文化（包括物质文化和精神文化）再一次大量涌入中国，使中国人再一次面临文化冲突与文化抉择，于是在20世纪80年代和90年代便先后出现了两次“文化热”。时至今日，全球化已经是看得见的现实，我们完全有必要用历史唯物主义观点，重新审视中西文化，认识其各自的特质和短长，并用面向世界和面向未来的眼光和襟怀，力争解决好吸纳外来文化重铸有中国特色的社会主义新文化的问题。

二、中西文化的各自由来及其特质比较

从公元前一世纪上溯1000年，这10个世纪对人类文明史有着特殊的意义，因为地球上几个影响久远的大的文明都在这个时期定型。德国哲学家雅斯贝尔斯把这个时代称为“轴心时代”（Axial Age），在他的《人的历史》一书中有如下一段论述：

> 在公元前800年到公元前200年间所发生的精神过程，似乎建立了这样一个轴心。在这时候，我们今日生活的人开始出现。让我们把这个时期称为“轴心时代”。在这一时期充满了不平常的事件。在中国诞生了孔子和老子，中国哲学的各种派别的兴起，这是墨子、庄子以及无数其他人的时代。在印度，这是优波尼沙和佛陀的时代；如在中国一样，所有哲学派别，包括怀疑主义、唯物主义、诡辩派和虚无主义都得到了发展。在伊朗，袄教提出它挑战式的论点，认为宇宙的过程属于善与恶之间的斗争；在巴勒斯坦，先知们奋起：以利亚、以赛亚、耶利米、第二以赛亚。希腊产生了荷马，哲学家如巴门尼德、赫拉克利特、柏拉图，悲剧诗人，修昔底德和阿基米德。这些名字仅仅说明这个巨大的发展而已，这都是在几世纪之内单独地也差不多同时地在中国、印度和西方出现的。

这就是说，在这个“轴心时代”，在中国、印度、希伯来、希腊这

些相互隔绝的地区，不约而同地在哲学、宗教、文学、史学和科学诸方面出现了空前巨大的成就，向欧亚诸民族文化提供了特质和型范，指示和规定了这些民族文化的未来走向。

我们知道，西方文化的源头有两个：希腊文化和基督教文化。基督教是从希伯来民族的犹太教分化出来的，因此源头也在轴心时代。

在古希腊，随着奴隶制经济的发展和城邦政权的民主化，文化事业取得了杰出的成就：在文学、戏剧、建筑、雕刻等等方面都出现了对后世影响久远的杰作。尤为重要的是，古希腊的先哲们，不是靠神灵的启示，而是凭借自己的理性去认识和解释世界，出现了如巴门尼德、赫拉克利特、德谟克利特，毕达哥拉斯等等众多的哲学家和科学家。特别是到了柏拉图、亚里士多德的时代，希腊的思想成就达到高峰，发展出包罗万象的哲学体系，留下宏富的学术论著，奠定了西方文化多门学科的根基。希腊文化直接影响了罗马文化，并被其继承。起源希伯来民族的基督教在公元一世纪传入罗马，到公元四世纪被定为国教。如果说希腊文化精神是重理智，求真知，强调理性，那么基督教文化则是崇尚信仰，让人明白所有的人都是有“原罪”的，都是有限和不完善的，只有靠虔诚地信仰上帝方可救赎。这两种取向不同的文化，相互对立，相互补充，相互融会，形成“希腊—拉丁文明”。这个文明凭借罗马帝国的强大势力扩展到全欧洲，并延及北非和西亚。

到公元476年，在人民起义和北方蛮族入侵的双重打击下，西罗马帝国灭亡，从此欧洲进入所谓的“中世纪”。在整个近千年的中世纪里，基督教在欧洲取得了绝对的支配地位，垄断了意识形态和文化教育，宣扬信仰主义和蒙昧主义。这样，希腊文化那种重理智、求真知的理性精神被压抑下去，文化上少有创造和进步，因而被称作“黑暗的中世纪”。

公元14世纪，由于欧洲各国城市商品经济的发展，适应新兴资产阶级的文化要求，欧洲出现了“文艺复兴”（Renaissance），即复兴希腊和罗马古典文化的运动。这个运动从空间上由意大利扩展到德、法、英、荷等国，在时间上由14世纪延续到15、16世纪。文艺复兴时期的主要思潮是人文主义，其主导倾向是：用“人道”反对“神道”，要求解放人的个性，追求个人幸福，反对中世纪的宗教禁欲主义；要求摆脱宗教对人们思想的束缚，打倒经院哲学和一切传统教条。文艺复兴是对人的价值的重新肯定，承认人的尊严和人的伟大，认为人能够自己积累知识，发展自己的智力，增长自己的力量，凭借自己的努力去为自己造福，而不必等待上帝的恩赐。对中世纪长期的黑暗统治来说，这是一次真正的思想解放运动。随着古希腊理性精神的恢复和发扬，自然科学也取得了空前的成就。哥白尼的日心说给上帝创世说以致命打击；哥伦布和麦哲伦的地理大发现为地圆说提供了铁证；伽利略等人在数学和物理学方面的贡献使人们对宇宙和自然有了新认识，为日后欧洲自然科学的发展奠定了基础。欧洲各国在文艺复兴时期取得的成就并不完全相同。在意大利主要表现在文学艺术和建筑方面，代表人物如写《神曲》的但丁和雕刻家米开朗琪罗等；在德国主要表现在科学技术的发明和宗教改革方面，如马丁·路德反抗罗马教廷，创立了基督教的一个重要教派——新教（德国学者马克斯·韦伯认为新教的价值观念促进了资本主义兴业精神的形成）。在法国主要表现在自由思想和怀疑思想的发达，代表人物如散文家蒙田和小说家拉伯雷。在英国主要表现在文学方面，代表人物是剧作家莎士比亚，此外《乌托邦》的作者莫尔也出现在此时。恩格斯曾热烈赞颂文艺复兴运动，称它是一个需要巨人并且产生了巨人的伟大时代。文艺复兴是欧洲文化史一个极为重要的时期，它在科学、文学、艺术等方面所取得的巨大成就，为欧洲近代文明奠定了基础，加速了资本主义文明的形成。

继文艺复兴之后，欧洲文化史上出现了又一次影响深远的思想解放运动，这就是始于17世纪的“启蒙运动”（Enlightenment）。这场运动起源于英国，后发展到法国，在法国全面深入地展开，因此法国的启蒙运动最具典型意义。启蒙运动思想家们的批判矛头依然对准腐朽的教会和封建专制制度。孟德斯鸠在揭露封建制度的基础上，晚年写出《法意》一书，提出“三权分立”的思想，主张把立法、司法、行政三大权力分开，以便互相监督，防止专制暴政，奠定了资产阶级政权的理论基础。伏尔泰猛烈地抨击天主教会的黑暗和封建专制制度，宣扬自由平等，主张实行英国式的君主立宪制。他团结了一大批先进知识分子，推动了启蒙运动的深入开展，是公认的启蒙运动的领袖。当时思想最激烈后来影响也最大的思想家是卢梭。他的社会思想的核心是平等，认为不平等起源于私有制，主张消除贫富悬殊。他的政治思想的核心是“社会契约论”和“主权在民说”，主张建立民主共和国，如果政府违背人民的意志，人民有推翻它的权力。卢梭的思想对1789年的法国大革命产生了巨大的影响。以狄德罗为首的“百科全书派”坚持唯物主义和无神论，广泛深入地批判神学唯心主义和封建专制特权，在意识形态各个领域向封建主义思想体系发起全面进攻。他们高标理性精神，主张用理性审查一切，批判一切，形成了近代资产阶级的新文化思想。当时法国还出现了空想共产主义思想，马布里、梅叶等就是其代表。此后，启蒙运动又扩展到德国和俄国以至整个欧洲，出现一大批启蒙思想家，其共同点都是用理性反对信仰，用科学反对宗教，宣扬资产阶级的自由、平等、民主、法制、人道等政治理想。这个运动一直延续到 19 世纪，创造了欧洲文化史上又一个光辉的时代。

从 14 世纪文艺复兴开始到 19 世纪启蒙运动结束，西方建立起发达的资本主义工业文明，从物质生产、科学技术到政治制度、观念形态都与鸦片战争前的中国农业文明形成鲜明的对照。

中国传统文化也是在雅斯贝尔斯所说的“轴心时代”，即中国的春秋战国时代定型的。那时的中国先后出现了所谓“五霸”、“七雄”，长期处于动乱之中。这时出现的“百家争鸣”，即百家都出来给社会“开药方”，提出五花八门的主张，相互对立，相互驳难，但统一的目的都是治“社会病”。所以那个时代的各派思想家们的第一个共同点即是对社会政治的极大关注与投入。《论语》里有这样一段记述，可说明儒家的价值取向：

> 樊迟请学稼，子曰：“吾不如老农。”请学为圃，子曰：“吾不如老圃。”樊迟出。子曰：“小人哉，樊须也。上好礼，则民莫敢不敬；上好义，则民莫敢不服；上好信，则民莫敢不用情。夫如是，则四方之民襁负其子而至矣，焉用稼！”

孔子的学生向孔子请教种庄稼、种菜的知识，孔子骂他没出息，因为孔子一生关注的是“礼”、“义”、“信”一类的治理社会的大问题。孔子的众多学生以及后来形成的“思孟学派”、和“荀况学派”关注的也都是社会政治问题。法家学派的学说本身就是政治学说，其代表人物如商鞅、李悝等都是政治家。墨家学派的“兼爱”、“非攻”等主张也属政治学说，墨子和他的学生们也都参与了各国的外交和政治活动。道家学派主张摆脱世俗羁绊追求精神自由，但其著作中依然存在着对政治的关注，如老子提出的“小国寡民”的政治理想。先秦时代百家学说的第二个共同点是无一例外的对伦理道德问题的关注。如孔子讲“仁”、“礼”，孟子讲“仁义礼知”，法家讲“忠孝”是“天下之常道”，墨家讲“君臣父子皆能孝慈”，老子提倡“贵柔”、“知足”、“不争”之类的道德修养，都是显证。《管子》这部书更把“礼义廉耻”定为国之“四维”，认为离开其支撑，国家就要灭亡。综上所述，我们有理由认为春秋战国时代形成的中国传统文化思想的主干是“伦理—政治”型的。

秦代统一中国，历史进入大一统的封建社会。秦代重法家，汉初重黄老，到汉武帝“独尊儒术”，被董仲舒等人改造了的儒家学说居于“一尊”的地位，但法家思想仍在政治上起着规范作用。魏晋南北朝直到唐代，儒家、佛家、道家思想并行，儒家影响减弱。但到两宋时代，理学家们吸收了佛道思想阐释儒家学说，构筑起精密的理论体系，儒家又几乎恢复了“一尊”的地位，直到清末。传统文化在两千多年的发展中，尽管各类思想彼此消长，但“伦理—政治”的基本型范没有变。它的另一种表述方式是“内圣外王之道”（《庄子·天下》），即蓄之于内为“圣功”，施之于外为“王政”。因此这是一种伦理世界观，指导人们走一条“修身齐家治国平天下”的路线。

在对中西文化有个概略的认识之后，我们再就其基本精神作一粗线条的比较。100 多年来，许多学者作过各式各样的中西文化的比较，似乎没有哪种判断被普遍认可，但都对人理解这个问题有启示作用。我们下面所做的比较也只是提示性的，仅供参考，并非定论。

第一，在如何认识世界并进而改造世界的途径上，西方和中国有所不同。西方人多侧重向外探求，研究自然界的奥秘，以改造自然为途径；中国人多侧重向内探求，研究人的心性问题，以完善自身人格为途径。西方人的最高追求是“爱智”（知识就是力量），其文化精神是科学型的；中国人的最高追求是“崇善”（内圣外王），其文化精神是伦理型的。

西方，在古希腊时代就出现了如毕达哥拉斯、欧几里得、阿基米德一类的伟大的专业科学家，近代以来从牛顿到爱因斯坦，科学家多得如满天星斗。西方人把自然看成是敌对的力量，人应该认识自然，控制自然，改造自然，使其为人服务。中国古代，除了荀子有过“人定胜天”议论之外，中国人一向信仰“天人合一”，认为人是自然的一部分，主张顺应自然，天人和谐，没有研究自然的兴趣和传统，几乎没有专业的科学家，也不可能出现哥白尼、牛顿一级的科学家。

在人与人的关系上，西方人信仰的基督教是主张博爱的，但他们并不把伦理关系摆在第一位，而是在做任何事情时都争先恐后，争强好胜，注重竞争。作为中国文化底色的儒学其实就是人学，把“五伦”（君臣、父子、夫妇、兄弟、朋友）看得极重，讲忠孝仁爱，讲温良恭俭让，虽然不是没有竞争，但更多的是强调人际和社会关系的融洽与和谐。

第二，在价值观与人生追求方面，西方人与中国人也存在着不同。（1）在人生价值的认定上，西方人是多元的，他们认为不论从事政治、办工业、经商还是当医生、律师、作家、演员，只要有成就，都可出人头地，实现人生价值。中国封建社会贱视“工商”，更把演员等职业视为“下九流”，认为“四民”之首是“士”，提倡“学而优则仕”，只有为官作宦治国平天下，才是最有价值的人生。而能够当官的毕竟是少数，因而多数人的聪明才智都被埋没了，中国没有职业科学家，也与这种价值取向有关。（2）西方人以个人为本位，认为人人生而平等，上帝赋予人若干不可剥夺的权利，包括生命、自由和对幸福的追求。因而他们自尊，自立，自强，自己对自己负责，以靠个人奋斗立身社会为荣。中国人则是以家族为本位，家族伦理至关重要，要“父慈子孝”，“兄友弟恭”，“夫唱妇随”，人对家庭负有责任和义务。建功立业是为“光宗耀祖”，功成名就功归“祖德宗功”。这种家族意识以个人服从群体为宗旨，容易压抑人的个性，限制人的自由发展。（3）西方人讲功利，重实效，力争以最小的付出获取最大的收益。他们认为讲功利和实效是名正言顺天经地义的。如 19 世纪末美国人泰罗为降低成本提高作业效率，按标准操作方法对工人进行训练，实行差别计件工资，首创著名的“泰罗制”，使工业生产走上科学管理的道路。中国人历来讲“君子喻于义，小人喻于利”（孔子语），“正其谊（义）不谋其利，明其道不计其功”（董仲舒语）等等。这种“义利之辨”是应该讲求的，没有这样的原则，就要导致道德堕落；但是如没有前提地把其绝对化，不讲功利和实效，就会使价值观产生偏差，导致荒谬。极“左”年代的“只算政治账，不算经济账”就是这种被扭曲的“义利观”的表现。

第三，在认知方式上西方和中国的不同。由于东西方历史文化背景和社会心理结构不同，导致思维和认知方式上也存在着很大的差异。一般来说，西方人的思维方式以逻辑分析为主要特征，注重认识的细节，追求确定性和精确性，排除不确定性和模糊性，这是他们认识理论的主要传统。中国人的思维方式则具有直观综合的基本特征，注重从整体方面把握对象，不作分解性的分析，因此具有相当程度的模糊性。这两种不同的认知方式，使得中西民族理论思维和科学文化沿着不同的路向发展。从自然观的角度看，西方近代由于自然科学的发展，在古希腊数学、科学重逻辑推理的基础上，逐步形成了以实验分析、分解比较和归纳推理为基本方式的考察事物的自然观。中国由于自然科学不发达，人们一直把自然界视为一个整体，强调事物间的内在联系，不作分解性的研究，始终保持着直观猜测和朦胧意识的特点。这种有机自然观有其合理性，甚至含有很大的智慧的成分，但由于缺乏对事实材料的分析和验证手段，始终不能转化为科学的思想体系，这对我们民族理论思维和科学技术的发展构成了严重障碍。五四运动特意从西方请进“赛先生”，就是为治这个痼疾的。

从上面的粗略比较中，我们可以看到中西文化在有些方面只有异同而无优劣之别，但在有些方面确有优长和短缺的不同。这就有了如何做到知己知彼，充分吸纳西方文化长处的问题。

从 19 世纪下半叶以来，无论是物态文化、制度文化还是精神文化，中国都从西方学了很多东西，100 多年来中国所发生的巨大的根本性变化无不与此相关联。但至今为止，大多数中国人对西方文化的认识依然是笼统的、表层的，对其内涵的优劣缺少科学的认识，因此仍在影响着有效地吸纳西方文化的优良成分。

三、博采各国文化之长

世界各民族的文化交流与融合是当前世界的大趋势。早在 19 世纪中叶，马克思和恩格斯在《共产党宣言》中就作出这样的论断：

> 过去那种地方的和民族的自给自足和闭关自守的状态，被各民族的各方面的相互往来和各方面的相互依赖所代替了。物质的生产是如此，精神的生产也是如此。各民族的精神产品成了公共的财

产。民族的片面性和局限性日益成为不可能，于是由许多民族的和地方的文学形成了一种世界的文学［这里的“文学”（Literature）一词是指科学、艺术、哲学等方面的著作］。

马克思和恩格斯的这个论断已被其后的150多年的历史充分证实。如今商品经济的大潮已席卷全世界，所有国家都在主动地开始“照国际惯例办事，与国际惯例接轨”了。与此同时，在思想领域信息的传播覆盖了全世界，它可以用无间隔的速度传达到世界任何一个有人存在的地方，几乎不留死角。有人说，这是从“工业化时代”向“信息化时代”转变，或者说向“全球化时代”转变。从世界进步的角度看，人们应该欢迎这个时代的到来，还可以说不管你欢迎不欢迎，他都必然到来并且已经到来。正是面对这样的现实，邓小平指示我们要“三个面向”，其一便是“面向世界”。这是经过长期观察和深思熟虑提出的极富远见的胸襟博大的口号，不可泛泛视之。从文化的角度看，我们这个时代的自然科学、人文科学、思想、道德等等，都已超越国界，成为一种世界性的文化现象。与世界隔绝是没有出路的，中国人当然不会自外于世界。

在20世纪80年代和90年代的文化讨论中，出现过两种极端的主张，即“全盘西化论”和“文化保守主义”。全盘西化论者主张以西方文化打破中国固有的社会结构，全面效仿西方文化；文化保守主义者主张恢复儒家文化的历史地位，以之统御中国社会，甚至挽救世界社会的危机。从历史唯物主义的立场看来，这两种主张都是一厢情愿的主观构想，既不应该也无任何实现的可能。历史的考察告诉我们，文化的传播是一个矛盾运动的过程，包含着文化冲突与文化适应。从世界近代史来考察从文化冲突到文化适应的实例，可发现大体有三种类型：(1) 取代型，如欧洲文化传入美洲，印第安文化在冲突中逐渐解体，被欧洲文化所取代。(2) 复合型，如美国文化以盎格鲁·撒克逊文化为主干，同时欧亚其他各国的移民文化作为附加成分也广泛存在。(3) 自主型，如中国传入佛教后，由文化冲突到文化适应，使佛教中国化，成为中国文化的一部分。现代西方文化传入中国将会是哪种类型呢？五千年的传统文化不可能被任何文化取代，第一种类型无可能。中国不可能容纳大量外来移民，第二种类型亦无可能。唯一的可能是第三种，即在消化吸收西方文化中，再造新文化。有中国特色的社会主义新文化，既要渊源于中华民族5000年的文明史，又要根植于当前的现代化建设，还必须博采各国文化之长，首先是欧美各国文化之长，只有如此才能创造出绚丽多彩蕴含深厚的新文化。

全面、深入、细致地研究西方文化是我们的一项长远的、重要的历史任务。这是因为：第一，西方文化是我们建设新文化的重要资源之一，只有深入地研究，精细地了解，才能正确地弃取。第二，“冷战”结束后，美国成为唯一的超级大国，霸气猛烈上升，大有主宰世界之势。在这种国际背景下，西方文化持强势，东方文化持弱势，强势文化对弱势文化往往具有相当的冲击性，甚至是侵略性。为了知己知彼，抵制西方文化中的消极因素，如拜金主义、暴力主义、色情泛滥等等，也须研究西方文化。

为了作好文化的交流和引进，须要保持一种正确的心态。我们应该明确认识到，世界上所有国家和民族的优秀文化成果都属于全世界，我们共产党人应该具有一种博大的胸襟，把继承和发扬人类社会的一切文明成果视为自己的历史责任。文化交流的主要媒介是知识分子。要相信知识分子中的大多数是爱国爱社会主义的，应该支持他们的工作，鼓励其成绩，谅解其失误。知识分子也应该意识到自己的历史使命，从四化建设大业出发，在文化交流和文化引进上作出自己的贡献。鲁迅在20世纪初写过一篇叫《拿来主义》的文章，至今被人称道。邓小平在南方谈话中提出“要大胆吸收人类社会的一切文明成果”，更值得我们深长思之。

传统儒家文化精神

通常说儒、释、道三家思想学说是中国传统文化的主干。其实还应该说，儒家学说是主干中的主干。建设有中国特色的社会主义文化，面临的一个重要问题之一，就是如何认识和对待传统文化的问题，因此深入研究和正确认识儒家学说，使其精华内容实现创造性转化，成为中国现代文化的有机组成部分，依然是当前的一项重要的学术任务。

一、孔孟与儒家

“儒”，按《说文解字》的解释是“术士之称”，即有知识和才艺的人，在孔子之前是一个社会阶层，以教书、襄礼为生。在孔子之后，“儒”渐渐成了一个学派的名称。关于儒家，汉代的刘歆在《七略》中作了这样的概括：

> “儒家者流，概出于司徒之官，助人君顺阴阳明教化者也。游文于六经之中，留意于仁义之际，祖述尧舜，宪章文武，宗师仲尼，以重其言，于道为最高。”

孔子（前551—前479年）是儒家的创始人，在中国传统文化中被称为圣人，在世界上被视为中国传统文化的象征。他名丘，字仲尼，生于春秋末年鲁国的一个没落的贵族之家。幼年贫贱，青年时期干过管理粮库和畜牧一类的差事。从中年开始授徒讲学。他入世的愿望很强烈，50 岁以后曾步入官场，最高当过鲁国的司寇（类似司法部长），还曾一度代理宰相，不过时间很短暂，因与国君政见不和，弃官去鲁，带领学生去周游列国。晚年仍回到鲁国讲学和整理古代典籍，号称弟子三千，其中最杰出的有七十二人。孔子的志向是从事政治实践，但没有成功，到 72 岁时在寂寞和无奈中离开人世。

孔子是中国历史上最伟大的思想家和教育家。在思想上，他提出了“仁”和“礼”这两个重要范畴，对后世影响极为深远。他提出“中庸”的思想，后来成为儒家的最高行事准则。他讲过“死生有命，富贵在天”这样似乎相信天命的话，但又主张“敬鬼神而远之”，一贯重视人事而反对迷信。他说有“生而知之”的人，似乎提倡先验论，但他又说“性相近，习相远”，强调的却是后天教育的作用。在中国历史上，他是第一个创办私学、打破“学在官府”的贵族垄断，把教育普及到民间的人。在教育思想上，他提出著名的“有教无类”的主张，扩大教育范围。他的教学相长和因材施教等教育思想至今仍有重要意义。在对待知识的问题上，他的“多闻阙疑”，“知之为知之，不知为不知”，“不耻下问”等教诲影响后代 2000 多年。为了教学的需要，孔子对留存到春秋末期的古代典籍——《诗》、《书》、《易》、《礼》、《乐》、《春秋》等做了大量搜集整理的工作，这些典籍也就成了儒家千古不刊的经典。孔子的思想和言论（也包括他部分弟子的言论），由他的弟子和再传弟子缉成《论语》一书，是研究孔子的最重要和最可靠的资料。孔子的政治思想、伦理思想、教育思想和哲学思想，2000 多年来，不断地被阐述，发挥和改造，成为中国古代社会的传统思想和传统文化的重要内容。

孔子死后，他的众多弟子和再传弟子遍布各诸侯国，其中一些人还成了诸侯的师傅，取得了显贵的社会地位，使得孔子的学说和思想广泛传布，形成儒家学派，成为“显学”。按《韩非子》的说法，到了战国时代，儒家形成“八派”（《韩非子·显学》），其中的“孙氏之儒”即是后来的“荀子学派”，继承和改造了孔子“礼”的思想，形成礼治学说，并由此发展出法家学派。“八派”中的“子思之儒”和“孟氏之儒”，后来形成“思孟学派”。子思是孔子的孙子，也是孔子著名弟子曾子的学生；而孟子则是子思学生的学生。孟子继承和改造了孔子“仁”的思想，导出仁政学说，成为战国时代著名的思想家和教育家。

孟子（约前372—前289年），名轲，鲁国邹邑人，贵族孟孙氏的后人。他曾说，“乃所愿，则学孔子也”（《孟子·公孙丑下》），崇拜孔子并以孔子的继承者自命。他以“得天下英才而教育之”自许，终生从事教育事业，在他游说诸侯时，车辆达数十乘，跟随的学生达数百人。曾周游若干诸侯国，以“王道”和“仁政”学说去说服当政者，被视为“愚远而阔于事情”，即全是脱离现实的空洞说教，不被采纳。晚年和弟子公孙丑、万章等人，本着儒家经典，发挥孔子的思想学说，作《孟子》七篇，成为儒家的另一部最重要的著作。

孟子所处的战国时代是个“争地以战，杀人盈野；争城以战，杀人盈城”（《孟子·离娄上》）的时代，孟子激烈反对这种兼并战争，斥之为“率土地而食人肉”。他维护世袭制和等级制，主张“劳心者治人，劳力者治于人”。为推行他的仁政主张，还提出“民贵君轻”，“与民同乐”，“尚贤”等具有积极意义的学说，被后世尊崇。孟子明确主张“人性善”，认为仁、义、礼、智一类品德为人性所固有，只要发扬善性，人人皆可成为尧舜那样的圣贤。他说“尽其心者，知其性也；知其性，则知天矣。”意思是说：尽力向内心探索，即可明白人的本性，懂得本性就可理解上天的意志，就可掌握全部真理（“万物皆备于我”）了。孟子继承和发展了孔子的思想，形成了常说的“孔孟之道”，成为儒家学说的基础和核心。

中国古代把所有的书籍习惯分成四个大类：经、史、子、集。其中的“经”就是专指儒家经典而言的。“经部”的书籍包括经典著作本身，也包括注释“经书”的著作。通常说的《五经》，包括《诗经》、《书经》、《易经》、《礼经》、《春秋经》。通常说的《十三经》，是《五经》的扩大，即《诗经》、《书经》、《易经》之外，《礼经》一分为三：《礼记》、《周礼》、《仪礼》，还有《春秋经》一分为三：《春秋左氏传》、《春秋公羊传》、《春秋谷梁传》，再加《孝经》、《论语》、《尔雅》、《孟子》。中国历史上许多思想家都是借着阐释上述儒家的“经书”的机会来发表自己的思想，这可以说是中国思想史的一大特色。

二、早期儒家的基本思想

孔孟的时代即春秋战国时代是战祸频仍生灵涂炭的时代，孔子和孟子所关心的主要是如何把社会治理好的问题，因此他们的学说和主张大多是围绕着伦理和政治问题展开的。

（一）仁与礼

在《论语》里，“仁”这个字出现的次数最多，这是孔子思想体系的核心范畴，也是儒家的最高道德准则。《论语》里记载：“樊迟问仁。子曰：爱人。”这就是说“仁”是人与人之间的一种亲善感情。但在孔子的言论里，仁的含义进一步延伸，包含相当宽泛。如孔子说：“夫仁者，己欲立而立人，己欲达而达人”（《论语·雍也》），“己所不欲，勿施于人”（《论语·颜渊》）等等。仁还包括恭、宽、信、敏、惠以及言行一致等内容。孔子说：“为仁由己”，“我欲仁，斯仁至矣”。儒家认为，仁是人的内在心理感情和自觉道德意识。在孔子对仁的阐述中，还可以明显地看出重民的内容，即要求统治者对民众宽、惠、仁爱，反对实施暴政虐待民众。

孔子还把“仁”和“礼”相提并论，把两者组合起来阐述自己的主张。他有一句著名的话：“克己复礼为仁。”即是说，克服自己不正当的欲望，使自己的思想和行为都合于礼，就达到仁的标准了。礼，在儒家经典里有典章制度和道德规范双层含义，在不同的语境中，意义有所偏重。仁，要立己立人。如何立？孔子说：“立于礼”，“不知礼，无以立”。孔子是把仁视为道德意识的内在自觉，把礼视为人的行为的外在制约，二者结合起来就成了孔子的道德修养和治国理民的主张。

到了孟子，把“仁”和“义”相提并论，仁义是孟子常用的范畴。《孟子》里说：“仁，人心也；义，人路也。”唐代的孔颖达说：“仁是施恩及物，义是裁断合宜。”（《十三经注疏》的《孟子注疏》）意即：仁是仁爱之心以及普施仁爱，义是正确信念以及恰当的做法。《易经》里说“立人之道，曰仁与义”，这句话说明了“仁义”的道德范畴在儒家学说中极端重要的地位。儒家一贯重视道德自觉和道德教化的社会作用，孔孟提倡“成仁取义”，这种价值信念在中国历史上培养和陶冶了无数忠臣义士和大有作为的人。

（二）义与利

义，指的是道德标准；利，指的是功利目的。儒家向来重视“义利之辨”，而且是重义轻利的。孔子说：“君子喻于义，小人喻于利”，还说过“不义而富且贵，于我如浮云”。在孔子看来，义对于人生价值更重要。到了孟子，进一步把义、利对立起来。《孟子》里记述孟子和梁惠王辩论，就干脆说：“王何必曰利？亦有仁义而已矣！”和孟子并列的儒家另一派的荀子则认为欲、利之念人人都有，但要“先义而后利”，要“以义制利”。后来中国思想史上关于“义利”的争辩，大体上承袭了孔、孟、荀的思想。

（三）中庸

在儒家学说中，“中庸”是思想和行为的最高准则，即不偏不倚，既要避免太过，又要避免不及，圆融汇通，永远恰到好处。孔子说：“中庸之为德也，其至矣乎！民鲜久矣。”（《论语·雍也》）他自己也认为这是一个很难达到的境界。《四书》之一的《中庸》（相传为孔子之孙子思所作）中引述孔子的话说：“君子中庸，小人反中庸。”中庸的思想主张反映了儒家承认矛盾，重视统一的倾向。《中庸》里说：“致中和，天地位焉，万物育焉。”意思是说，做到整体和谐统一，天地间的万事万物才能各得其所，才能繁育发展。中庸之道是儒家认识世界和对待社会人生的基本方法。

（四）大同

这是儒家的最高社会理想。儒家的重要经典之一的《礼记》的《礼运》篇中有如下一段论述：“大道之行也，天下为公，选贤与能，讲信修睦。故人不独亲其亲，不独子其子。使老有所终，壮有所用，幼有所长，矜寡孤独废疾者皆有所养。男有分，女有归，货恶其弃于地也，不必藏于己；力恶其不出于身也，不必为己。是故谋闭而不兴，盗窃乱贼而不作，故外户不闭。是谓大同。”孔子认为尧舜和夏、商、周三代开始阶段是“天下为公”的理想盛世，即所谓大同社会。比大同社会低一个档次的社会被称为“小康”。大同社会一直是儒家理想或空想的社会，对后世影响很大，直到近代洪秀全、孙中山、康有为都曾以其作为自己追求的目标。我们如今正在建设的“小康社会”的说法，也来源于《礼运》篇。

（五）天命

天命是中国古代哲学的一个重要范畴，议论最多。孔子从维护周代的“礼”出发，继承了周代的天命思想，有时把天看作是有意志的主宰，说过“畏天命”“知天命”一类的话，有过在“天命”面前无可奈何的慨叹；有时又只把天看作是自然的天，也说过“天何言哉！四时行焉，百物生焉，天何言哉”（《论语·阳货》）一类的话。在更多的情况下，孔子讲的“天命”带有宏观必然的意味。他的人生态度是积极的，尽人事而听天命。孟子继承并发展了孔子的天命观，说“存其心养其性，所以事天也。”他讲“顺天命”，也讲“立命”，即掌握自己的命运。荀子则站在唯物主义立场上，把天看作是无意识的自然，主张“制天命而用之”。先秦儒家的天命观对后世有过久远的影响。

三、儒家学说的发展和演化

儒家学说从诞生至今已有2500多年的历史了。在2000多年里，随着时移事异，社会沧桑变化，儒家学说也在不断地丰富，不断地更新，不断地深化，不断地演变。

（一）两汉儒学

汉代初年统治者信仰黄老学说，儒学并无特殊地位。到汉武帝时代，出了一个大学者董仲舒，向武帝提出“罢黜百家，独尊儒术”的建议，从此以后，儒家思想便成为中国古代社会的统治思想。董仲舒认为“天”具有人格意志，主宰世界，提出“君权神授”的观点。他用阴阳五行学说改造了儒家学说，建立了一整套“天人感应”的理论，认为“三纲”、“五常”都是天的意志。从西汉末年到东汉时代，所谓“谶纬”之说盛行，一些人用阴阳灾异、象数之学来解释儒家经典，演绎出一套神秘的说教。在两汉时代，儒家学说一方面被扭曲，一方面也被发展了。

对儒家经典的解释，在汉代分为“今文经学”和“古文经学”两大派。今文经学讲求所谓“微言大义”，用阴阳五行的理论解释经典，牵强附会的成分相当大，其代表人物即是董仲舒；古文经学反对今文学派，他们重视文字训诂，对经典的解释相对接近原意，其代表人物为刘歆。这两派的对立和争论一直持续到清末。

（二）魏晋南北朝和隋唐儒学

到魏晋南北朝时期道家学说和佛家学说盛行起来，儒家学说的地位自然降低，形成儒、释、道三家并行的局面。一些学者用老庄道家学说解释儒家经典，使儒学玄学化。自汉代佛教传入中国，至南北朝大盛，佛学和儒学相互影响，再经帝王和贵族的提倡，出现了儒佛融合的倾向。这一时代儒学发展并未出现明显的成就。到唐代，唐太宗李世民命大学者孔颖达根据南北朝以来学者的注疏，编纂成《五经正义》，基本统一了儒家的经学，为后来宋元明新儒学的出现准备了条件。唐代佛教达到鼎盛，排挤儒学，这时大文学家韩愈站出来排斥佛老，提出儒家的“道统”说。他断言儒家道统是由尧开始，尧—舜—禹—汤—文—武—周公—孔子—孟子，一脉相传，并隐隐以孟子的继承者自命。他的儒学主张启发了宋代学者，开了宋明理学的先河。

（三）宋元明儒学

这个时期的儒学，一般称为“宋明理学”。原始的儒学关注的是政治问题和伦理问题，比较朴素和平实，缺少抽象的思辨，理论色彩较淡。佛家和道家喜谈玄妙的道理，思辨性强，理论很深。从宋代初年起，儒家学者便从儒家经典中着力发掘“形而上”的内容，并巧妙地吸收佛、道两家的理论和思想方法，渐渐构筑起儒家新的庞大的理论体系，被称为“理学”、“道学”或“新儒学”。“理”字在先秦儒家经典里常见，只是指道理、条理、物理之类平常意思，并无形而上的哲学意味。到了“理学”时代，“理”成为新儒学的最高范畴，它统一天人，融合内外，被认为是创造世界万物的根源。

汉唐时代儒学的局限是明显的，一是缺少佛道两家那样对人心人性的关注，尤其缺少超越现实的终极关怀；二是对经典的注疏越来越烦琐，使人即便皓首也无法穷经。宋代的理学家们冲破汉唐儒学的藩篱，抛开烦琐的注疏，直接阐释和发挥经典中的义理，探讨人性、人心、天命、理气、道器、义利、体用、知行等哲学问题，思索了有关人生、社会、自然及其相互关系等一系列问题，扩展了儒学发展的新天地。理学中影响最大的有三派：一是“程朱理学”，即程颐（北宋）、朱熹（南宋）的理学，主张理一元论，理本气末，理一分殊，注重格物穷理；二是“陆王心学”，即陆九渊（南宋）、王阳明（明）的心学，主张心即理，提倡切己自反，致良知，知行合一；三是张载（北宋）、王夫之（清初）的气一元论学派，坚持太虚即气，理依于气的唯物论，提出气化日新的发展观。理学各派理论既有对立之处，又有相通之处，从不同的角度和方面推进了儒学的发展。理学的时代，中国是东亚的文化中心，所以理学也流传到日本、朝鲜、越南等国家，其影响一直延续到今天。

在所有的儒家经典之中，《易经》最富有哲学蕴含，所以北宋时代的思想大家，如周敦颐、邵雍、张载、程颢、程颐（统称北宋五子），还有南宋时代集理学之大成的朱熹，都特别重视《易经》，都有关于《易经》著作，对其思想作了大力的发掘，改造，丰富和发挥，构造出理学的哲学体系，于是《易经》提高到“群经之首”的地位。朱熹把《大学》、《中庸》从《礼记》中抽出，将其和《论语》、《孟子》编在一起，成为《四书》，并作《四书章句集注》。元代以后直至明清，科举考试出题皆在《四书》范围之内，发挥题意必须以朱注为准。

（四）清代儒学

清代的学者认为宋元明时代的理学（因其形成于宋代又称宋学）混杂了佛老思想，不是真正的孔孟儒学。他们反对理学，主张在汉代的经学中去求索儒学的真义，重视训诂考据，因此这些学者的学问被称作“汉学”。这样，在儒学历史上又出现了“汉学”和“宋学”的对立。由于清代统治者大兴文字狱，大量一流学者为了避祸，把全部心力投入训诂考据之学，到了乾隆、嘉庆年间汉学达到全盛，形成以惠栋为首的吴派和以戴震为首的皖派两大学派，段玉裁、王念孙、王引之等著名学者即出现在这个时期。清代的汉学在训诂、考据、文字、音韵方面以及古籍的订伪和整理方面，都取得了空前的成就，对中国文化事业作出了不可磨灭的贡献。

四、当代儒学和儒学的现代价值

自19世纪鸦片战争以后，儒学受到西方文化的猛烈冲击，到20世纪的五四运动，儒学在中国思想领域的绝对统治地位便不复存在了。但是，儒家思想和学说对中华民族的影响并未中断，20世纪先后出现的“新儒学”和“新儒家”即是试图重新振兴儒家文化的学派。

（一）新儒学

20世纪20年代，有一些著名学者以继承儒家道统为己任，力图用儒家学说融合西学以谋求中国文化的现代化，其代表人物有梁漱溟、冯友兰、贺麟、熊十力等，这一学派被称为新儒学。

（二）新儒家

20世纪50年代，香港和台湾有一批学者认为中国固有的儒家精神文明高于西方，应该坚持；但承认西方物质文明先进，主张吸收，其代表人物有牟宗三、徐复观、张君劢、唐君毅等，这一派被称作新儒家。

新儒学和新儒家两派的成员大多是同时精通东西方文化的严肃的学者，他们著述丰富，提出成体系的学说，被东西方学界所知。但是，迄今为止他们的学说还只是停留在书本里和讲堂上，没有产生广泛的社会影响。

（三）儒学的现代价值

近代以来，对传统的儒家学说一直存在全盘否定和全盘肯定两种极端的倾向，这都不是科学的和正确的态度。中华文化源远流长、博大精深是举世公认的，那么作为中华文化主干的儒家文化怎么可以全盘否定呢？中国已经进入社会主义社会，时代完全变了，那么作为封建社会官方哲学的儒家思想怎么可能完全适用于今天呢？我们认为，儒家学说的精华部分是历代思想精英们集体智慧的结晶，儒家所信奉的价值观念及其所提供的思想智慧，必定有超越时代的被继承或借鉴价值，关键在于我们如何根据时代要求使其向现代转型，使其成为新文化的血肉。下面我们从几个方面举例说明儒家文化精神是可以和当代一脉相通的，经过转化是可以成为我们民族新的精神力量的。

1. 由传统的“忧患意识”到现代的爱国主义精神

儒家学说中，一直存在一种可贵的居安思危的忧患意识，如儒家经典《易经·系辞》里说：“君子安而不忘危，存而不忘亡，治而不忘乱，是以身安而国家可保也。”这是古人对天道自然和社会人生长期观察和深沉思索的结果，是人生经验的深刻总结，表现出对人类苦难刻骨铭心的忧思。儒家认为只有“遵道”，即按真理行事，按规律办事，才可以避免挫折和苦难。所以孔子说的“朝闻道，夕死可矣!”，意即早上掌握真理或规律晚上就死我都甘心，表明他追求真理的精神。孟子说：“入无法家拂士，出无敌国外患者，国恒亡。然后知生于忧患而死于安乐也。”这里的“生于忧患而死于安乐”道出了一个深刻而普遍的真理，表现了孟子这位思想家对自然和社会的一种深沉的戒惧心情，一种理智的思考，一种积极的人生态度。从孔孟的“忧道”到历代仁人志士的“忧国”、“忧民”、“忧天下”，就自然形成了爱国精神和爱国主义传统。从历史上的岳飞到近代的林则徐等民族英雄，直到我们党的方志敏等革命先烈，都体现了历史上这种一以贯之的爱国主义精神。

2. 由传统的“自强不息”到当代的英勇奋斗精神

《易经·乾卦》里说：“天行健，君子以自强不息。”这是说，天道永远是刚健有为的，人是天，即自然的一部分，应该效法天道，永远自励自强，奋斗不懈。这样，刚健自强就成了高尚人格的核心，它激励人们去追求高远的目标，为崇高的理想去献身。孔子讲“杀身成仁”，孟子讲“舍生取义”，历史上许多类似文天祥的英雄人物，包括党的革命先烈夏明翰等一系列英雄人物，即是在这样的信念鼓舞下走上刑场的。鲁迅把这一类历史上为国为民牺牲自己的英雄人物称为“中国的脊梁”。当代的孔繁森、许振超等杰出人物也在“中国的脊梁”之列。

3. 由传统的“穷变通久”到现代变法图强精神

《易经》里有句名言：“穷则变，变则通，通则久。”事物发展到极端，就要向相反方向转化，转化之后再继续发展。古人把这种发展变化视为宇宙、自然、社会、人生的必然法则，天地万物，概莫能外。“穷变通久”的思想在历史上演化出“变法求强”的优良传统，每当社会发展陷入困境时，一些贤明的当政者便力图通过变革弊政以求发展之路，历史上的商鞅、王安石、张居正等领导的变法便是例证。鸦片战争以来，在长期的国家民族的危机中，“变革弊政以求自强”已成为全民族的基本心态。近代史上的改革，虽然步履维艰，道路曲折，终究还是缓慢地推动了历史的进步。我们今天的改革开放，其实是历史上变法图强精神的一种延续。

4. 由传统的“民本主义”到现代民主主义精神

儒家思想中，历来就有重视民众的“民本主义”思想。《尚书》讲：“民为邦本，本固邦宁。”《孟子》讲：“民为贵，社稷次之，君为轻。”儒家在上述思想的基础上，发展出“德治”的主张，对历代统治者起了一定的约束作用。传统的民本主义再加上西方民主的“民治”的内容，即主权在民的内容，便可演化成现代的民主主义。

5. 儒家的“天人合一”思想和当代世界社会

当今的世界，随着生产工具、通信工具、交通工具和人工智能的大发展，人类文明已经发生了空前的大变化，而且还将有人们意想不到的变化。但是，这种发展带来的负面效应已经非常明显。(1) 从人和自然的关系说，征服自然的结果给自然造成巨大的破坏，人类将自食其果。(2) 从人与人、人与社会的关系说，工业文明的大发展带来了社会失衡，科学文化昌明，人文文化萎缩，精神价值失落，导致人性异化。解决上述两类问题，应该集中全人类的智慧。1988 年 1 月，在法国巴黎召开的 75 位国际诺贝尔得奖人的会议宣言中提醒全世界：如果人类要在 21 世纪生存下去，必须回头到 2500 年前去汲取孔子的智慧。儒家的“天人合一”的思想，强调主体与客体的统一，强调人与自然的和谐，主张有机地、整体地看待天地间的万事万物，这对人类善待自然未尝不是重要启示。宋代儒者张载说：“民吾同胞，物吾与也”，讲的是人与人、人与万物平等和友善，这对西方的所谓“戡天役物”倾向可以有所补正。儒家历来讲“内圣外王”之道，即追求个人的人格完善（内圣）和社会的安定和谐（外王）。“内圣”是“外王”的前提，所以儒家强调道德修养，讲求义利之辨，重视个人对社会的责任。这种价值取向与西方以个人为本位的价值取向不同，应该对其缺陷有所补正。

中国特色社会主义与中国传统文化

一、中国特色社会主义文化要建立在传统文化的根基之上

从党的十五大开始，我们党把有中国特色的社会主义文化建设列为党的社会主义初级阶段基本纲领的重要组成部分，并明确指出：文化建设与经济建设、政治建设有机统一、不可分割。文化建设被提到如此高的战略地位，是基于对人类社会发展规律以及对社会主义建设规律的深刻认识。特别是在党的十七大政治报告中胡锦涛强调指出："当今时代，文化越来越成为民族凝聚力和创造力的重要源泉、越来越成为综合国力竞争的重要因素"，提出要兴起社会主义文化建设的新高潮。

有中国特色的社会主义文化建设是个长期的系统工程。要完成这样的宏伟工程不能没有纵向的历史文化的承接，不能没有丰厚的文化底蕴，这就使得我们不能不把眼光投向具有数千年历史的精深博大的中华传统文化。列宁在十月革命之后谈到苏联的文化建设时曾有一句名言："应当明确地认识到，只有确切地了解人类全部发展过程所创造的文化，只有对这种文化加以改造，才能建设无产阶级的文化，没

有这样的认识，我们就不能完成这项任务。”正是基于这样的认识，胡锦涛在十七大报告中说：“要全面认识祖国传统文化，取其精华，去其糟粕，使之与当代社会相适应，与现代文明相协调，保持民族性，体现现代性”，并发出“弘扬中华文化，建设中华民族共有精神家园”的重要号召。

关于未来世界文化格局的预测，当前存在三种基本看法：第一种看法认为经济全球化的结果必将形成一种全球性的统一文化（欧美文化），它将覆盖地球上所有的国家民族：第二种看法认为，经济全球化不会带来文化的趋同，相反会激发民族主义（如原教旨主义之类），促使文化民族主义复兴；第三种看法认为经济全球化会使世界各民族文化形成某些共性，但这只是一些表层的文化，而本民族的传统文化将在更深层次上继续支配人们的生活。我们以为这第三种看法比较合乎道理与合乎实际。经济全球化是正在进行的事实，它对所有国家的经济发展都有积极的推动作用；而如果真有所谓“文化全球化”，没有了不同文化间的竞争和互补，数千年人类文明史创造的多姿多彩的文化被一种单一的文化取代，那将是一场毁灭性的灾难。这是不应该也不可能的。经济全球化与文化多元化并存才是必然趋势。

当前中华民族正处于民族文化复兴的转折点上。当然，文化复兴不是“文化复古”，而是继承和接受中外文化的一切优秀的成分并加以改造，发展和创新，形成有中国特色的社会主义新文化。建设新文化，资源无非来自三个方面：一是具有数千年历史的传统文化；二是具有100多年历史的现代文化；三是外来文化（主要是西方文化）。这三者不应该是平列的，传统文化应该是根基和主干。传统文化所蕴含的价值观念、思维方式和行为准则，一方面，具有历史性、遗传性；另一方面，又具有鲜活的现实性、变异性，它至今仍在影响、制约着今天的中国人的思想和行为，为我们开创新文化提供历史的根据和现实的基础。一个具有光荣历史和远大未来的民族，必须有令人人信仰的价值体系、有鼓励人人向上的社会理想以及与理想和价值相一致的人人遵守的道德规范。改革开放20多年来，持续的经济发展和国际地位的提高，为文化复兴奠定基础的同时，也大大提高了中国人的文化自信心。在这样好的形势下，我们应该重新正确评价我们的传统文化，从中汲取思想和理论资源，为民族的进一步发展提供目标、动力和凝聚力。

二、继承传统文化追求“人格完善”的传统，提高全民族的人文精神素质

胡锦涛总书记在2005年2月发表的关于构建社会主义和谐社会的长篇讲话中说：“一个社会是否和谐，一个国家能否实现长治久安，很大程度上取决于全体社会成员的思想道德素质。没有共同的理想信念，没有良好的道德规范，是无法实现社会和谐的。”

构建社会主义和谐社会是一个庞大的系统工程，胡锦涛于千头万绪之中首先举出人的思想道德素质，可谓抓到了问题的要害。构建和谐社会首先应该提高人的思想道德素质，这里特别应该重视人的人文精神的培养：即珍视人的价值，保持人的尊严，崇尚道德情操，能够以仁爱的心灵，去看待天地间一切物类，对于世间一切生命都给以热诚的同情。一个思想道德健全的人，应该有终生不懈的追求，即对人格完善的追求，对世间真理的追求，进而对生命意义的追求，明白“做人”是伴随人终生的大学问。十七大政治报告讲到建设和谐文化，培育文明风尚时提出“注重人文关怀”的问题，应该引起我们的注意。

我们从这样一个角度考量一下我们的传统文化。中国传统的学问大体可分为三大系统：人统（如何做人）、事统（学以致用）、学统（如何做学问）。这三个系统不是平列的，首要和根本的是人统。儒家的重要经典之一的《大学》讲的就是“人统”，讲如何做人的学问，“自天子以至于庶人，壹是皆以修身为本”，是一切人都需要的学问。“大学之道在明明德，在新民，在止于至善”，说的是道德修养；下面的“格物，致知，诚意，正心，修身，齐家，治国，平天下”，是从完善人格修养，说到协调人伦关系，一直讲到个人对家族、国家和整个天下负有的道义和责任。

这就是儒家文化由注重伦理演化出来的崇德重义的精神。和古代世界其他伟大文明相比较，希腊文明注重人与自然的关系，希伯来文明注重人与神的关系，而中国文明注重的是人与人的关系，崇德重义，把仁义道德置于一切价值之上。如下一些古训是许多中国人都耳熟能详的，如孔子说：“不义而富且贵，于我如浮云。”孔子认为“仁”比生命还重

要，提倡“杀身以成仁。”孟子也有类似的名言：“舍生而取义”。孟子更提出“人皆可以为尧舜”的著名命题，把圣贤与常人拉近，激励人们的成德向善之心。古人把“孝悌忠信礼义廉耻”称作“八德”。极为粗鄙的骂人话“王八”，原来是很严肃郑重的话，应写成“忘八”，即忘掉了“八德”。

《论语》里说到孔子对其弟子施教的内容：“子以四教：文，行，忠，信。”指的是：文献、实践、忠诚、信誉。这里既有文化知识教育，也有道德修养教育，而主要是后者。如果说西方文化倾向于求“真”，属于“科学型文化”；那么中国传统文化明显倾向于求“善”，属于“伦理型文化”。伦理型文化主要关注的是人，关注人之为人的精神问题。我们有浩如烟海的历史典籍，其中人文化育的内容无比丰富。在构建社会主义和谐社会的过程中，我们应该特别重视这些人文化育的内容，凭借它在民众中树立道德意识和道德自觉，使我们的公民不断自觉地提升自己的道德素质，树立参与社会事务和公共事务的公益精神和公民精神，还要培养观察世界的理性精神，以及对自己文化自信，强化社会责任感和历史使命感。有了这样的素质和信念，人们就会自觉地丰富自己的各种知识，开拓自己的精神生活空间，感受真善美，领悟人之尊严，不断超越今日之我，在有限的生命中最大限度地发挥自己的能力，为建设合理的、美好的、和谐的人类生存环境做出贡献。

三、发扬传统文化追求“和合中庸”的传统，构建普遍和谐的社会关系

“和合”这个文化概念源于“天人合一”的观念，在古老的《周易》中就已形成“和”的含义是性质相异的元素和谐地共处于一个统一体中，“合”的含义是共处于一个统一体中的异质元素在一定条件下相互沟通和融合。《易经》讲“阴阳合德”，老子讲“阴阳和谐”，墨子讲“兼相爱”，孔子一贯主张“中庸”之道等等，在传统文化中追求和谐的思想极为丰富，形成了民族文化中“贵和尚合”的传统和普遍的社会心理。《中庸》一书特别指出了“致中和”的重要：“致中和，天地位焉，万物育焉。”（孔庙的匾额把这句名言缩写成“中和位育”）无论自然界还是人类社会，只有把各种不同的因素和力量合理搭配，使之处于相对

平衡的状态（致中和），才能使万事万物各得其所（天地位焉），才能使万物成长发育，形成生机勃勃的繁荣局面（万物育焉）。这种“中和”思想体现了中华文化对生命价值的尊重和对和谐理想的追求。孔子曾对他的学生子贡说：“天何言哉！四时行焉，百物生焉，天何言哉！”孔子讲的就是天地之间无所不包的一种秩序井然、自自然然的和谐。如果我们用心地去体会宇宙自然和人类社会运动演化的一些道理，就可以认识到孔子说的这种“和谐”是一个极为深刻、博大并有着永恒生命力的理念。在宇宙和大自然里，天体有序，昼夜递嬗，四季流行，寒温搭配，树木花草交替荣枯，走兽飞禽相克相生，其内在的运行机制恐怕任何人类天才也难以规划出来。仅以人体而论，经络脏腑若干系统组成混元谐一的整体，再伟大的科学家也恐怕无法设计出其万一。和谐是宇宙之根本，它不仅流布于宇宙自然之中，也存在于人文世界里。和谐与自然是相通的。自然即和谐，和谐即自然。这里的自然不是指与人文世界相对立的自然世界，而是指自生自发、自然而然的自然，即“四时行焉，百物生焉”的自然。中国传统哲学认为这种意义上的自然和谐是本有的、普遍的，无须人们立于人文世界而向外“寻求”。因为人文与自然、人道与天道等万事万物，在中国传统哲学中皆出于一源——出于天道，由阴阳“两翼”交互作用而化生出来的。《中庸》里的“中和位育”的思想便是来自上述自然和谐的理念。

汉代思想家董仲舒就特别重视“中和”思想的价值，说“《诗》云：不刚不柔，布政优优，此非中和之谓欤？故能以中和理天下者，其德大盛；能以中和养其身者，其寿极命。”以中和思想治天下，可以创造盛世；以中和思想养生，可以达到高寿。儒家经典《礼记》中关于“大道之行也，天下为公”的大同社会的描绘，就表达了传统社会的中国人对和谐、和平、和顺的太平世界的向往和渴求。紫禁城三大殿分别名“太和殿”、“中和殿”、“保和殿”，皇家园林名“颐和园”，都离不开一个“和”字，可见传统文化对和谐的重视。在我国民间，人际关系讲“以和为贵”，夫妻关系讲“琴瑟之和”，家庭关系讲“家和万事兴”，宗教关系讲“三教合一”等等，都说明注重“和合”的价值取向已成为人们普遍认可的思维原则。

尤其值得我们特别珍视的是孔夫子提出的“君子和而不同，小人同而不和”的思想。“不同”而能够“和”，才能形成多姿多彩的和谐统一；如果不讲“和”而只去求“同”，势必一事无成，事与愿违。在孔子的这一宝贵的思想中，积极地看待社会中的差异和矛盾，主张发挥不同个体各自具有的特点和积极作用，并在此基础上实现整体的和谐与发展。在儒家的典籍中，这种文化观念还体现在“有容德乃大”（《尚书》）的命题中。先民们向来主张要以高远博大的胸襟和海纳百川的气概去接纳和包容不同的文化元素，只有这样才能获取最高成就。先秦时代的儒、墨、名、法、道、阴阳等诸子百家互争互补、和而不同地共存了许久，就是在汉武帝“独尊儒术”之后，实际上“百家”也未完全“罢黜”，法家、道家的思想一直作为重要文化要素存在于中华文化之中。秦汉以后，中国接受了印度传来的佛教文化，并把这个外来的宗教渐渐改造成了中国化了的宗教，极大地丰富了中国的思想文化元素。此后，儒、释、道三个子文化体系一直和而不同地存在了两千年，虽然有思想理论的争论，但互相之间的关系从来都是平和的，宋、元之后甚至还有过“三教合一”尝试。世界历史上有过无数血腥残酷的宗教战争（如欧洲历史上的十字军东征、三十年战争等），给人类带来极大的苦难，而中国是个唯一的例外，不仅没有过宗教战争之事，甚至没有过宗教战争之想。唐代之后，先后有伊斯兰教和基督教传入中国，也都自自然然地被接纳和包容。这一切都证明中华文化绝对不是一个封闭的体系，而是一个开放的体系，“有容乃大”的特点极其鲜明。

胡锦涛总书记在十七大报告中强调指出：“和谐文化是全体人民团结进步的重要精神支撑。”我们的国家历来就是多民族组成的，中华民族在历史上就形成了“多元一体”的格局，形成了色彩多样内涵丰富的大社会，证明了“和而不同”思想的正确和可贵。今后在全面建设小康社会的过程中，在处理群众之间、团体之间、阶层之间、党派之间、党群之间、官民之间、民族之间的各类矛盾时，都应当本着“和而不同”的原则，经过细致的工作，最终达到和谐共处的目的。

四、重视传统文化追求“天人合一”的传统，协调人与自然的关系

“天人合一”的思想是中国传统文化的核心内容，也是中国人最基础的信仰。它认为，人与自然、人道与天道、人文与自然是融会贯通

的，即宇宙真理与人生真理是重合一致的。这里的“天”有“自然之天”、“义理之天”、“神道之天”三方面的含义。自春秋末年管子、孔子、老子等大思想家出现之后，“神道”的内涵渐渐被淡化，“义理”即道德的内涵渐渐被强化和深化。天人合一的信念统摄了整个中国传统文化，规定了中国人的价值取向、思维方式、审美情趣和行为模式。《易传》里说：“夫大人者，与天地合其德，与日月合其明，与四时合其序，与鬼神合其吉凶。”这应该是对“天人合一”的最早的阐释。它的基本内涵是：（1）人为天地所生，是自然界的一部分。（2）自然界有普遍的规律，人作为自然界的一部分也应遵循这个规律。（3）人道源于天道，人的本性是“天”赋予的，因此人类的道德法则（仁义礼智等）与自然规律一致，具有先验的神圣的真理性。（4）合理人生的最高追求是天人的一致与和谐，即人应该遵循天赋的善良本性不断自觉提升道德涵养，就可以上通天德，体悟天道，与天地万物融为一体。人的精神之升华，思想之超越，人格之完善，真理之感悟，皆以天人合一为最高之境界。

在先秦时代的思想家中，对“天人”关系阐释得最多的是孟子。他说：“尽其心者，知其性也；知其性，则知天矣。”意思是：人只要充分发挥其先验的善良的道德之心，就可以认识自己的本然之性；认识了自己的本性，就明白天是怎么一回事了。孟子的这类思想对后世影响很大。到汉代，董仲舒依据阴阳家的思想把“天人”关系改造成神秘的“天人感应论”。直到北宋以后，一批杰出思想家先后出现，他们都对“天人合一”的命题进行了各自的阐释，使“天人合一”的宇宙图式成为他们共有的思想理论框架。其中，唯物主义思想家张载在解释《中庸》的“诚明”说时，说：“儒者则因明致诚，因诚致明，故天人合一。”这是在思想史上第一个明确提出“天人合一”的命题。他在他的著名的文章《西铭》中说：“乾称父。坤称母，予兹藐焉，乃浑然中处。故天地之塞吾其体，天地之率吾其性。民吾同胞，物吾与也。”他把天、地视为人类的父母，而人只是一种渺小的存在，茫然处于天地之间。充塞天地之间的物质性的“气”形成了人的身体，天地运行的本然规律赋予人以人的本性。这样看来，包括人在内的天地间的万事万物都是平等共存的，所以他进而说“民，吾同胞；物，吾与也。”即天地间所有的人都是我的兄弟姊妹，所有有生命和无生命的事物都是我的朋友。这是何等宏伟博大的胸襟！自从张载明确提出“天人合一”的命题之后，为各家各派思想家普遍接受和认同。“二程”中的程颢进一步主张“仁者以天地万物为一体”，把庄子的“天地与我并生，而万物与我为一”的思想也吸收进来。朱熹说：“惟仁，然后能与天地万物一体。”王阳明说：“大人者，以天地万物为一体。”概括起来说，他们理论的共同点即在于“溶小己入大我”，或“化小己为大我”。这种天人合一的宇宙观，强调主体与客体的统一，主张有机地、整体地去看待天地间的万事万物，是对世界文明的重大贡献。

自西方工业革命300年来，人类对自然的破坏，人与自然的对立已经到了相当严重的程度。资源与环境问题困扰着全世界，我们国家也在这个问题上承受着巨大的压力。时至今日，人类应该在所谓“征服自然”这个问题上换一个思路，因此今天重提“天人合一”的思想，意义非常重大。1988年，一批诺贝尔奖金获得者在巴黎集会，其中物理奖得主阿尔文博士说：“如果人类要在21世纪生存下去，就必须回到25个世纪之前去汲取孔子的智慧。”这里的“孔子的智慧”显然是代指中国古代圣贤的智慧，亦即“天人合一”的思想。我们的先民崇拜自然，亲近自然，尊重自然，归依自然，历史上有过那么多的山水诗、田园诗的杰作，被历代中国人所喜爱，谢灵运、陶潜等一系列诗人因之而不朽。历史上有过那么多山水画的名作，许多作品已成为价值连城的国宝，展子虔、董源等一长串画家因之而不朽。山水、田园在诗歌和美术中自成一类，这是外国没有而只有中国独有的现象，是名副其实的“中国特色”，是中国人特别钟爱大自然的证明。《菜根谭》一书有如下一段话：“霁日青天，倏变为迅雷疾电；疾风怒雨，倏转为朗月晴空，气机何尝一毫凝滞？太虚何尝一毫障塞？人之心体，亦当如是。”这是用自然界的变化比喻人的心性修养，也是中国人对人与自然融汇无间关系的生动的、富有诗意的说明。

更为可贵的是，2300年前的孟子就已经由人与自然的和谐关系进一步产生出明确的环境保护意识：“数罟不入污池，鱼鳖不可胜食也；斧斤以时入山林，材木不可胜用也。”这可以说是可持续发展思想的开端。他还说：“五亩之宅树之以桑，五十者可以衣帛矣；鸡豚狗彘之蓄无失其时，七十者可以食肉矣；百亩之田勿夺其时，数口之家可以无饥矣”等等，都是我们的先民尊重自然，归依自然思想的真实表现。古人这一类热爱自然、平等对待自然的思想是极可宝贵的，在今天把其发扬起来，普及到民众中去，再用上现代的环保技术，就可以补救源自西方的“戡天役物”带来的弊端，重新处理好人类与大自然和谐相处的关系。

五、回溯源头，传承命脉，弘扬中华优秀传统文化

在论证社会主义和谐社会与传统文化关系的基础上，我们还可以进一步思考如何在传统文化的根基之上，在全面建设小康社会的同时，建立我们民族新的价值体系的问题。

胡锦涛总书记在他的讲话中说：“我们所要建设的社会主义和谐社会，应该是民主法治、公平正义、诚信友爱、充满活力、安定有序、人与自然和谐相处的社会。”这里的和谐社会的内涵已经不简单是社会事业的发展和各类社会矛盾的解决，而是包含了构建社会主义社会和中华民族新的价值体系的内容。中华民族价值体系的构建将是一项具有深远意义的伟大任务，也是中华民族实现伟大复兴所必不可少的条件。而中华民族新的价值体系只能建立在中华民族传统文化的基石之上。

自鸦片战争以来历史上的种种“破”和“立”的经验和教训告诉我们，人们可以凭着某种理由摧毁所谓的旧道德、旧宗教、旧文化，这并不很难；但是要按照自己的意图建立起新道德、新宗教、新文化却是极难极难，往往造成旧的已破，新的未立的青黄不接的状态。结合历史仔细想来，人的理性设计的能力和作用都是很有限的。一个国家民族的道德、宗教、文化是无数代人的智慧的沉淀和结晶，这样的智慧不是任何一代人（哪怕是最杰出的人）所能比拟的。经历了一波又一波的反传统的浪潮，我们与先人的文化联系已经是不绝如缕了。祖先在漫长历史中所形成的信仰、规则、价值等等，已经在当代人心中渐渐淡化了。这些，对一个伟大民族来说，不是吉祥的征兆，应该引起我们的警觉。

2003 年 12 月 10 日，温家宝总理在美国哈佛大学的讲演中说：

> “中华民族的祖先曾追求这样一种境界：‘为天地立心，为生民立命，为往圣继绝学，为万世开太平。’今天，人类正处在社会急剧大变动的时代，回溯源头，传承命脉，相互学习，开拓创新，是

各国弘扬本民族优秀文化的明智选择。”

这段话简捷明快地说明了民族文化传承和发展的要义。回溯源头，传承命脉，弘扬中华民族的优秀文化，这正是我们当前应该做的事情。中华民族的复兴，不可能只作为“经济动物”崛起，更应该是这个伟大民族精神文化的重振和复兴。

已故的著名学者费孝通先生近年提出“文化自觉”的命题，在学界引起广泛称许和重视。他说“文化转型是当前人类共同的问题”，他说的“文化自觉”：

“其意义在于生活在一定文化中的人对其文化要有‘自知之明’，明白它的来历、形成过程，所具有的特色和它的发展趋向，自知之明是为了加强对文化转型的自主能力，取得适应新环境、新时代文化选择的自主地位。”

如何认识和对待具有数千年历史的中华文明和文化传统，是个重大而严肃的文化论题，必须理性地对待。历史上有过而且至今仍有影响的“文化保守主义”和“文化激进主义”，都执着于片面的真理，分别走“全盘肯定”和“全盘否定”两个极端，都不是实事求是的、全面的、科学的态度。费孝通先生“文化自觉”的主张对我们有重要的启示意义。我们对自己的传统文化必须做到有“自知之明”，明白其来历、特色和发展趋向，消除民族虚无主义，然后才能自主、自尊、自信地在传统文化的根基上建设新的中华文明。

半个多世纪以前，著名的国学家钱穆先生在他的《国史大纲》里说，任何一国的国民，对其本国以往历史，应该略有所知，“尤必附随一种对其本国以往历史之温情与敬意。”接着他说：

所谓对其本国以往历史有一种温情与敬意者，至少不会对其本国以往历史抱一种偏激的虚无主义，至少不会感到现在我们是站在以往历史最高之顶点，而将我们当身种种罪恶与弱点，一切诿卸于古人。

对自己祖国的历史抱有一种“温情与敬意”，就是对祖国的传统文化首先抱肯定与热爱的态度（这是爱国主义的起点），然后再做细密的分析。我们不是说传统的东西一切都好。中国传统文化绵延数千年，其中的一些具体的内容在不断积累的同时，也在不断淘汰，而贯穿其始终的基本精神不断向前发展，形成民族文化传统。从中华传统文化的总体上看，它是数千年文明的结晶，其基本精神是我们祖先留下来的第一宝贵的精神遗产，是我们民族的灵魂。自强不息的从道精神，厚德载物的博大襟怀，贵和尚中的和谐理想，崇德重义的价值信念，成贤成圣的人格追求等等，在历史上曾经造就过无数英雄豪杰，今天仍然是鼓舞我们自尊自强、自立于世界的精神力量。我们民族新的价值体系就要在这样的基础上建立，我们的民族精神就要在这样的基础上培育和发扬。一个民族的价值观念要随时代的发展而演化，即与时俱进，但由历史沉淀下来的最基本的内涵却永不过时，具有恒久的生命力。

为了传承优秀文化传统，接续传统的价值观念，我们应该在国民教育中加大人文学科的比重，从小学、中学到大学，逐步增加人文知识的教育，从孔夫子直到今天，重要的文、史、哲知识都要让学生有重点地有所了解，引发他们终生学习的兴趣，将来从事任何职业的人都不应例外。这样做，有助于人的高尚人生目标的树立和丰满健全人格的形成。须知科学不能代替伦理，技术不能代替正义，物质文明不能代替精神文明。只有强化人文精神教育，才能培养“有理想、有道德、有文化、有纪律”的四有公民，社会主义和谐社会的建成才会有保证。

为了传承优秀文化传统，接续传统的价值观念，对于各类形式的传统文化存在，如地上地下的文物古迹、口耳相传的民间文艺、工匠手头的神奇技巧、丰富多彩的民俗仪式等等，只要是健康无害的，都要精心保护。因为这里蕴含着传统的智慧和民族精神，也是进行传统文化教育即爱国主义教育的好材料。关于文物保护，我们已经有了《中华人民共和国文物保护法》，但是有法不依的情况所在皆有，有意无意地毁坏文物古迹的重大事件接二连三地发生，令人痛惜不已。民间文化和民间工艺自然有保护好的，但即将失传和已经失传的情况更是多见。国家有义务和责任保护各类有价值的文化，不但要拨款保护，还要进一步立法保护，若使某些传统文化在我们这代失传，那将愧对后代子孙。

世界文化史上的大量事实证明，各种类型的文化都可以逐步演进、转型而进入现代，中国文化也不例外。中国传统文化的主要内容，如果加以现代阐释，完全可以与市场经济、民主政治和法制社会兼容。世界上没有哪一个民族是以否定、割断自身的历史文化传统作为代价而实现现代化的。越是在全球化时代，民族化就越应该成为一种有价值的追求。一个不尊重自身历史文化传统的民族也不可能赢得其他民族的尊重。

社会转型时期的文化矛盾与当前文化建设的若干问题

一、简释文化与文化的功能

（一）什么是文化

“文化”这个词汇在日常生活中使用得极其频繁，可是一旦认真问一下什么是文化时，给出一个大家都认可的答案就不容易了。据统计，现在世界各国总共有上百个关于文化的定义，但没有哪一个具有公认的权威性。

在中国古籍中最早把“文”和“化”两个字联系起来的是《易经》：“观乎人文，以化成天下。”其意思是：圣人考察人类社会的文明，用其精神（儒家的诗书礼乐）教化天下人，使社会变得文明而有秩序。在以后漫长的封建社会中，一直是在“文德教化”这个意义上使用“文化”这个词汇的，这和我们今天使用的“文化”一词虽有联系，但并不一样。

在西方，“文化”一词源于拉丁文“cultue”，本意是“耕作”、“开化”之类的意思。在后来的欧洲历史上，“文化”一直是指由于人类在思维和理性方面的发展而引发的整体社会生活的变化。我们今天使用的“文化”一词，是日本人在19世纪末用汉字从英文“culture”（文化）

意译而来，我们再从日本引进中国。

我们认为：人类凭借自己独有的理性和智慧，为着某些特定的目的，在征服自然和治理社会的过程中，所创造的一切物质成果和精神成果以及制度习俗都属于文化的范畴。马克思在《1844 年经济学—哲学手稿》中说的"自然的人化"，即指文化这个概念的外延。

换一个说法就是：文化是指一个社会人群所具有的既相对稳定又不断演化着的物质和精神生活样态，即生产方式、组织方式、生活方式、行为方式等，其深层意蕴就是理论、观念、心理以及科学、宗教、文学、艺术、法律、道德等。

广义的文化（或称大文化）包括物质文化和精神文化全部，狭义的文化特指精神文化（或称小文化）以及与之相适应的各种制度。我们要侧重研究讨论的是狭义的文化。

（二）文化的功能

1. 文化具有伦理教化的功能，为社会的存在和发展提供精神支持

每个健全的社会都有自己特有的思想观念和价值体系，这是文化核心的核心。在长期的社会实践和共同生活中，通过教育、培养和熏陶，使这种思想观念和价值体系为全体社会成员普遍接受，从而形成大体一致的思想信仰、价值追求和行为规范。这就是我们通常说的民族精神。有了它一个国家民族才能形成强大的凝聚力，才能干成大事业，才能推动社会不断向前发展。

2. 文化具有技能教化功能，为社会的存在和发展提供智力支持

文化中凝结着一代又一代人积累下来的知识、经验和社会生活技能，通过文化教育将其传给下一代；下一代经过发展和丰富再传给下一代，如此反复无穷。文化的积累和传递意味着社会的发展和进步。人类社会发展到今天，知识和科学文化在社会生活中的作用越来越大，通过文化教育培养能力高强的各类人才，成为生产发展和社会进步的关键性因素。

3. 文化还具有社会定向功能，即一种成熟的文化可以塑造人们的认知方式、思维方式和生活方式，从而决定一个社会的特色和发展趋向

也就是说，一个国家民族的思维传统和价值体系一旦定型，就会形成一种潜在的惯性力量，制约人们认识和改造世界的方式，进而决定其未来走向。

二、社会转型期的中国文化的矛盾状态

有中国特色的社会主义文化建设现在正在实践中，它的大体定型至少需要半个世纪以上的时间。在如此漫长的历史进程中，文化建设必然受到国际国内各类因素的牵动和影响，变数很多，因此我们现在无法描绘出有中国特色的社会主义文化的完整图景。近些年来，我国社会正在发生急剧的深刻的变化，人们称之为社会转型，即由农业文明向工业文明转变；由计划经济向市场经济转变；由地域性的“民族历史”向相互联系和融合的“世界历史”转变，等等。在这个转型过程中，我国的文化也呈现出多彩多姿、变幻不定甚至令人困惑的种种状态。

当前，直接影响我国文化建设的有两大因素：一是国际间经济全球化的向前推进，二是国内改革开放的继续深化。

在世界上，经济全球化已经形成不可逆转之势。全球化是指冷战结束后由跨国资本建立的所谓“新秩序”，同时也包括科技一体化和信息网络的发展所带来的文化全球化传播的情形。经济全球化对世界文化的发展已经产生并会继续产生巨大的影响。在这种世界背景下，不同文化之间是相互宽容和相互友善从而导致和平共处，还是相互隔离和争夺霸权从而导致彼此冲突，这确是 21 世纪全人类应该认真对待的大问题。目前，在世界文化发展中，出现了两种明显的有害无益的倾向。一种是某些西方国家的理论家从维护自己的文化传统和国家利益出发，继续坚持所谓的“西方中心”论，把他们的价值观念和文化习惯强加给其他国家和民族；与此同时，也有一些国家和民族，特别是那些 20 世纪从殖民统治下争得独立的民族从维护自己的宗教信仰和复兴本民族文化出发，固守本土文化，拒斥外来文化。这两种倾向针锋相对，处理不好就有可能酿成种种冲突。我国的社会主义文化建设就是在这样充满矛盾的国际大背景下进行的。我们向来反对世界文化霸权主义，认为世界文化应该而且必定是多元的，充分理解和尊重各个国家民族的各类文明，任何国家民族都有权按自己的意愿建设自己的文化；同时我们也认为世界上所有的优秀文化都是全人类的共同财富，应该排除那种抱残守缺的狭隘心理，把外来的优秀文化视为自己文化建设的资源。这些道理说来容易，而要处理得当是相当难的，不但需要正确理论的指导，而且需要在

长期实践中积累正反面的经验。著名社会人类学家费孝通先生谈到在世界多元文化共存时说，我们的态度应该是："各美其美，美人之美，美美与共，天下大同。"费先生的话讲得极好，世界上的有识之士都会承认这是最正确的态度，但现在有这样见识的人不会很多。

在经济全球化的环境下，文化生产和商品生产的关系越来越紧密，而且越来越多的商品生产即是文化生产，如影视传媒、娱乐业和旅游业等。"文化"和"商品"搅和在一起，使得本来已是复杂的事情变得更加复杂。美国《基督教箴言报》于2003年10月20日刊出一篇报道：《全球阻击"巨无霸"文化——在"美国制造"的背景下，新一轮全球文化战役在巴黎拉开序幕》。文中说："由加拿大和法国牵头，大约60个欧洲国家和发展中国家主张达成一项关于文化多样性的联合国公约。这项公约将使电影、戏剧和音乐一类的文化产品脱离贸易谈判的范围和自由贸易规则的限制，从而使各国政府得以保护并支持自己的文化产业。"大约60个国家（包括加拿大和法国这样的发达国家）主张签署联合国公约保护文化的多样性，可见问题的严重性。这场冲突使得美国和其他少数国家同联合国教科文组织的大部分成员国产生了对立。报道里说：

> 法国总统雅克·希拉克在上周联合国教科文组织大会上发表讲话时说，如果这样一项公约得以通过，"担心失去独特身份的国家和民族就能以更大的信心向世界敞开大门"。
>
> 相反，美国代表团负责人特里·米勒却说："一项控制文化理念、文化产品或文化服务自由流动的公约，是用简单方法来应对全球化，是试图与世界其他地区隔绝开来的极好的例子。"

辩论针锋相对。加拿大遗产部长希拉·科普斯也同米勒展开了辩论，她认为，把文化贸易问题留给世贸组织"将使世界退化为一个巨大的购物中心"。联合国教科文组织官员估计，关于这个问题的谈判将持续两年。我们中国也同法国、加拿大等国一样处在美国的"巨无霸"文化的冲击之下，甚至比他们遭到的冲击更厉害。据《基督教箴言报》同一篇报道说，澳大利亚2003年4月之前的8个月中，推出的新电视节目有76%都来自外国，主要是美国。我们的影视也和澳大利亚一样充斥过美国产品，好莱坞大片曾让无数青年人着迷，麦当劳、肯德基、星巴克在我们的城市里举头可见……当然，这也可以视为国际间的文化交流。但仔细品味一下即可发现这种交流并不是平等的，如一些好莱坞大片在全世界创造了天文数字的票房价值，而中国的所有电影制片厂都已萎缩凋零，改行干别的去了；在中国到处都可听到爵士乐的轰鸣，而美国人不大可能哼唱《信天游》，除个别华人。这种文化交流的不平等状况，因为国势和文化势差的原因，短时期内无法根本改变。面对这样的客观形势，我们不能因噎废食，脱离世界，重新把自己封闭起来，拒绝和世界进行文化交流，历史已经证明那是一条绝路。我们应该做的，是主动走向世界，同时保持清醒的头脑，尽可能保护自己文化的民族特色，尽最大努力去发展和繁荣自己的文化，在世界上保有自己独特的文化地位，准备将来为世界文化作出自己独特的贡献。既要世界化，也要民族化，这是一对矛盾。要处理好这个问题，不仅是理论问题，更重要的是实践问题。

在国内，改革开放在继续深化。自十一届三中全会至今20多年来，中国的社会生活发生了巨大而又深刻的变化：经济发展了，生活富裕了，人们的眼界开阔了，理想高远了，这些变化的主导面应该得到充分的肯定，尤其值得肯定的是人们价值观念方面的积极变化。一是在认知价值取向上从“安分守己”到锐意改革创新的变化。在“文化大革命”及其以前的若干年里，“政治价值”压倒一切，任何要求改变现状的思想和行为都要招惹麻烦和不幸，人们只能安分守己，听天由命。如今，改革的信念普遍强化，人们从历史的教训中认识到抱残守缺是没有出路的，不仅渴望改革，而且在为之积蓄力量。二是在经济价值取向上从平均主义到“让一部分人先富起来”的变化。我们曾经有过很长时期的“一大二公”吃“大锅饭”的历史，阻滞了经济的发展。如今在市场经济条件下，在贯彻按劳分配原则的同时，允许一部分能力强、贡献大的人先富起来，强化了人们的竞争意识，人们不仅言“义”，而且言“利”，合法所得的金钱甚至已和荣誉联系起来。三是在成就价值取向上由“官本位”转向多元的变化。我们曾经有过批判“××做官论”的历史，说明那时人们只有“做官”一途出人头地或实现自己的价值。许多劳模都给个官当当，就是用“官”来肯定其价值。改革开放之后人们施展才能的天地广阔了，成功的机遇多了，行行皆可出状元，人们就向多方位去追求实现自己的价值了。改革开放以来，许多人弃官经商、弃学经商，抛弃“铁饭碗”去经办实业一时成为风气。随着商品经济的发展，经济的权威性将会进一步增强，科学技术将会进一步被重视，和科技与管理有关的行业都是有理想有才干的人们竞争的目标。四是在道德价值取向上泛道德主义受到怀疑和冲击。随着市场经济的发展，利益的驱动起着火车头的作用，原有的道德规范受到冲击，人们的道德信念和道德规范都在悄悄发生变化。对此，高声叫好者有之，痛心疾首者有之；高声叫好者称之为“爬坡”，痛心疾首者称之为“滑坡”，一时很难作出简单的价值判断。

党的十六大报告提出全面建设小康社会的宏伟目标，其中特别阐述了“坚持弘扬和培育民族精神”的问题。中华民族文化命脉五千年不断，就是因为我们的民族精神之中，有着一种对崇高完善人格的不懈追求，有着对和谐美好社会的执着向往，为此自强不息地奋斗了几十个世纪。这种文化精神至今仍流动在我们民族的血液之中。当然，善恶、美丑永远并存，传统文化精神在改革开放的当代正面发扬与负面表现也同时存在，形成尖锐的矛盾，有时令我们困惑不已。一是刚健自强与因循怠惰同在。在改革开放的大潮中，各界、各领域都涌现出许多百折不挠拼命干事业的人，他们焦思苦虑，兴利除弊，大胆改革，以期把经济建设搞上去，最终实现中国的全面现代化。他们所干的事业，有些已经见了成效；他们所想的事情，有些正在形成可操作的蓝图。这一类人即是鲁迅所赞许的那种“拼命硬干的人”，是“中国的脊梁”。与上述情形相反，在长期封闭的自然经济状态下形成的保守恋旧、因循怠惰的传统心理仍然存在。有些人知识贫乏，没有见识，老守田园，不思进取，宁愿稳坐亏损企业领导的宝座，也不愿冒风险去转换企业经营机制；宁愿回到吃“大锅饭”的老路上去，也不愿向新体制迈出一步。更有甚者，有人对改革措施阳奉阴违，嫉妒别人的改革成绩，栽赃陷害，致使一些改革的先行者中箭落马。二是恪守道义与唯利是图同在。崇德重义是中华民族优良的道德传统，在商品经济大潮中，许多人保持着诚信的品格，推重互惠互利或利己但不损人的原则，既冲破了“重义轻利”的囿限，又保持着对高尚精神价值的追求。许多人发财致富后，捐款救灾、捐资助学都是证明。与上述情形相反，在商品经济的裹挟下，唯利是图、见利忘义的思想和行为在社会上泛滥。假公章、假合同、假经理屡见不鲜；假种子、假化肥、假农药害得农民苦不堪言；假药、假烟、假酒不仅骗钱而且杀人害命。尤其是一些官员贪污受贿、腐败堕落已成了很难解决的社会问题。三是整体至上与个人第一同在。国家、民族的整体利益至上，是中华文化的优良传统，也是我们党的优良传统。个人利益服从国家利益，局部利益服从全局利益，眼前利益服从长远利益，是全社会都普遍认可的原则。许多干部自愿到艰苦地方工作，许多大学生自愿支援边疆，许多青年人放弃挣大钱的机会去参军等，都是自觉地为国为民的表现。近些年来，城市改建，修造铁路、公路、水库等等，都牵涉到广大群众的利益得失，群众都能服从国家需要，三峡工程百万移民能够顺利进行，即是证明。与上述情形相反，只贪图个人或小集团的好处，置国家人民的利益于不顾，造成严重后果的情形也所在皆有。有人为了些微蝇头小利，不惜把巨额利润送给外商。有人为了得到回扣，不惜花大量国家资金为单位购进伪劣产品。有的领导干部为了自己升官，浮夸虚报，层层欺骗，使国家决策得不到准确统计数字。凡此种种，不一而足。

上面讲到的传统文化精神的正、负两方面同时存在的矛盾状况从来如此。然而尽管“自古已然”，还得要说“于今为烈”。许多人说如今的社会“不送礼就办不成事”，还有人认为“人都变得自私了”，更有人说“人心难测，须时刻提防”。如果我们承认这些说法有根据，那恐怕就不得不承认“道德滑坡”的问题果然存在，而且影响了现代化建设的正常进行。朱镕基任总理时在全国人大会议上郑重提出“建立适应社会主义市场经济的新的道德体系”的问题。为了建设健全的社会主义道德体系，2001 年 10 月中共中央颁布了《公民道德建设实施纲要》，至今仍在实施中。党的十六大再一次强调要“切实加强思想道德建设”。当然，道德的重建绝无可能一蹴而就，需要相当长的历史时间，需要有决心，更需要有耐心。

三、当前文化建设中需要重视的几个问题

（一）国民教育问题

当前世界正在经历一场剧烈的变革，在信息多元化、经济全球化的同时，科学技术迅猛发展，知识数量呈几何级数上升，知识更新的周期一再缩短，人们称之为“科技革命”、“信息革命”等不下十几个名称。这场变革归根到底围绕着人的智慧和技能提升这个核心，因此称之为

"智力革命"也许更贴切。有人说历史上的农业革命靠"双脚"，工业革命靠"双手"，如今的智力革命靠"头脑"。而离开教育就无所谓智力革命，无所谓现代化。比尔·盖茨预言，未来10年衡量贫富的标准将是教育，世界上许多经济学家和政治家都赞同这种说法。中科院院士、现任英国诺丁汉大学校长杨福家说得更干脆：知识经济就是教育经济。

改革开放以来，我国的教育事业有了很大的发展，取得了可喜的成就。但是按照建设四个现代化的要求衡量，特别是和世界发达国家以及发展中国家相比较，我国的教育事业在总体上依然相当滞后，教育事业的战略地位虽然在理论上被承认，而在实际上尚未建立起来，教育发展的前景依然令许多有识之士忧心。首先，教育经费投入严重不足。"文化大革命"时期的教育投入竟然低于GNP的1%，据说与海地并列世界倒数第一。改革开放之后，我国财政性教育经费逐年上升，但仍然远远低于世界平均水平。1991年，世界平均公共教育经费占GNP的5.1%，其中发达国家占5.3%，发展中国家占4.1%，最不发达的国家平均为3.3%。我国近些年来一直徘徊在2.5%左右，2001年达到最高水平，是3.19%，不但低于发达国家和发展中国家，而且比最不发达的国家还低。1993年，中共中央和国务院制定的《中国教育改革和发展纲要》要求财政性教育经费占GNP的4%，如今10年过去了，就是这个仍然低于世界平均水平要求也没有实现。据有关资料统计，由于经费严重不足，截至2002年底，全国31个省、市、自治区有24个拖欠教师工资，拖欠额达127.06亿元。截至2001年底，全国小学共有危房3800万平方米，教室坍塌压死学生的事时有所闻。有的农村小学连粉笔都买不起，更不要说图书、仪器了。

教育投入有其不可改变的"先期投入，后期收获"的滞后性，其成效需15年以上时间才可显示出来。教育还具有"公共商品"的特征，其成功的好处和失败的害处都要扩散到全社会，因此国民教育的重任理所当然地应由政府承担。教育事业的成败关乎国家民族的"底气"、"元气"问题，因此世界各国眼光远大的政府无不把教育投入摆在政府开支的重要地位上。

（二）学术文化问题

任何社会都有其特有的学术文化，即由专家学者所构建的理论、学说，表达他们的思想、信念和价值观念，以期对社会产生影响。这种文化主要表现为观念形态，即它是一种“思想创造”，有鲜明的主题性和自觉的价值追求，对解决各类社会问题有导向作用。经过历史检验证明有价值的理论、学说，将丰富民族的文化内涵，形成文化积累，成为文化遗产。我国从新中国成立开始，到“文化大革命”结束，由于文化建设的主导思想出现“左”的偏差，学术文化成果寥寥。改革开放以来，我们重新执行“双百”方针，打破长期的僵化状态，使学术文化出现活泼的生机。在社会科学和自然科学的各个领域，许多知识分子投入各种学问的研究，著书立说，自觉地为解决“四化”建设中的各类问题出谋献策或提供理论依据，已有了一个良好的开端。但是，我们的学术文化还远没有达到繁荣的程度。半个世纪以来，国内几乎没有出现大师级专家，没有具有世界影响的学者和学说，没有形成各类学术流派。为了真正繁荣我们的学术文化，使中国出现更多的学者和学说，甚至世界级的学者和学派，我们必须真正贯彻“百花齐放，百家争鸣”的方针，为学术文化准备更广阔的发展空间。

（三）大众文化问题

大众文化是指理性成分较少、偏重于满足人们感性满足的文化现象。它有两个方面的功能：一是娱乐功能，即通过观看影视、阅读书报、唱歌跳舞等等，取得松弛愉悦，调剂身心的效果。二是教化功能，即通过参加健康有益的文化活动提高人们的审美情趣，培育人们的良好品德，还可普及某些有用的知识。20 多年来，随着人们生活水平的提高和闲暇时间的增多，大众文化空前兴旺，起到了它应该起的作用。但是大众文化存在着随时畸变的可能性，而实际上它已经产生了一定程度的畸变。这是一些文化骗子和素质很低的受众交互影响的结果。一些冒牌的文艺工作者仅仅为了牟利，把大量艺术质量低劣，注入色情暴力之类内容的“作品”推向市场，有些出版发行部门也乐得借此发财。还有一些娱乐场所变成了黄、赌、毒的黑窝。由于相当多的民众科学文化素质太低，传统的文化陋习仍在顽强地延续，求签问卜、装神弄鬼的现象所在皆有。整顿文化市场的任务相当艰巨，时刻不可放松。当然，大众文化要绝对纯净是做不到的，但大体规范是应该而且可能做到的。

（四）法制文化问题

法制是整体文化的一个子系统，严明的法制是现代化的重要标志，有了法制才谈得上文明。新中国成立后的相当长时间，我们忽视了法制建设，许多法律没有制定，也从不向民众进行法制教育。邓小平说："我们国家缺少执法和守法的传统，从党的十一届三中全会以后就开始抓法制，没有法制不行。"① 近20多年来，我们制定了许多法律，这是重大的历史进步。但是，"有法不依"，"执法不严"的情况相当普遍，其重要原因是民众也包括领导干部在内，缺乏法制意识，法制观念普遍淡漠。这说明：健全法制不容易，要在全民中培养起法制意识和守法观念比起制定法律还要难上十倍、百倍。一部法律的制定，有几年时间即可完成，但法制意识的培养和法制传统的形成往往需要几十年甚至上百年时间。有了法律之后，一些官员有法不依，甚至执法人员自己枉法不受惩处，使百姓失去了对法律的信任，也是法制观念难以培养起来的重要原因。为了建立法制文明，文明还需作长期不懈的努力。

（五）信仰失落问题

在部分青年人中信仰迷茫的状况，也是我们不得不正视的一个问题。长期极"左"的影响，特别是"文化大革命"对马列主义、党和社会主义的信誉造成了不小的破坏，使部分人失去了最高信仰。他们既不信仰任何宗教，也不信仰马列主义，更不相信任何道德说教，其中有人宣称"家事国事天下事，关我屁事"。他们只是"跟着感觉走"，周围又有那么多的"纸醉金迷"的诱惑，走下坡路的可能随时存在。对这类人的教育引导，也将是一个长期的任务。

文化建设是个庞大复杂的系统工程，其各子系统之间有着千丝万缕的相互制约的关系。上述问题（远不止这些问题）的解决，固然需作单项努力，但更需全部文化系统的完善。

我们对建成有中国特色的社会主义文化充满了信心，但对面临的诸多客观困难和不利因素也需有足够的思想准备。一是我们这个庞大的国家发展得很不平衡，宇宙飞船与煤油灯同在，喷气机与独轮车同在，康

---

① 《邓小平文选》第3卷，人民出版社1993年版，第163页。

拜因与弯钩犁同在。贫穷的魔影尚未消散，而贫穷和愚昧是双胞胎。在这种情况下，文化的全面高度发达不会很快到来，也许还需要半个世纪。二是生态环境的困难。“地大物博，人口众多”，这话我们说了差不多一个世纪，如今明白了，“地大物博”千真万确，可是以它作分子，加上“人口众多”这个分母，数值立刻变得小而又小。资源制约着经济发展，经济也必然制约文化的发展。面对这样的实际，党和国家各级政府决策的科学化和民主化就显得特别重要了。应把决策失误减少到最低程度，使有限的资源发挥最大的效益。《老子》里说的“治大国若烹小鲜”用在这里也许再恰当不过了。

传承民族文化命脉
建设共有精神家园

一、文明复兴与精神家园建设

什么是一个民族的共有精神家园？精神家园即民族根本精神之所在，亦即这个民族在特定的自然环境和特定的历史背景下，在长期繁衍和发展过程中，在无数成功与失败的经历和体验中，逐步积累和形成的群体意识，是整个民族共有的价值信念、思维模式、伦理观念、生活态度、审美情趣和理想追求的总和。

一个民族文化的核心是其民族精神，而民族精神的核心即是我们通常说的核心价值体系。这是唯有人类才有的一种高度发展的思维能力和情感，它决定着民族大多数成员的思维方式、行为选择和价值判断。民族精神及核心价值体系是一个民族生存延续和发展壮大的精神原动力，对内可凝聚民族力量，对外可展示民族形象。

在已经过去的20世纪，在我们伟大民族精神的支撑和激励下，全民族苦苦奋斗了百年，使中华民族开始由衰转盛，由弱转强，但是，同我们民族文明复兴的伟大目标还有相当远的距离。为了实现中华民族的伟大复兴，我们必须进一步振奋民族精神；同时为了适应飞速发展的世界形势，我们还必须培育新的精神素质，不断丰富我们的民族精神及核心价值体系，使它永远保持丰满的、蓬勃向上的生命力。

胡锦涛总书记在党的十七大报告中郑重提出要“建设社会主义核心价值体系”，并指出要把社会主义核心价值体系融入国民教育和精神文明建设全过程，转化为人民的自觉追求。这是我们社会主义文化建设的中心和重心之所在，忽略了这个中心，文化建设便失去了正确导向和灵魂。

仔细考察包括中国在内的各文明国家的核心价值观，可以发现下述一些共同特征：

第一，崇高性，即价值观必须建立在至高无上的信仰之上，具备一种神圣感、庄严感，对人有一种折服力。

第二，民族性，即一个民族的价值信念是在其特定的历史文化长期发展中渐渐积累而成的，是民族文化的沉淀和结晶，具有独一无二的特性。

第三，恒久性，即它不是某个特定历史时期的方针政策，而是从深厚的民族精神之中抽象出来的内核，经历了久远的历史的检验，即便千百年后人们也会承认它的信仰价值。

具备上述基本特性的核心价值体系，在表述上还必须具有简洁、清晰、深刻的特点，每个概念、范畴的思想容量必须大，其内涵应该与时俱进，在阐释上应该具有一定程度的灵活性。

建设精神家园及核心价值体系，目的在于提高全民族的素质，培育健全的人格，这常常不是实现现代化的结果，而是实现现代化的先决条件。

健全的核心价值体系能够引导人们确立正确的信仰和信念，它向人们提供人生的“价值”即“意义”，亦即“为什么活着”。它引导人们确立高远的社会理想和追求，鄙视庸俗和卑琐，使人坚守一种卓然独立于金钱和世俗之外的纯正人格。

健全的核心价值体系能够帮助人们树立优秀的道德品质，引导人们走向自信、自强、自尊、自律，自觉地承担道德责任，即做到道德自觉。

健全的核心价值体系能够引导人们培育良好的心理素质和性格，成为刚强有为、奋进不息、经得起失败也经得起成功的人，亦即鲁迅所赞许的埋头苦干、拼命硬干、为民请命、舍身求法的一类人。

建设精神家园与核心价值体系的重要意义，并不难理解，但其实践却是一项宏伟而艰巨的文化工程，我们从现在就应起步努力探索。

二、民族精神与精神家园建设

胡锦涛在阐述核心价值体系建设的同时，提出“弘扬中华文化，建设中华民族共有精神家园”，这是因为社会主义核心价值体系不是无源之水、无本之木，它是中华民族传统价值信念在新时代的发展和表现，它必须深深植根于中华文化的土壤之中，具备鲜明的中华文化特色。

什么是中华民族的民族精神与核心价值？要想探索这个问题，还要从中华民族思维模式说起。中国人原始思维的一个特点是——“天道本源阴阳化生的存在机制”。这就是《易经·系辞》里说的：太极生两仪，即宇宙本源分化出两仪——阴阳，即乾坤，即天地；阴阳交互作用再生出万事万物。因此“乾”、“坤”两卦最重要，居六十四卦之首。《乾卦·象辞》说“天行健，君子以自强不息”；《坤卦·象辞》说“地势坤，君子以厚德载物”，分别代表阴阳、乾坤、天地的根本特性。古人认为，人作为“天地人”三才之一，要体现天地的特性，有道君子既要“自强不息”，又要“厚德载物”，所以先民一直以“自强”和“厚德”培育自己的品格。中华民族精神，细细分析，可列出几十条甚至更多，但约略归纳起来不出“自强”和“厚德”两大范畴。

下面我们就从这两个大的方面对传统的民族精神作些分析。

（一）自强不息、刚健有为的锐意进取精神

1. 由忧患意识而来爱国主义精神

古人基于长期对天道自然和社会人生观察思索，意识到“天命无常”，自然灾害难以预测，社会动乱难以避免，表现出对人类苦难的刻骨铭心的忧思。《易经·系辞》说：“君子安而不忘危，存而不忘亡，治而不忘乱，是以身安而国家可保也。”《孟子·告子下》里讲“生于忧患而死于安乐”。从先秦时代起，这种忧患意识就深深扎根于我们民族心灵深处。从孔孟的“忧道”，到历代志士仁人的“忧国”、“忧民”、“忧天下”，形成了中华民族源远流长的坚定而深沉的爱国主义精神。明末清初的爱国学者顾炎武在其《日知录》里说：“保天下者，匹夫之贱。

与有责焉耳。”这话简化成“天下兴亡，匹夫有责”，成为中华民族家喻户晓的格言。从历史上的岳飞到近代的林则徐等民族英雄，再到我们党方志敏等无数革命烈士，都体现了这种伟大的爱国主义精神。

2. 从刚健自强而来的大丈夫精神

《易经》讲的“天行健”，是说天道永远刚健有为，生生不息，充满了蓬勃的创造力；人应该效法天道，自励自奋，在社会上有一番作为和贡献，才不枉生于天地之间。这样，刚健自强就成了高尚人格的核心，它激励人们去追求高远的目标，为崇高的理想去献身。儒家经典《左传》还提出“立德、立功、立言”三不朽的标准，提示人们不要甘于平庸。孔子说：“三军可夺帅也，匹夫不可夺志也。”（《论语·子罕篇》）孟子提倡富贵不淫、贫贱不移、威武不屈的大丈夫品格。这种刚毅耿介的精神，在历史上引导无数英雄人物走上大有作为的人生道路。从古代的文天祥到现代的夏明翰，他们的名字就是一种刚健精神的象征。鲁迅把这一类为国为民奉献自己一切乃至生命的英雄人物称为“中国的脊梁”。当代的孔繁森等杰出人物也在“中国的脊梁”之列。

3. 由“穷变通久”而来的变法图强精神

《易经·系辞》里有句名言：“穷则变，变则通，通则久”，即事物发展到极端，就要向相反的方向转变，变化之后才能继续向前发展。古人把这种发展变化视为宇宙、自然、社会、人生的必然法则，天地万物概莫能外。在历史上，由此发展出“变法求强”的优良传统，每当社会发展陷入困境时，一些贤明的当政者便力图通过变革弊政以开辟新的发展之路，历史上的商鞅、王安石、张居正等领导的变法便是显证。鸦片战争之后，在国家民族的长期危机之中，“变革弊政以求自强”曾是全民族的基本心态。近代史上的改革，尽管步履维艰，道路曲折，终究还是缓慢地推动了历史的进步。我们今天的改革开放，其实也是历史上变法图强精神的一种延续。

4. 由注重伦理而来的崇德重义精神

和古代世界其他伟大文明相比较，希腊文明注重人与自然的关系，希伯来文明注重人与神的关系，而中国文明注重的是人与人的关系，因此属于伦理型文化，崇德重义，把仁义道德置于一切价值之上。如下一些古训是许多中国人都耳熟能详的，如孔子说：“不义而富且贵，于我如浮云。”（《论语·述而篇》）孔子认为“仁”比生命还重要，他说：

“志士仁人，无求生以害仁，有杀身以成仁。”（《孟子·告子上》）孟子也有类似的名言：“生，亦我所欲也；义，亦我所欲也；二者不可得兼，舍生而取义者也。”（《孟子·离娄下》）孟子更提出“人皆可以为尧舜”的著名命题，把圣贤与常人拉近，激励人们的成德向善之心。中国人讲的“修齐治平”，是从“修身”开始的，所以《大学》里说：“自天子以至于庶人，壹是皆以修身为本。”古人把“孝悌忠信礼义廉耻”称作“八德”。极为粗鄙的骂人话“王八”，原来是很郑重的话，应写成“忘八”——忘掉了“八德”。

（二）厚德载物、有容乃大的兼容并蓄精神

1. 由贵和尚中而来的追求和谐的精神

“中”，在儒家经典中是个重要的伦理学概念，指一种不偏不倚、无过无不及的境界。过去孔庙大成殿里有“中和位育”或“位育经论”的匾额，是《中庸》里“致中和，天地位焉，万物育焉”的缩写和强调，可见儒家对“中和”思想的重视。做到中和，即把各种对立的、不同的因素适量配合，使之合于正确的法度和准则，天地间的事物才能各得其所，万物才能正常繁育地发展。应该注意的是，中和并不是要取消差别和矛盾，而是在承认和正视矛盾的基础上，寻求平衡与协调。孔子说：“君子和而不同，小人同而不和。”亦即君子追求的是和谐一体，而不是要求绝对一致；小人徒然追求绝对一致，结果连和谐共存也做不到。朱熹认为，“中和”与“中庸”是一致的。孔孟之后，历代儒者都对中庸思想进行了反复的阐释和发挥，中庸之道成了儒家认识世界、对待社会人生的基本准则和态度。

2. 由整体至上而来的民族凝聚精神

“礼”或“礼治”是中国传统文化的基本特征，兼有生活方式、伦理风范、社会制度一体化的内容，成为绵延数千年的传统文化模式。和西方文化把人看作是独立的个体不同，“礼治”文化把人看作是具有群体生存需要的群体中的一分子，具有伦理道德的自觉，隶属于家庭、家族和国家。由此发展出整体至上的观念，认为整体利益高于个人利益，形成以民族大局为重的品格。中国人对待家庭、家族和国家，具有很强的向心力和凝聚力，所谓“修身齐家治国平天下”体现了中国人对家国的责任感和使命感。这种把个人的命运同家族和国家的命运融为一体的

情感，使中国人的爱国主义有了坚实的基础。林则徐的名联“苟利国家生死以，岂因祸福避趋之”当是所有爱国者的誓言。

3. 由有容乃大而来的兼容并蓄精神

在《尚书·君陈》里，儒家的圣君之一周成王训导其臣子时说“有容德乃大”，意思是只有具备博大宽容的胸襟才能成就高尚的品德。后来“有容乃大”成了一句代代相传的古训，同时演化成为中华民族精神的有机组成部分。鲁迅曾经由衷地赞叹过“汉唐气魄”，即在汉、唐等最强盛时代，我们民族怀着无比的自信力吸收了世界上当时可能吸收一切有益的外来文化，丰富发展了自己。从汉代起，中华民族毫无芥蒂地吸纳印度的佛教文化，极大地充实了自己的文化，并且把佛教改造成中国化了的佛教，这是中华民族文化史上最值得自豪的一件伟业。从鸦片战争至今，我们又大力学习西方，发展自己的文化，进一步证明了中华民族的兼容精神。我们中华民族由大小 56 个兄弟民族组成，各民族都保留着自己的独具特色的文化习俗，千百年来友爱互助、和谐美好地共同生活在一个民族大家庭里，这本身就说明了我们民族兼容并蓄的胸襟和美德。

4. 由天人合一而来的尊重自然的精神

在中国的传统文化中，“天人合一”是个经典性的命题。在儒家思想中“天”是人伦道德的本源，天人之间有着紧密的关系，带有一些神秘的意味；而在老庄思想中“天”几乎就是“自然”的同义词，人是自然的一部分，应该返璞归真，回归自然。《庄子·齐物论》里说：“天地与我并生，而万物与我为一。”这种“天人合一”的宇宙观，强调主体与客体的统一，有机地、整体地去看待天地间的万事万物，主张人与自然平等、和谐。中国人对大自然具有一种天然的亲和力，热爱自然，赞美自然，融入自然。中国的山水诗最动人，中国的山水画最发达，是中国文化独具的特色。《孟子》里有关善待自然的言论，几乎与今天可持续发展的思想一致。这同西方人“戡天役物”的对待自然的态度有所不同。1988 年 1 月，在 75 位诺贝尔奖得主参加的巴黎会议上，阿尔文博士发言说，人类要生存下去，就必须回到 25 个世纪以前，去汲取孔子的智慧。这里提到的孔子的智慧，是对中国传统文化精神的一种概括，重点是指中国文化中有关人与自然关系的智慧而言的。

上面，我们从两个大的方面对中国传统民族精神作了粗略的描述，虽然不够全面也不够充分，但也足可说明它的源远流长和历久弥新。

2003 年 12 月 10 日，温家宝在美国哈佛的讲演中说："今天，人类正处在社会急剧大变动的时代，回溯源头，传承命脉，相互学习，开拓创新，是各国弘扬本民族优秀文化的明智选择。"① 这句话简捷明快地说明了民族文化传承和发展的要义。"回溯源头，传承命脉，相互学习，开拓创新"，这正是我们建设中华民族共有精神家园所要做的事情。

回溯源头，就是要对我们的文化传统进行省视，明白其优秀之所在，明确要传承的命脉是什么。上面谈到的"刚健有为的进取精神"和"有容乃大的兼容精神"两大方面，就是我们的优秀传统，就是我们要世代传承的文化命脉。尤其我们今天要实现"和平崛起"，"崛起"就要有进取精神，"和平"就要有兼容精神。把握住这个"命脉"，我们便有了立足之地，便有了自尊自信，便有了独立于世界的主体意识。对我们的传统文化要进行细密的研究，乃是我国学术界的长期任务；对传统文化是否要继承的讨论，可以终止了。从 19 世纪以来经过 100 多年的认识和实践，我们已经明白了传统的文化精神不可丢，不能丢，不该丢。丢掉了民族文化传统，就如同丢失了身份证或护照，我们就会成为野鬼孤魂，为他国民族所不齿。

回溯源头还有另一层含义，就是要检视我们传统文化之所短，即缺陷和弊端，以便在改变弊端和弥补缺陷的基础上实现新的超越。中国的传统文化诞生和发展于自然经济时代，思维方式和价值观念必然带有小农经济生活的特色，如因循守旧的思维习惯、知足常乐的生活态度、唯书唯上的迷信习气、崇拜官位的等级观念、拉帮结派的宗派意识、不重公德的生活陋习等等，对此我们也必须坦然承认，认真对待。这也是"文化自觉"的重要内容，是建设精神家园的前提。克服和改变上述状况，绝不是一件轻松的历史任务，必须从人人做起，从点滴做起，从现在做起，也许要经过几代人的努力才能达到较理想的状态。在这个问题上，我们有信心和决心，但是耐心同样也是不可少的。

---

① 《温家宝在哈佛大学演讲》，《人民日报（海外版）》2003 年 12 月 12 日。

三、立足传统面向世界建设共有精神家园

有学者说，在19—20世纪里，我们这个世界由武力竞争的世界转化成经济竞争的世界，到21世纪可能出现文化争胜的世界，即文化在更广泛的领域、在更深刻的意义上影响人类生活及其走向。所以，从20世纪末开始，西方国家哲学研究的重心已逐渐转移到文明、文化问题的研究。联合国教科文组织的《关于文化和发展的国际报告》提出：要探索和阐明文化与发展的某些关键问题，研究文化因素如何决定不同的民族和国家看待自己的未来和选择不同的发展道路，形成一种新的以人为中心、重视文化发展的战略。正是在这样的历史背景下，我们党适时地把文化问题提高到应有的战略高度来对待，并发出弘扬中华文化、建设中华民族共有精神家园的号召。

21世纪的世界将是一个多元文化共生的时代，为了积极参与全球化的进程，我们一方面，要以自己的传统为基础，总结和继承文化传统中的一切优秀成分；另一方面，要以自立于世界先进民族之林为目标，努力学习和吸收外域文化中我们所无的精华内容，构建我们新时代的精神文化，再建我们民族的精神家园。这里的“再建”，是说对传统文化要有所扬弃，要纳入现代化的新内容，要以新的面貌出现，是“弘扬和培育”的同义语，并非推倒传统重来之义。已故的著名哲学家冯友兰先生有“旧邦新命”的提法，即尊重和弘扬传统而不简单因袭传统，要适应时代前进的要求，吸收新思维、新概念，对传统进行新的诠释，推陈出新，从而丰富中华文化的内容。

建设精神家园有漫长的路要走，究竟如何完成，现在不易完全说清，下面仅就当前应该着手的最基本的工作，谈一些粗浅的看法。

（一）大力弘扬中华民族传统的人文精神

人文精神有别于科学精神。科学精神寻求的是事物的客观性和因果关系的精确结论，即真善美中的“真”；而人文精神则是关注人自身，关注人的价值、人的尊严、人的权利、人的责任，寻求人生意义的表达。它寻求的是真善美中的“善”和“美”。当然人文精神也求真，但那不是数学公式的真，而是人性的“真诚”。人文精神对真善美的追求，

具有一种超越性，即它是一种形而上的精神追求，超越于实用理性和直接的功利目的之上，追求一种精神高度，构筑人类精神和文化自身的世界。人文精神是人类的一种自由的本真精神，关注的是人的需要、人的理想，也就是以人为本的精神。世界上的每个民族都有其独具特色的人文精神，这种人文精神便是其民族文化的精髓。关于中华民族的人文精神前面有所论述，约略来说，就是记载在“群经诸子”之内、体现在《二十四史》之中的，我们民族的自强不息的从道精神、厚德载物的博大襟怀、贵和尚中的和谐理想、崇德重义的价值信念、成贤成圣的人格追求等等，都是超越时代、永不过时的精神品质和价值追求。我们的民族精神就要在这样的基础上弘扬和培育。为了弘扬传统的人文精神，加强精神文化建设，我们应该从现在开始，尽快建立起一支高水平的人文社会科学研究队伍，长期深入地研究我们的传统文化，尤其是精神文化，把一切宝贵的文化资源都尽可能地发掘出来，供建设中华民族共有精神家园继承和借鉴。

（二）大力弘扬传统道德中的美好内涵

过去有“封建伦理道德”的习惯说法，大家习焉不察，其实这个说法模糊不清，似是而非。道德作为精神文化的重要内容，有其时代性，也有超越时代的永恒性。中国传统道德存在几千年，自然有帝王专制时代的特点，需要扬弃，这是毫无疑问的。如“君为臣纲”，“君”已经永远被推翻，“纲”自然也永远被废弃；“三纲”的其余两“纲”也同样，这是不说自明的道理。还有“愚忠”、“愚孝”等内容不应该也不可能继承。至于像“礼义廉耻”一类的道德范畴，性质则完全不同：礼要求人的行为遵循一定的规范，义要求人的作为合乎正义的标准，廉要求人的品质纯洁清白，耻要求人不与邪恶同流合污。如果是这样，《管子》里讲的这个“四维”，就是中华民族极可宝贵的精神品质，具有历久不废的永恒的生命力。孔子讲的“仁”是他的学说的核心，而仁的含义的中心意思是“爱人”，即人与人之间要有一种“仁爱”的情怀——“己欲立而立人，己欲达而达人”，“己所不欲，勿施于人”等。这样说来，孔子的仁爱学说也该宣扬。又如“五常”——仁义礼智信，都可以用我们新思维进行新的诠释，都可以成为宝贵的道德财富。这些道德信念千百年来，已经融入中华民族成员的血液中，成为集体观念，任何人为的口号都无法取代。这样的宝贵精神资源我们如果不去珍惜，不仅是愚蠢，而且是犯罪。

（三）充分发扬中华传统文化的兼容精神，全方位地吸纳外域文明精华

邓小平曾提出，要吸收人类社会的一切文明成果。为民族崛起，我们首先应该吸收欧美文明的精华，丰富和发展中华民族精神。西方文化从古希腊开始，首先关注的是客观世界，求真，讲知识就是力量，重实验，重事实，重逻辑，重科学发现，属科学型文化；中国文化从先秦时代起，首先关注的是人的内心世界，求善，讲道德就是力量，重直觉，重感悟，重先验理性，重伦理精神，属伦理型文化。所以，现代科学和现代化首先出现在西方，而不是东方。自19世纪中叶至今一个半世纪以来，我们学习西方文化很有成绩，但还很不够。我们不但要学人家的科学技术，更要学习人家的科学精神和科学方法，还包括西方人那种刨根问底的精神、锲而不舍的精神、勇于竞争的精神，等等。还有，现代的民主法制也源于西方，我们要走向世界，参与全球化，必须掌握民主法制的精髓，根据中国的实际，建立具有中国特色的民主法制。

20世纪20年代初，闻名世界的英国哲学家罗素曾来中国讲学一年，对中国十分友好，对中国文化做了有褒有贬的评论，向来被中国学者所重视。他曾建议：中国人应将中西两种文明的优秀成分有机地结合起来，即将中国人高超的人生意境与西方人高超的科学精神完美地结合起来，创造出一种灿烂的新文化。我们现在正在从事这一新文化的创造，塑造新的文化精神，建设我们新的精神家园。

和谐社会的文化解读

一、构建社会主义和谐社会的提出

改革开放近30年来，中国的经济建设取得了伟大的成就，社会生活发生了巨大的变迁，这是举世共知的事实。与此同时，社会结构也产生了一连串重大的变化，这些变化主要表现在如下几个方面：

（一）阶级阶层结构的变化

首先，是工人的队伍明显壮大，通过改变职业成长起来的农民工群体已成为工人队伍的重要组成部分。其次，是社会成员在职业阶层之间和在地域之间的社会流动明显加快。再次，是产生了一些新的社会阶层，如民营科技企业的创业人员和技术人员、受聘于外资企业的管理技术人员、私营企业主、自由职业人员等。随着阶级阶层结构的变化，在不同的阶层和不同的群体之间，产生了一些社会矛盾，如社会贫富差距扩大、一些企业的劳资矛盾突出和一些地方的干群关系紧张等等。

（二）城乡和区域结构的变化

城乡关系的最大变化是城市化水平快速提高，数亿人口由农民转变成市民。城市已成为我国国民经济发展的重要载体，城市经济对我国GDP的贡献率大幅提高。但与此同时，城乡和区域之间的发展差距扩大，农民收入增长过缓成为全面建设小康社会的瓶颈。

（三）人口和就业结构的变化

我国实行的计划生育政策取得了巨大成就，由于生育率的降低和人口寿命的延长，人口老龄化的问题凸显。当前劳动力供给充足，下岗工人数量很大，“三无”农民总量不小，就业已成为重大的社会难题。

（四）社会组织结构和社会管理方式的变化

改革开放以前，“单位办社会”曾是政府与社会关系的基本特征。那时“单位”几乎负责所属人员的生老病死等一切事务。随着政府转变职能的改革以及社会体制的改革，特别是由于住房的自有化、社会保障的社会化、就业和后勤服务的市场化，原来单位制组织的管理范围大大缩小，在社会管理方式上发生从“单位”到“社区”的变化。社会管理方式的变化，使各种连接政府与个人的民间社团组织快速发展。社会组织结构的变化给社会管理带来许多新的问题。

（五）文化和价值观方面的变化

随着人民物质生活水平的提高，文化生活进入一个空前繁荣和活跃的时期，各类文化产业蓬勃发展，对人们的生活方式和价值观念产生巨大影响。随着对外开放的不断扩大和信息传播速度的加快，人们的发展意识、效率意识、自我权利保护意识和自我价值实现意识显著增强，但在总体上产生积极变化的同时，思想观念和价值取向出现多样化的趋势。

上述种种社会变化，引发了诸多不平衡、不搭配、不和谐的情况。党中央郑重提出构建社会主义和谐社会，从长远说，是实现国家长治久安、持续发展的战略宏图；就目前说，也有出于全面解决上述问题的考虑。

胡锦涛在 2005 年 2 月的长篇讲话中指出，社会主义和谐社会，应该是民主法治、公平正义、诚信友爱、充满活力、安定有序、人与自然和谐相处的社会。这里包含的 6 个短语每一个都十分重要，但是从实现和谐社会的目标看，“公平正义”应该是基础和起点。因此无论从长远目标着想，还是从当前问题考虑，都应该把公平正义作为着眼点。

要做到公平正义，当前需要解决两方面的问题：一是积极推进改革，着力解决经济社会生活中存在的阻碍公平实现的突出矛盾和问题，如失业问题、政府社会保障能力有限问题、土地征用带来的失地农民问题、环境污染带来的生态保护问题等。这些矛盾和问题从根本上说需要通过改革体制、健全机制来解决。二是正确处理效率与公平的关系。应按照经济社会发展实践的要求和社会主义社会的本质要求，切实把提高效率与维护公平有机统一起来，不可顾此失彼。

二、社会和谐与文化和谐

创造一个公平正义、稳定和谐的美好社会，一直是人类的共同理想。在西方历史上许多先哲都留下了这方面的专门著作，如柏拉图的《理想国》、康帕内拉的《太阳城》、莫尔的《乌托邦》、傅立叶的《全世界和谐》、圣西门的《论实业制度》，英国的欧文还在美洲做过“新和谐公社”实验，还有马克思关于“自由人联合体”的预言等等，这些著作和思想至今还在被人研究。在中国，从《老子》对“小国寡民”的崇尚，到墨子“兼爱”、“非攻”的主张，到孟子“王道”、“仁政”的理想，到《庄子》对“至德之世”的赞美，到《礼记》对“天下为公”的描述，到陶渊明对“桃花源”的神往，直到康有为《大同书》对“大同社会”的设计，和谐社会一直是中国人研究和谈论的话题。所有上述东、西方先哲的理想追求，除“自由人联合体”有了马克思的科学论证之外，其余都是别出心裁的空想。这些美好空想的文化价值就在于它们表达了世代人类对自由、平等、公平、正义、和谐社会的热烈向往和不懈追求。

我们正在努力构建的社会主义和谐社会是在唯物史观指导下对各种形态的人类社会作过充分研究之后，并在社会主义建设实践中积累了大量经验之后提出的目标，是科学的、实际的、可行的，完全不同于中外历史上有过的种种“乌托邦”式的构想。

我们认为，所谓“和谐”是一个与“失衡、冲突、混乱”相对应的概念。一个和谐的社会，其内部结构应该相对均衡稳定、社会运行应该相对规律有序、社会管理应该相对合理有效，一旦这种秩序被扰乱，它能够通过自我调节的机制和能力，使之重新恢复到基本和谐的状态。一个庞大社会的内部结构和关系复杂到难以尽述的程度，因此我们说的和谐，是运动中的平衡、差异中的协调、纷繁中的有序、多样性的统一。也就是说，和谐不和谐，并不在于有无差别、矛盾、冲突，乃至局部或暂时的失衡，而在于它自身是否能够持续有效地解决矛盾、化解冲突和对抗。所谓社会和谐，主要指的是这样的社会结构、机制、运行方式及其结果。

我们要构建的和谐社会，不是指哪一社会局部的和谐，而是包含社会所有领域的整体的和谐；不是为了解决某些社会矛盾而采取的临时措施，而是保障国家长治久安、社会持续发展的战略宏图。这种具有基础性、普遍性、持续性、永久性的社会和谐，其实就是广义的文化和谐。近代学者梁漱溟先生有一个极为简洁的文化定义："文化并非别的，乃是人类生活的样法。"著名学者钱穆先生也有一个概括性的文化定义："文化是人类生活的整体或人生综合体。"这里说的"生活的样法"或"人类生活的整体"其实已经涵盖了人类的物质生活、社会生活、精神生活的全部，因此我们几乎可以把"和谐社会"和"和谐文化"作为近义词甚至同义词来理解。

社会和谐或文化和谐，主要体现在以下几个方面：

第一，物质生活的和谐。所谓物质生活，指的是人类生存的基本需要，即衣食住行之类，这是人生和社会存在的基础，按马斯洛的"五层需要论"指的是生理和安全需要的满足，主要处理"人与物"的关系。物质生活的和谐必须以经济发展和一定程度的物质财富积累为基础，所谓"衣食足知荣辱"，连温饱问题都不能解决的社会不可能和谐。但是简单的富裕并不就等于和谐，还要看物质财富怎样分配，利益怎样协调。因此，和谐社会要求保证基本的公平和正义，能够使各个阶层的人群普遍分享财富增长和社会发展的利益。

第二，社会生活的和谐。和谐社会必定是稳定的、有秩序、有规范的社会，因此必须有各类必需的组织机构、严格的法律法规、各类风习礼俗、约定俗成的行为规范等等，使社会运转和人群内部的往来经常处于秩序井然的状态。在这个层面，人们面对的是人的世界，要处理的是"人与人"的关系，要依赖法律和道德调节利益冲突，法律制度通过民主政治建立，而道德要建立在民族优秀文化长期积淀基础之上。

第三，精神生活的和谐。精神生活指的是在观念、理性、情感、审美等领域的精神活动，包括宗教、哲学、文学、艺术等等。在这个层面，人们面对的是观念世界，要处理的是“心与心”的问题。一个和谐社会绝大多数人的精神生活应该处于健康积极、追求真善、丰富多彩、宽松自由的状态。通常说的人的优良素质，主要指的是精神素质，即坚定的信仰、丰富的知识、高雅的情趣、良好的品格以及自觉的遵纪守法意识等。社会和谐，首先需要心灵的和谐，即精神生活和谐。为此，应该在国民教育中加大人文精神的教育力度，培养青少年的人文情怀，同时社会还应该创造一切条件，鼓励各类优秀文化产品特别是文化精品的生产，为丰富人们的精神生活提供充足的养分。在温饱得到满足之后，精神生活质量的高低决定生命的质量。

综上所述，和谐社会的建立，既要有明确的思想信念作引导，又要有制度规范作保障。思想信念体现社会成员对和谐社会的认知和对和谐目标的追求，制度规范体现社会成员为实现和谐目标所建立的一整套调整利益关系、化解社会矛盾的制度和机制。

三、和谐社会与传统文化

（一）继承传统文化追求“人格完善”的传统，提高全民族的人文精神素质

胡锦涛曾指出：“一个社会是否和谐，一个国家能否实现长治久安，很大程度上取决于全体社会成员的思想道德素质。没有共同的理想信念，没有良好的道德规范，是无法实现社会和谐的。”

构建社会主义和谐社会是一个庞大的系统工程，胡锦涛于千头万绪之中首先举出人的思想道德素质，可谓抓到了问题的要害。构建和谐社会首先应该提高人的思想道德素质，这里特别应该重视人的人文素养：即珍视人的价值，保持人的尊严，崇尚道德情操，能够以仁爱的心灵，去看待天地间一切物类，对于世间一切生命都给以热诚的同情。一个思想道德健全的人，应该有终生不懈的追求，即对人格完善的追求，对世间真理的追求，进而对生命意义的追求，明白“做人”是伴随人终生的大学问。

我们从这样一个角度考量一下我们的传统文化。中国传统的学问大体可分为三大系统：人统（如何做人）、事统（学以致用）、学统（如何做学问）。这三个系统不是平列的，首要和根本的是人统。儒家的重要

经典之一的《大学》讲的就是“人统”，讲如何做人的学问，“自天子以至于庶人，壹是皆以修身为本”，是一切人都需要的学问。“大学之道在明明德，在新民，在止于至善”，说的是道德修养；下面的“格物，致知，诚意，正心，修身，齐家，治国，平天下”，是从完善人格修养，说到协调人伦关系，一直讲到个人对家族、国家和整个天下负有的道义和责任。

这就是儒家文化由注重伦理演化出来的崇德重义的精神。和古代世界其他伟大文明相比较，希腊文明注重人与自然的关系，希伯来文明注重人与神的关系，而中国文明注重的是人与人的关系，崇德重义，把仁义道德置于一切价值之上。如下一些古训是许多中国人都耳熟能详的，如孔子说：“不义而富且贵，于我如浮云。”孔子认为“仁”比生命还重要，提倡“杀身以成仁”。孟子也有类似的名言：“舍生而取义。”孟子更提出“人皆可以为尧舜”的著名命题，把圣贤与常人拉近，激励人们的成德向善之心。

《论语》里说到孔子对其弟子施教的内容：“子以四教：文，行，忠，信。”指的是：文学、品行、忠诚、信实。这里既有文化知识教育，也有道德修养教育，而主要是后者。如果说西方文化倾向于求“真”，属于“科学型文化”；那么中国传统文化明显倾向于求“善”，属于“伦理型文化”。伦理型文化主要关注的是人，关注人之为人的精神问题。我们有浩如烟海的历史典籍，其中人文化育的内容无比丰富。在构建社会主义和谐社会的过程中，我们应该特别重视这些人文化育的内容，凭借它在民众中树立道德意识和道德自觉，使我们的公民不断自觉地提升自己的道德素质，树立参与社会事务和公共事务的公益精神和公民精神，还要培养观察世界的理性精神，以及对自己文化自信，强化社会责任感和历史使命感。有了这样的素质和信念，人们就会自觉地丰富自己的各种知识，开拓自己的精神生活空间，感受真善美，领悟人之尊严，不断超越今日之我，在有限的生命中最大限度地发挥自己的能力，为建设合理的、美好的、和谐的人类生存环境作出贡献。

（二）发扬传统文化追求“和合中庸”的传统，构建普遍和谐的社会关系

“和合”这个文化概念源于“天人合一”的观念，在古老的《周

易》中就已形成。“和”的含义是性质相异的元素和谐地共处于一个统一体中，“合”的含义是共处于一个统一体中的异质元素在一定条件下相互沟通和融合。《易经》讲“阴阳合德”，老子讲“阴阳和谐”，墨子讲“兼相爱”，孔子一贯主张“中庸”之道等等，在传统文化中追求和谐的思想极为丰富，形成了民族文化中“贵和尚合”的传统和普遍的社会心理。

《中庸》一书特别指出了“致中和”的重要：“致中和，天地位焉，万物育焉。”（孔庙的匾额把这句名言缩写成“中和位育”）无论自然界还是人类社会，只有把各种不同的因素和力量合理搭配，使之处于相对平衡的状态（致中和），才能使万事万物各得其所（天地位焉），才能使万物成长发育，形成生机勃勃的繁荣局面（万物育焉）。这种“中和”思想体现了中华文化对生命价值的尊重和对和谐理想的追求。孔子曾对他的学生子贡说：“天何言哉！四时行焉，百物生焉，天何言哉!”孔子讲的就是天地之间无所不包的一种秩序井然、自自然然的和谐。如果我们用心地去体会宇宙自然和人类社会运动演化的一些道理，就可以认识到孔子说的这种“和谐”是一个极为深刻、博大并有着永恒生命力的理念。在宇宙和大自然里，天体有序，昼夜递嬗，四季流行，寒温搭配，树木花草交替荣枯，走兽飞禽相克相生，其内在的运行机制恐怕任何人类天才也难以规划出来。仅以人体而论，经络脏腑若干系统组成混元谐一的整体，再伟大的科学家也恐怕无法设计出其万一。和谐是宇宙之根本，它不仅流布于宇宙自然之中，也存在于人文世界里。和谐与自然是相通的。自然即和谐，和谐即自然。这里的自然不是指与人文世界相对立的自然世界，而是指自生自发、自然而然的自然，即“四时行焉，百物生焉”的自然。中国传统哲学认为这种意义上的自然和谐是本有的、普遍的，无须人们立于人文世界而向外“寻求”。因为人文与自然、人道与天道等万事万物，在中国传统哲学中皆出于一源——出于天道，由阴阳“两翼”交互作用而化生出来的。《中庸》里的“中和位育”的思想便是来自上述自然和谐的理念。

汉代思想家董仲舒就特别重视“中和”思想的价值，说：“《诗》云：不刚不柔，布政优优，此非中和之谓欤？故能以中和理天下者，其德大盛；能以中和养其身者，其寿极命。”以中和思想治天下，可以创造盛世；以中和思想养生，可以达到高寿。儒家经典《礼记》中关于

“大道之行也，天下为公”的大同社会的描绘，就表达了传统社会的中国人对和谐、和平、和顺的太平世界的向往和渴求。紫禁城三大殿分别名“太和殿”、“中和殿”、“保和殿”，皇家园林名“颐和园”，都离不开一个“和”字，可见传统文化对和谐的重视。在我国民间，人际关系讲“以和为贵”，夫妻关系讲“琴瑟之和”，家庭关系讲“家和万事兴”，宗教关系讲“三教合一”等等，都说明注重“和合”的价值取向已成为人们普遍认可的思维原则。

尤其值得我们特别珍视的是孔夫子提出的“君子和而不同，小人同而不和”的思想。“不同”而能够“和”，才能形成多姿多彩的和谐统一；如果不讲“和”而只去求“同”，势必一事无成，事与愿违。在孔子的这一宝贵的思想中，积极地看待社会中的差异和矛盾，主张发挥不同个体各自具有的特点和积极作用，并在此基础上实现整体的和谐与发展。在儒家的典籍中，这种文化观念还体现在《尚书》中提到的“有容德乃大”的命题中。先民们向来主张要以高远博大的胸襟和海纳百川的气概去接纳和包容不同的文化元素，只有这样才能获取最高成就。先秦时代的儒、墨、名、法、道、阴阳等诸子百家互争互补、和而不同地共存了许久，就是在汉武帝“独尊儒术”之后，实际上“百家”也未完全“罢黜”，法家、道家的思想一直作为重要文化要素存在于中华文化之中。秦汉以后，中国接受了印度传来的佛教文化，并把这个外来的宗教渐渐改造成了中国化了的宗教，极大地丰富了中国的思想文化元素。此后，儒、释、道三个子文化体系一直和而不同地存在了两千年，虽然有思想理论的争论，但互相之间的关系从来都是和平的，宋、元之后甚至还有过“三教合一”的尝试。世界历史上有过无数血腥残酷的宗教战争（如欧洲历史上的十字军东征、三十年战争等），给人类带来极大的苦难，而中国是个唯一的例外，不仅没有过宗教战争之事，甚至没有过宗教战争之想。唐代之后，先后有伊斯兰教和基督教传入中国，也都自自然然地被接纳和包容。这一切都证明中华文化绝对不是一个封闭的体系，而是一个开放的体系，“有容乃大”的特点极其鲜明。

我们的国家历来就是多民族组成的，中华民族在历史上就形成了“多元一体”的格局，形成了色彩多样内涵丰富的大社会，证明了“和而不同”思想的正确和可贵。今后在全面建设小康社会的过程中，在处理群众之间、团体之间、阶层之间、党派之间、党群之间、官民之间、民族之间的各类矛盾时，都应当本着“和而不同”的原则，经过细致的工作，最终达到和谐共处的目的。

（三）重视传统文化追求“天人合一”的传统，协调人与自然的关系

“天人合一”的思想是中国传统文化的核心内容，也是中国人最基础的信仰。它认为，人与自然、人道与天道、人文与自然是融会贯通的，即宇宙真理与人生真理是重合一致的。这里的“天”有“自然之天”、“义理之天”、“神道之天”三方面的含义。自春秋末年管子、孔子、老子等大思想家出现之后，“神道”的内涵渐渐被淡化，“义理”即道德的内涵渐渐被强化和深化。天人合一的信念统摄了整个中国传统文化，规定了中国人的价值取向、思维方式、审美情趣和行为模式。《易传》里说：“夫大人者，与天地合其德，与日月合其明，与四时合其序，与鬼神合其吉凶。”这应该是对“天人合一”的最早的阐释。它的基本内涵是：（1）人为天地所生，是自然界的一部分。（2）自然界有普遍的规律，人作为自然界的一部分也应遵循这个规律。（3）人道源于天道，人的本性是“天”赋予的，因此人类的道德法则（仁义礼智等）与自然规律一致，具有先验的神圣的真理性。（4）合理人生的最高追求是天人的一致与和谐，即人应该遵循天赋的善良本性不断自觉提升道德涵养，就可以上通天德，体悟天道，与天地万物融为一体。人的精神之升华，思想之超越，人格之完善，真理之感悟，皆以天人合一为最高之境界。

在先秦时代的思想家中，对“天人”关系阐释得最多的是孟子。他说：“尽其心者，知其性也；知其性，则知天矣。”意思是：人只要充分发挥其先天的善良的道德之心，就可以认识自己的本然之性；认识了自己的本性，就明白天是怎么一回事了。孟子的这类思想对后世影响很大。到汉代，董仲舒依据阴阳家的思想把“天人”关系改造成神秘的“天人感应论”。到北宋以后，一批杰出思想家先后出现，他们都对“天人合一”的命题进行了各自的阐释，使“天人合一”的宇宙图式成为他们共有的思想理论框架。其中，唯物主义思想家张载在解释《中庸》的“诚明”说时，说：“儒者则因明致诚，因诚致明，故天人合一。”这是在思想史上第一次明确提出“天人合一”的命题。他在他的著名的文章《西铭》中说：“乾称父。坤称母，予兹藐焉，乃浑然中处。故天地之塞

吾其体，天地之率吾其性。民吾同胞，物吾与也”。他把天、地视为人类的父母，而人只是一种渺小的存在，茫然处于天地之间。充塞天地之间的物质性的“气”形成了人的身体，天地运行的本然规律赋予人以人的本性。这样看来，包括人在内的天地间的万事万物都是平等共存的，所以他进而说“民，吾同胞；物，吾与也”。即天地间所有的人都是我的兄弟姊妹，所有有生命和无生命的事物都是我的朋友。这是何等宏伟博大的胸襟！自从张载明确提出“天人合一”的命题之后，各家各派思想家都予以了普遍接受和认同。“二程”中的程颢进一步主张“仁者以天地万物为一体”，把庄子的“天地与我并生，而万物与我为一”的思想也吸收进来。朱熹说：“惟仁，然后能与天地万物一体。”王阳明说：“大人者，以天地万物为一体。”概括起来说，他们的理论的共同点即在于“溶小己入大我”，或“化小己为大我”。这种天人合一的宇宙观，强调主体与客体的统一，主张有机地、整体地去看待天地间的万事万物，是对世界文明的重大贡献。

古人这一类热爱自然、平等对待自然的思想是极可宝贵的，在今天把其发扬起来，普及到民众中去，再用上现代的环保技术，就可以补救源自西方的“戡天役物”带来的弊端，重新处理好人类与大自然和谐相处的关系。

自 2005 年 2 月胡锦涛郑重提出构建社会主义和谐社会以来，全国理论界一直讨论至今。从理论上说，这是一项新提出的重大课题；从实践上说，这是一项庞大的系统工程。现实要求我们，首先必须从理论上进行多方面、多角度的研究，开拓新的思路，提出新的阐释，为社会实际工作提供理论依据，使人们在思想观念、政策措施、工作方式诸方面都能更科学、更适应新形势的要求，有效地推动构建社会主义和谐社会事业的不断前进。

社会主义文化建设与国民教育

一、国民教育是文化建设的基石

人类创造了文化，而不断丰富发展着的文化又塑造着一代又一代的人类。文化形成了人们的生活方式和行为方式，同时规定了人们判断是非、善恶的价值标准，同时又一代又一代地传授给人们生活和工作的技能。什么样的文化培养出什么样的人，不同类型的文化培养出不同类型的人。社会的人是一种文化的存在，是文化的产物。就这个意义上说，文化建设在本质上是以塑造人为目的的，而人的塑造，初始的、首要的、基本的途径就是教育——国民教育。

当前的世界正在经历着一场迅速而剧烈的变革，在信息多元化、经济全球化的同时，科学技术迅猛发展，知识的数量呈几何级数增长，知识更新的周期一再缩短，知识技术和工作结构也变得越来越细密和复杂，人们称之为：后工业革命、超工业革命、科技革命、电子革命、信息革命、知识革命……名目尽管繁多，但归根结底都是围绕着人的智慧和技能的提升这个核心，因此称之为“智力革命”也许更贴切些。有人说，历史上的农业革命靠“双脚”，工业革命靠“双手”，当前这场智力革命靠的是“头脑”。而离开教育就无所谓智力革命。没有现代化的教育，就没有现代化的国民，因而也就无所谓什么现代化。法国总理希拉克在谈到 21 世纪发展前景时说：知识使法国浪漫，经济使法国富庶，只有教育才使法国发展强大。比尔·盖茨也曾预言，未来10年，衡量贫富的标准将是教育。世界上许多具有远见卓识的经济学家和政治家都赞同这种说法。比如，小小的日本和庞大的俄罗斯哪个更繁荣呢？锐意改革的瑞士和盛产石油的科维特哪个更富有呢？结论不说自明。中科院发布的《2002中国可持续发展报告》说：体能、技能、智能投入之比为1∶3∶9，而收益却为1∶10∶100。人力资本理论的创始人、诺贝尔奖金得主、美国教授舒尔茨经测算得出如下结论：一个小学毕业生可提高劳动生产率43%，中学毕业生可提高劳动生产率108%，大学毕业生可提高劳动生产率300%。小学、中学、大学毕业生智力活动能量之比为1∶7∶100。原任复旦大学校长、现任英国诺丁汉大学校长、中科院院士杨福家认为，知识经济时代，科学的发展和社会的进步日新月异，基础是什么？就是教育。他的结论是：知识经济就是教育经济。

自1949年新中国成立之后的17年，中国的教育事业有了相当大的发展，为国家建设培养了大量各类人才，取得了举世瞩目的成就。但是在“文化大革命”的十年浩劫中，教育事业遭到了毁灭性的破坏，损失不可胜计。改革开放之后，党中央立即开始重视教育，一再强调教育在“四个现代化”建设中的战略地位。1977年5月，邓小平在一次谈话中对我国科技和教育落后的状况表示了极大的关切，他说：“现在看来，同发达国家相比，我们的科学技术和教育整整落后了20年。科研人员美国有120万，苏联有90万，我们只有20多万，还包括老弱病残，真正顶用的不很多。”有鉴于此，他提出：“抓科技必须同时抓教育。从小学抓起，一直到中学、大学。我希望从现在开始做起，五年小见成效，十年中见成效，十五年二十年大见成效。”① 这些话表明了邓小平的远见卓识。他说得极其明确：“我们国家要赶上世界先进水平，从何着手呢？我想，要从科学和教育着手。”② 邓小平真正懂得知识的伟大作用，1985年他在全国教育工作会议上指出：“我们国家，国力的强弱，经济发展后劲的大小，越来越取决于劳动者的素质，取决于知识分子的数量和质量。一个十亿人口的大国，教育搞上去了，人才资源的巨大优势是任何国家比不了的。有了人才优势，再加上先进的社会主义制度，我们

---

① 《邓小平文选》第2卷，人民出版社1994年版，第40页。

② 《邓小平文选》第2卷，人民出版社1994年版，第48页。

的目标就有把握达到。”他还以极具使命感的语气强调说：“中央提出要以极大的努力抓教育，并且从中小学抓起，这是有战略眼光的一着。如果现在不向全党提出这样的任务，就会误大事，就要负历史的责任。”①

在邓小平教育思想指导下，被“文化大革命”糟蹋得残破不堪的教育事业逐步恢复起来，经过 20 多年的努力又取得了重大的发展。特别是 1995 年 5 月，党中央、国务院根据邓小平的“科学技术是第一生产力”科学论断和国际经济发展的大趋势以及我国现代化建设“三步走”发展战略的需要，作出了“科教兴国”重大部署，进一步提高了国民教育的战略地位。后来江泽民又强调指出：“科教兴国，是指全面落实科学技术是第一生产力的思想，坚持教育为本，把科技和教育摆在经济、社会发展的重要位置，增强国家的科技实力及向现实生产力转化的能力，提高全民族的科技文化素质，把经济建设转移到依靠科技进步和提高劳动者素质的轨道上来，加速实现国家的繁荣昌盛。这是顺利实现三步走战略目标的战略选择。”② 认真来说，“科”和“教”还不是完全并列的关系，应该是因果关系：教育是因，科技是果；只有先进的教育，才能孕育出发达的科技。教育是科技的基础，要走科教兴国之路，首先应该重视的是教育。

在邓小平理论指引下，我们对教育的认识不断深化，自党的十二大以来，党的历次代表大会都一无例外地强调要把教育摆在优先发展的战略地位，各地各部门也采取措施，把优先发展教育作为促进社会文明进步的基础，加快了教育事业的发展步伐。2002 年党的十六大报告提出全面建设小康社会的“四项重大目标”，其中第三项目标便是：

“全民族的思想道德素质、科学文化素质和健康素质明显提高，形成比较完善的现代国民教育体系、科技和文化创新体系、全民健身和医疗卫生体系。人民享有接受良好教育的机会，基本普及高中阶段教育，消除文盲。形成全民学习、终身学习的学习型社会，促进人的全面发展。”

这项目标相当宏伟，相当振奋人心，因为它关涉到人的素质的改善和提高，关涉到人的生命质量的提高，关涉到人的现代化。只有这一目

---

① 《邓小平文选》第 3 卷，人民出版社 1993 年版，第 120—121 页。

② 江泽民：《在全国科学技术大会上的讲话》，《人民日报》1995 年 6 月 5 日。

标得到实现，才能保证其余三个目标的实现；如果这一目标达不成，其余三个目标便会落空。然而，达成这个目标决不是轻松的事情。从以往的经验看，如果某些领导目光如豆，缺乏领导现代化的战略眼光，口里不得不说国民教育重要，心里实际想着“政绩工程”更重要，舍不得在教育上投入财力、物力和心力，那么这个目标的实现就要大打折扣，其结果将贻害现代化建设，贻害子孙后代。

二、中国国民教育的现状

自20世纪70年代末改革开放以来，我国教育事业迅猛发展，成就巨大。

首先，基础教育取得较大幅度的进展，义务教育普及程度有了很大提高。据教育部公布的数字，2001年全国普及九年义务教育人口覆盖率达到90%以上；全国小学学龄儿童入学率达到99.1%；初中毛入学率达到88.7%；全国共有特殊教育学校1531所，数量在增加。国民平均受教育年限已提高到8年。在普及义务教育的同时，高中阶段毛入学率也达到42%，在校生达2500余万人；高等教育毛入学率达到11%以上，在学人数达到1100万人，普通高校和成人高校在校生合计达860万人；各种形式的在职培训、继续教育、再就业培训、文化技术业余学习等成人教育发展很快，参加学习培训的各类人员达数亿人。我国在人均收入相对较低的国情下，形成了较大规模的教育培养体系，使国民素质逐步提高，培育了相当数量的熟练劳动者和各类专业人才。其次，全国文盲人数明显下降。从1990年到2000年的10年间，青壮年文盲率由10.4%下降到4.8%，实现了预定的5%以下的目标，受到国际社会的赞誉。再次，随着经济建设的高速发展，全国教育经费的投入也有所增加，各级各类学校的办学条件有所改善，贫苦家庭的孩子和残疾儿童接受义务教育差的状况也在渐渐改变。还应肯定的是，若干年来我国相继颁布了《学位条例》、《义务教育法》、《教育法》、《职业教育法》、《教师法》、《高等教育法》等一系列关于教育的重要法律，逐渐走上“依法治教”的轨道，以法律的形式确保国民教育事业的兴旺和发达。总之，自改革开放以来，我国的教育事业有了很大的发展，取得了令人瞩目的成就，是新中国成立以来形势最好的时期之一。教育的进步推动了国民素质的提高，对国民经济和社会发展作出了贡献。

然而，按照邓小平的教育要面向现代化、面向世界、面向未来的要求，按照全面建设小康社会的要求衡量，特别是和世界上发达国家以及发展中国家相比较，我国的教育事业在总体上依然相当滞后，教育的战略地位虽然在理论上被承认而在实际工作中却并未完全建立起来，教育的发展前景仍然令许多关心教育事业的有识之士忧心。当前我国的教育面临大量问题，一些关键性问题如不解决好，可能会造成历史性的失误。

一个沉重的老话题即教育经费投入严重不足的问题。“文化大革命”结束时，我国的教育投入竟然低于 GNP 的 1%。改革开放之后，我国财政性教育经费逐年上升，但仍然远远低于世界平均水平。1991 年，世界平均公共教育经费占 GNP 的 5.1%，其中发达国家平均为 5.3%，发展中国家平均为 4.1%，最不发达国家平均为 3.3%，而我们国家 1990 年财政性教育经费占 GNP 的比重达到 3.03%，此后又逐步下降，一直徘徊在 2.5%左右，连最不发达国家的水平也达不到。至于和发达国家的教育投入相比，我国的差距更大：2000 年，美国的教育投入占其 GNP（8 万亿美元）的 6%，芬兰、瑞典、新西兰是 8%，以色列是 9%，而我国到 2001 年才达到占 GNP（1 万亿美元）的 3.19%，不仅对比上述国家望尘莫及，而且依然低于最不发达国家的平均水平。据专家统计，自 1995 年以来，预算内教育拨款的增长幅度低于财政收入增长的幅度。与此同时，财政预算内教育拨款在教育总经费中的比重也基本呈持续下降趋势，无法不令人忧虑。教育投入不足，教育经费捉襟见肘，一直是制约我国教育事业发展的“瓶颈”。

一位教育家在谈到我国教育投入的脆弱状况时说：“1. 我国是用占世界 0.78%的教育经费培养着占世界近 20%的中小学生。据联合国教科文组织的统计，小学生均事业费和该国人均 GDP 的比例，全世界平均为 12.75 个百分点，亚洲平均为 9.9 个百分点，而我国仅为 6 个百分点。由此可见我国义务教育投入之微薄。2. 截至 2002 年 4 月底，全国 31 个省、市、自治区中有 24 个拖欠教师工资，拖欠额达 127.06 亿元，拖欠额超过 5 亿元的有 12 个，包括经济较发达的山东、湖北等省。3. 2001 年底，全国小学共有危房 3800 万平方米，占学校总面积的 6.69%，其中当年新增的有 1228 万平方米。据教育部统计，2002 年底

'全国中小学危房改造工程'结束后，中西部地区仍有3000多万平方米最危险的D级危房。4.2001年，全国小学生均公用经费为218元，其中财政预算为45元，而占全国30%左右的县，小学生均公用经费不足125元，财政预算不足8元，还有11%的县为0。有些小学连粉笔也买不起，更不要说图书、仪器了。5.前几年，有些地方借贷'普九'，原指望通过教育费附加、乡统筹来还账，现在这个路子断了。许多地方发生债主关闭学校讨债，校长外出躲债的局面。据估计欠债约500亿元。"① 这位教育家对此现状用了"触目惊心"四个字。

有位科学家在2002年考察吕梁地区归来后描述农村教育贫困状况时说："我到山西中阳县宁乡镇贺家岭的一所村小，那里40多名孩子挤在3眼破窑洞中上课，教室里光线昏暗，由于缺钱，仅有的一只15瓦的电灯还舍不得打开，窑洞前的五星红旗是用手缝制的。教师每月工资只有100元，可连这100元还经常拿不到手。学校的日常经费靠每学期每位学生上缴的20元学杂费维持，县、镇政府无分文支持。校长最大的期盼就是在他退休之前能建一所新学校。"这样的学校在全国是少数，但决不是个别的。教育穷这个问题早就被人们意识到了。1986年，邓小平就曾亲自计算过到20世纪末"拿出国民生产总值的5%办教育"的可能性。1988年，他特别强调："我们要千方百计，在别的方面忍耐一些，甚至牺牲一点速度，把教育问题解决好。"从1986年到现在17年过去了，邓小平的想法没有实现。1993年，中共中央和国务院制定的《中国教育改革和发展纲要》要求财政性教育经费支出占GNP的4%（低于世界平均水平），10多年过去了，也没有实现。教育投入决心难下，自有其原因。20世纪后半叶，"教育经济学"在世界上成为一种引人注目的学科，它认为社会有计划地把大量经费用于教育，使青年人学习知识、技术，培育他们的才能，可以大大促进经济发展。它还使人们认识到，投资于教育事业比积累实物资本效益更大。

但是与一般的投资比较，国民教育有其特殊之处。它有不可改变的先期投入，后期收获的"滞后性"。教育投资回收周期长，教育成效一般要15年以上时间才可以逐渐显示出来。某些领导者更关心"政绩工

① 朱永新、贺春兰：《义务教育谁买单》，苏州大学出版社2003年版，第81—82页。

程”或“形象工程”，15 年对他们来说时间太久了，不会使他们感兴趣。教育在某种意义上又具有“公共商品”的特征，即教育成功的好处和失败的害处都会扩散到社会上去，因此私有资本缺乏对“公共商品”的投资热情；只有政府为了社会的整体利益，必须义不容辞地承担起码程度的普及国民教育责任。由于这些特点，世界各国眼光远大的政府，无不把教育放在政府开支的重要地位上。当然，如果政府眼光不够远大，那就是另一种情形了。

前些年朱镕基任总理时在安徽考察，了解到那么多的农村孩子因为交纳的费用太高而上不起学时，非常着急。他说：“我们以前去朝鲜访问时候了解到：朝鲜做到了全民教育，由小学到大学全部免费，他们的经济情况比我们差得多。我国已迈入小康，为什么不能实施九年的免费义务教育呢？我国初中以下中小学生将近 2 个亿，以人均每年学杂费 500 元计，一年 1000 亿元就够了，只占全国国民生产总值 10 万亿元的 1%；而我们的教育经费总额从未达到过 3%，世界平均水平早已超过 5%。……这是真正的百年大计、万年大计！”朱镕基的话说得很到位，但是并未见诸实行。

现代教育制度的核心是义务教育，即国家出钱供给的免费教育。从 19 世纪以来，英、德、法、日等资本主义国家纷纷实行义务教育制度，现在他们的义务教育年限规定为 12 年。我国的《义务教育法》规定义务教育的年限为 9 年，自颁布至今已近 20 年，尚未完全实现，其中一个重要原因就是做不到免费。不免费，贫困地区的百姓和其他贫困人口就无法接受真正意义的义务教育，无法尽他们的义务和享有他们的权利。让农民自己负担义务教育经费和用“希望工程”一类慈善活动解决义务教育经费，在世界义务教育历史上未见他例。1990 年，我国政府领导人先后参加了联合国教科文等国际组织在泰国召开的世界全民教育大会和在印度召开的 9 个人口大国全民教育会议，我国政府同意《世界全民教育宣言》的目标，签署了《德里宣言》，就 20 世纪末中国普及教育向全世界做了庄严承诺。现在已经进入 21 世纪，我们仍然应该记得这个有利于世界而首先有利于我们自己的庄严承诺。

除了教育的战略地位尚未真正建立起来之外，还有一些长期存在的问题有待解决。例如，中小学生负担过重的问题，农村中小学生辍学率居高不下的问题，高等教育规模偏小和结构不合理的问题，职业技术教育发展不平衡的问题，成人教育质量不高的问题，一些地区学校结构和布局不合理的问题，教育思想陈旧跟不上时代发展的问题，教师队伍不稳定的问题，学校里各类人员比例失调的问题，教学管理体制一成不变不适应时代变化的问题，等等。

三、切实加强国民教育以适应全面建设小康社会的要求

现在，世界各国都在研究和讨论教育问题。这是因为时代在飞速发展，科学发现和技术进步以及新型产业的不断涌现使得人们的思维方式和生活方式随着不断转换，人们能否随着这种变化与时俱进，要由人们的知识水平以及由此形成的眼界来决定，亦即由教育水平来决定。我国当前的教育状况，就总体上说还没有跟上时代的变化。经济和社会发展对各类人才的需求以及人民大众对受教育机会的殷切期望，与实际的教育供给能力不足构成现阶段教育发展的基本矛盾，教育的进一步发展还需要应对各类重大挑战。没有发达的教育提供精神支持和智力支持，全面建设小康社会的目标是不可能达到的。在今后相当长一段时间内，中国教育必须首先着眼如下几个重要方面：

第一，普及基础教育依然是我们面临的首要任务。党的十六大报告明确指出："教育是发展科学技术和培养人才的基础，在现代化建设中具有先导性全局性作用，必须摆在优先发展的战略地位"，并强调"继续普及九年义务教育"。抓好义务教育，一步步提高义务教育的质量和水平，是政府责无旁贷的任务，是教育决策和管理任务的重中之重，也是全面建设小康社会的题中应有之义。按教育部公布的资料，到2000年底我国已实现了基本普及九年义务教育的目标，这本来是很令人振奋的。然而有一些调查证明，有不少地方上报的九年义务教育的普及率是失实的。四川一位区政协主席反映，当地小学阶段从入学到毕业约有半数辍了学，初中生从入学到毕业有30%～40%辍了学。据湖北的同志反映，一些农村中小学失学率已上升到30%左右，个别贫困乡村的初三学生辍学率高达50%。学生辍学的主要原因是贫困，贫困正在吞噬着农村教育，正在葬送很多孩子的前程①。还有，我国义务教育的发展

① 朱永新、贺春兰：《义务教育谁买单》，苏州大学出版社2003年版，第70页。

还很不均衡，和东部地区相比，西部地区差距还很大，“普九”人口覆盖率仅为75.5%，全国尚未实现“普九”的县、市中，80%在西部。今后工作的重点无疑应该是西部边远贫困地区和少数民族地区，各级政府应该加大政府投入的力度，下大气力推进这些地区的基础教育普及进程，力争用最短时间使大部分地区实现基本普及九年义务教育的目标。此外，城市失业人员和流动人口的子女以及残疾儿童和少数民族人口的子女的义务教育问题，也应引起足够重视。党的十六大提出的全面建设小康社会的目标中说到要“基本普及高中阶段教育”，因此我国第10个五年计划中的教育发展规划要求在大中城市和经济发达地区延长普及教育年限，要有步骤地普及高中阶段教育；中等发展程度的地区要通过多种形式加快高中阶段教育发展步伐，积极探索和推广普通高中课程与职业技能教育相结合的综合性教育形式；西部地区要在普及九年义务教育初中教育基础上，逐步提高高中阶段教育入学率，重点发展多种形式的中等职业教育，加速中等层次实用技术人才的培养步伐。力争实现全国城镇初中毕业生基本升入高中阶段就学的发展目标。普及基础教育还包括扫除青壮年文盲的文化教育任务。按教育部门的统计数字，我们已经基本扫除了青壮年文盲；但从当前某些地方中小学辍学率之高来看，有的细心人对这个统计数字有保留，也在情理之中。今后相当长的一段时间里，我们仍有扫盲的任务，如果认真去做，还是个很不轻松的任务。

第二，重视和发展职业技术教育。职业技术教育于19世纪出现在欧洲，20世纪后半叶随着众多新兴产业的兴起，对受过训练的专业人员的需求增加，人们越来越重视对中学毕业生进行短期的专门培训以适应各领域的需求，于是中等专业学校、中等技术学校普遍建立起来。改革开放以来，我国的经济建设正在稳步高速向前发展，生产、建设、管理、服务第一线以及广大农村急需各类职业技术人才。教育事业必须加快职业技术教育的发展步伐，培养一批又一批具有必要的理论知识和较强实践能力的各类人才以满足经济建设需要。统计数字表明，我国当前每年约有400万以上小学毕业生不能升入初中，600万以上初中毕业生不能升入高中，100万以上高中毕业生不能升入大学，这些青少年直接加入产业大军，使劳动力的整体素质难以提高。有专家说，在人均GDP达到800美元时，应该是职业教育快速发展的时期。到2000年，我国的人均GDP已超过800美元，进入工业化发展的中期，正是需要发展职业教育的时候。我们应该有计划地提高职业教育在整个教育事业中的比重。2002年，我国普通高中学校数、招生数、在校生数分别是职高和技校的1.62倍、2.6倍、2.9倍，而发达国家的比例是1∶1，我们的职业教育所占比例太低。在巩固和发展普通教育的基础上，今后一段时间应该大力发展职业教育。首先，应该树立持续的职业教育的理念，要认识到大力发展各种层次、各种形式的职业教育是当前和今后较长一段时期我国教育事业面临的重要任务之一。江泽民在全国教育工作会议上的讲话中指出："努力办好各级各类职业技术教育，是一篇大文章。现在中等职业技术教育虽然已经有了发展，但总体来说，还刚刚开始做。各地各部门要狠抓10年、20年，必会大见成效。"这表明了职业教育的重要性和长期性。其次，为了办好职业教育，要调整中等职业教育结构，优化教育资源配置，提高教学质量，建立集职业教育、就业培训和技术推广为一体的中等职业技术教育新体制。如果说我国的中等职业技术教育有了一定规模，那么高等教育阶段的职业教育才刚刚起步。我们还应建立新的办学机制，大力促进高等职业教育的发展。充分利用现有教育资源和兴建区域性高等职业教育机构，鼓励高等本科院校利用社会投资兴办或与企业合作举办职业技术学院，扩大高中后职业教育培养规模。再次，还要尽快建立职业技术教育与普通教育之间相互沟通、相互衔接、协调发展的新的教育体系，促进职业教育与学历教育相互兼容。应该使职业和技术教育渗透到普通教育、就业准备教育和继续教育之中去，综合高中要承担升学预备教育和就业预备教育的双重任务，打破普通教育和职业教育分隔的局面。此外，还要教育学生要有"三百六十行，行行出状元"的观念，愿意报考职业学校和技术学校。2003年9月3日《北京晚报》中的一篇文章报道："今年从整体上说，职高、中专、技校的招生大面积滑坡，职高生源吃紧。但今年的职高毕业生在人才市场极为抢手，不少用人单位已开始预定后年的毕业生。"从这里可以看出市场需要同人们观念的矛盾。

第三，稳步加大发展高等教育的力度，争取早日拥有自己的国际知名大学。高等教育承担着培养各类高级人才和产出高级科研成果的双重任务，因而在科教兴国战略中占有重要地位。但是我们也明白，我国的教育事业就整体上说，在世界上还处于相当落后的状态，高等教育也不例外。就数量说，美国（2.5亿人口）有3406所大学，我国（13亿人口）有1063所大学，按人均计算，美国约是我国的17倍。1999年，美国大学生占全人口的5.59%，我国是0.18%，美国大约是我国的30倍。就质量说，美国人口占全世界人口不到5%，近年来诺贝尔奖金获得者占世界的60%以上，中国人口占世界人口近22%，自20世纪至今中国人诺贝尔奖金获得者总数仍然是个位数。近些年来，每次世界数、理、化奥林匹克竞赛，我国的中学生几乎包揽全部金牌，说明中国人的智商是一流的，可是到了诺贝尔奖这个档次，就没了大陆中国人的份，这说明我们的高等教育还存在某些缺陷，还没有跟上教育现代化的步伐。我们要实现的“四个现代化”，包括科学技术现代化，需要千百万计的各类高素质专门人才，因此加快高等教育的发展和提高高等教育的质量，具有空前的紧迫性。首先，高等学校培养人才的数量要有相当大的增长。应该扩大高等教育的规模，增加高层次专门人才的拥有量。为此，在国家继续增加高等教育投入扩大培养能力的同时，还要大力推进高等教育发展模式的创新，调动社会办学的积极性，鼓励和支持“大学城”等方式的建设发展模式，通过多种途径保持高等教育的快速发展。其次，高等学校培养人才的质量要有明显的提高。应该把培养高素质的富有创新精神的人才置于高等教育发展的核心地位。为此，必须选择和造就一批真正懂得高等教育并兼通中西的教育家出任各个大学校长，这一项很关键，过去我们对此重视不够。同时还必须建设一支高质量的教师队伍。新中国成立前的清华大学校长梅贻琦曾有“大学也者，非有大楼之谓也，有大师之谓也”的说法，强调杰出的师资在高等教育中的决定作用，中外教育史都可验证这句名言。要在实践中稳步建立起面向现代化建设需要的新的教程体系，要大力提高教育技术手段的现代化水平和教育信息化程度。在教学方法上，要积极实行启发式教学，激发学生独立思考意识和信息处理能力，要培养出具有实践能力、创新意识和创业精神的高素质人才。在高校中，要处理好普及和提高、教学和科研的关系，在增强整体高等教育发展能力的同时，继续重点加强一批重点大学和重点学科的建设，使其成为知识创新和科技开发的重要基地，逐步形成一批世界名牌大学。在这方面，我们相当落后。且不说英、美、法、德、日一类的国家，就连只有350万人口的以色列，居然也有7所国际知名大学，只有700万人口的奥地利也有数所国际知名大学，我们似乎只有北大、清华有点名气，但排位并不靠前。我国的大学在实施扩招，在实施大合并，在实施后勤产业化，在苦苦探索打造世界名牌的道路，但是如果抓不到关键，恐怕仍是徒劳。有两位从海外归来的年轻教育家的话颇中肯綮，他们说一个学校成为国际上的名牌，需要一个不断积累的过程，其中有两个因素最主要：教师和学生。欧洲有的名牌大学系主任面向全欧洲招聘，为的是吸纳最权威的专家学者，以保证学校在某个领域保持其世界上的权威地位。日本的东京大学在历史上曾以高于国内教授数十倍的工资从国外聘请杰出的教授。这样的一流大学能够吸引优秀的学生，使他们经过培养成为英才为社会作出贡献，反过来又使学校更加知名。大学之大在于大学的精神之大——科学精神、人文精神、民族精神以及人类精神。国外一流大学都有自己鲜明的个性和特点，和规模大小并无必然关系，我们一时间搞起大合并，建立所谓“高校航母”，未必可取。打造名牌高校，还应想到民办大学。2002 年 12 月，九届全国人大常委会通过了《民办教育促进法》，使民办教育取得了合法的地位，民办大学也有了广阔的发展前景。其实，国际知名的剑桥、牛津、哈佛、早稻田等大学都是私立大学。当前我国的民办大学刚刚起步，远远落后于公办大学是很自然的，但要看到它们的前途，如果政府给民办大学更大的办学自由，将来肯定会有出色的民办大学出现。

第四，提高教育信息化水平。教育信息化已经成为现代教育发展的重要基础性建设。我们要全面推进以计算机和网络通信为基础的教育信息化建设，大力提高教育手段和教育资源的信息化水平，使我国教育跟上时代发展进程。

第五，全面推进素质教育，培养高质量的现代化建设者。我们所说的“素质”，是指思想道德素质、科学文化素质和健康素质的综合统一。从我国当前人口整体状况来看，这三方面的素质都不高，承认这个事实可能是痛苦的，但不承认这个事实就是自欺欺人。首先，思想道德素质很差，小而言之连随地吐痰的毛病都戒除不了，大而言之吏治的腐败是尽人皆知的事实。官员是民族的精华，他们中的一部分已堕落到了令人发指的地步，社会上的“坑蒙拐骗”甚至杀人越货之类的事情几乎无处不有。这种局面的出现原因自然是多方面的，但和整个民族教育水平的低下有直接关系。邓小平就说：“现在这么多青年人犯罪，无法无天，没有顾忌，一个原因是文化素质太低。”① 西方有人说：“愚昧无知孕育妖魔鬼怪。”验诸事实，信然。其次，就科学文化素质而言，九年义务教育还未真正普及，文盲的比例依然不小，科学素养更低。2001 年中国科协首次采用国际权威的米勒标准进行了一次公众科学素养调查。米勒认为科学素养包括三个部分：一是具有足够能力阅读报纸和杂志中的表达各种科学信息的科学词汇；二是对科学的研究过程具有基本的了解；三是对于科学技术对个人和社会的影响具有基本的了解。中国科学的这次调查结果表明，我国公众具备基本科学素养的比例为 1.4%，即每 1000 人中有 14 人具备科学素养。1990 年（早于中国科协的调查 10 年）美国同样的调查结果表明，他们每 1000 人中有 69 人具备科学素养。和发达国家相比，我国公众的科学素养还存在着很大的差距。再次，就健康素质而言，情况依然不令人乐观。当然，新中国成立半个多世纪以来，我国的人均寿命和健康状况都有了极大的提高和改善，但整体状况还远远比不上发达国家，如患肝炎之类慢性病的人比例较大，由于贫穷愚昧导致的残疾弱智人口仍在繁衍，如此等等，都需我们面对。只有德、智、体、美全面综合发展的教育才是健康、正常的教育。多年来，升学竞争的压力使得学校和家长片面抓智育，培养了一部分高分低能的“考试机器”，还出了一些有才无德的“半废品”。据《北京晚报》2003 年 9 月 6 日报道：北京“海淀区频发大学生盗窃案件，去年海淀法院审理了 60 多件涉及大学生盗窃的案件，今年上半年又判刑 30 多个”，甚至其中还有在读的博士生！上述情况说明全面推行素质教育已是刻不容缓的事情。

实施素质教育是进入 21 世纪我国教育改革的重大主题，是贯穿整个教育发展的核心任务。一是要把学生的思想品德教育放在第一位，这是任何国家的教育都不例外的。品德标准有高有低，最高标准无限，最低标准有限，那就是“不可损人利己”，这是做人的底线。有了这个底线，然后才论才能的高低和贡献的大小。我们要探索有效的道德教育方式或模式，从幼儿园开始直到大学，使青少年奠定下良好的道德的根基。同时，通过共产主义和辩证唯物主义、历史唯物主义的教育，使学生树立科学的世界观、人生观和价值观，掌握观察问题、分析问题和解

---

① 《邓小平文选》第 3 卷，人民出版社 1993 年版，第 163 页。

决问题的观点和方法。道德的根基是信仰。我们是无神论者，我们的最高信仰是爱国主义，“祖国和人民”至高无上，神圣不可侵犯。要用我们民族传统的忧患意识和爱国精神教育青少年，培养他们与祖国和人民共荣辱、同死生的信念。我们要走依法治国的道路，没有法制便没有现代化，因此必须十分重视法制教育，使青少年树立守法是义务、违法是耻辱的信念，培养起牢固的法制意识。到现在为止，我国各类法律的制定虽未完备但已初具规模，然而离法治国家的标准仍相距甚远，主要差在公民（包括官员）的法制意识上。立法不容易，然而在全民族中树立起法制意识比立法还要难上十倍百倍，没有几十年乃至更长时间的努力，不可能树立起法制意识，尤其是在中国这样一个缺乏现代法制传统的国家。二是科学地开展智育教育。我国的教育一向有重视智育的传统，这当然是好的，但存在着一些弱点甚至严重的缺陷，如不矫正将会严重影响优秀人才的培养。大致说来如下一些倾向应该矫正：(1）注重知识的灌输而轻视获得知识的方法的教育。(2）注重知识的传授而轻视实际能力的培养。(3）注重各类层层考试而轻视实际应用。(4）注重刻板的占有知识而轻视举一反三的扩展知识。(5）迷信知识的确定性而不敢怀疑其正确性，等等。概括起来就是引导和鼓励学生吸收和记忆已有的知识，而忽视对学生的怀疑精神和想象能力以及开拓精神和创新能力的培养。爱因斯坦就曾说：“想象力比知识更为重要。”当然这不是说不需要传授知识，而是说应该以能力和素质去统率知识。掌握知识固然重要，但消化知识、发展知识、灵活运用知识的能力更为重要，因为只有具备这种能力才能把知识转化成力量。教育的目的是通过知识的传授来培养学生的发明创造和开拓进取的能力，重知识轻能力无异于“买椟还珠”。西方有一句名言：“教育不是注满一桶水，而是点燃一团火。”过去那种“填鸭式”的教育应该废弃，启发式的教育才是方向。推进素质教育就必须转变以往的人才培养模式，从以传授知识为中心向以培养能力为中心转变，为此必须进行一些必不可免的改革。要改革教材建设、课程设置、教学内容，建立起面向 21 世纪的现代化教学体系。要减轻学生过重的课业负担，建立符合素质教育要求的对学校、教师和学生的评价制度。要实行学分制和有弹性的学习制度。积极实行启发式和讨论式教学，激发学生独立思考和创新的意识。教师应该尽快提高自己的业务素质和思想素质，形成一支素养高能力强的师资队伍。只有这样才能培养出适应现代化建设需要的具有科学精神、创新意识和实践能力的一批又一批优秀人才。三是强化体育教学，提高身体素质。近年来我国青少年的身高和健康程度都有明显的提高，但就整体上说还逊于发达国家。特别是多年来疲于升学的竞争，功课负担过重，精神压力过大，导致睡眠不足、食欲不振、视力衰退等问题的出现，影响了孩子们的健康成长，急需引起各级教育部门的重视。所有的文明国家都一无例外地重视体育教学，从小学到大学都开设体育课，把脑力训练和体力训练相结合，造就身、心同等健康的有用人才。如果身体衰弱，久病寿夭，纵然学富五车，智力超群，也丝毫无益于社会。学校里应该讲授一些生理卫生知识、营养科学知识，在此基础上上好体育课，还要开展各种形式的体育锻炼活动，使学生至少养成对一种体育运动的爱好，开发学生的体育运动潜能，使他们拥有健康的体魄。四是普遍开展审美教育培养学生的美好情操。在我国的教育传统中对于美育即审美教育一向重视不够，在极“左”年代被完全忽视甚至被取消，其结果影响了相当多学生的审美水准和人文素质的提高，使得一部分青少年在不同程度上变得粗俗和没有教养，这个教训不能忘记。我们必须高度重视审美教育在人的全面发展中的特殊作用。审美教育的特点在于寓教育于美的享受之中，从而使人心甘情愿地接受美的教育，在分辨真假、善恶、美丑的过程中，培养崇高的审美情操，得到精神的满足和愉悦。一个热爱文学艺术并在这些方面具备相当素养有审美追求的人，堕落的可能性要小得多。良好的审美教育以形成完整和谐发展的人物个性为宗旨，与德育、智育、体育一样，都是培养全面发展的人才不可或缺的环节。中小学一定要开设音乐、美术课，各类大学都应开设文艺作品欣赏和文艺理论课让学生选修。此外，学校还要鼓励学生自己组织课外兴趣小组，开展读书、演奏、书法、绘画、旅游、收藏等类活动，培养他们对文学艺术的广泛爱好，让他们在欣赏艺术、亲近自然的过程中，充实生活，开发潜能，陶冶情操，提升自己的人文素质和审美水平。

其实，素质教育还可以从另一个角度来阐释，即要实现科学精神和人文教育的结合。科学追求的是一般规律，人文关心的是个别的价值观，两者是对立的，但两者都是现代人应该具备的素质。我们说的科学精神，即实事求是，热心追求真理，勇于捍卫真理，一贯求真务实，大胆创新的精神；而人文精神则表现为对人和人的价值的尊重，对真、善、美的向往，对合理生活和高尚人格的追求。近代以来，工业文明的进步带来了社会的失衡，在西方发达国家出现了文化裂变：科学文化昌明，人文文化萎缩。物质文明的高度发达，导致金钱拜物教、权力拜物教泛滥，人欲横流，道德沉沦，如马尔库塞所说，这种社会造就了一些只有物质生活、没有精神生活、没有创造性的麻木不仁的“单面人”。我们国家的现代化进度很快，虽然程度不高，但是已经出现了明显的文化裂变的迹象：没有信仰，没有理想，只有私利，只有物欲，为达到个人卑污的目的，寡廉鲜耻、不择手段的人无处不有。当然，这类人也压根儿没有什么科学精神。因此在我国当今的教育中，在进行科学精神教育的同时，要进行人文精神的教育。大家都知道现在已经进入“知识经济”时代，人们重视知识和科学的意识也许已经初步树立；但是对于人文精神的重视远远不够，甚至有人连有关人文精神的常识都没有。人文关怀中的对祖国、人民的责任感和使命感，对整个民族美好未来的热烈向往，对自己人格完善的高标准要求，对真善美的事物和情感的欣赏与追求等等，都是做一个合格公民的基本准则，应该成为各级学校教育的重要内容。

在进行人文精神教育时，我们应该充分汲取中国和西方丰厚的文化资源，使这种教育内容丰富，思想精深，精神凝重。人文教育，应该介绍西方自文艺复兴以来直至当代人文主义发展的内容，将其中的精华视为全人类共同的文化遗产，认真吸收，为我所用。我们自己的传统文化博大精深源远流长，更需要认真对待，认真研究，认真继承。例如，儒家主张的“内圣外王”，即是强调个人的人格完善和个人对社会负有的责任，这是到任何时代都永远不会过时的思想。在我们的学校教育中，应该强化人文主义教育，使其同科学精神教育结合，培养出一代又一代既有科学素养又有人文情怀的人格丰满情操高尚的人才。

四、发展国民教育要有坚定的政策和得力的措施

（一）政府必须下决心加大教育投入，突破束缚国民教育发展的“瓶颈”

国家和政府的决策者必须具备远大的战略眼光，把对教育的投入视为对国家基础建设的投资，较大幅度增加财政性教育经费，为国民教育

的发展奠定物质基础。近几年来，教育经费的增长没能与财政收入的增长同步，即前者低于后者，由非财政渠道投入的教育经费多达40%～48%，这些都足以反映政府对国民教育责任的弱化，没有真正贯彻科教兴国的战略，没有体现教育的战略重点地位。我们经常听到一句话："再穷不能穷了教育，再苦不能苦了孩子。"这话说得可谓至矣尽矣，无以复加矣！然而教育依然穷，许多孩子依然苦。我们不应该再用"穷国办大教育"一类话为当政者开脱责任了。1993年中共中央、国务院制定的《中国教育改革和发展纲要》规定全国财政性教育经费支出要占GDP的4%，我们还要为实现这个（低于世界平均水平的）目标奋斗，然后再为实现邓小平提出的要求20世纪末实现而未实现的（依然低于世界平均水平的）5%的目标继续奋斗。现在，首先应该实实在在地把普及九年义务教育的责任定位在政府身上，由国家财政解决义务教育的经费，对边远地区和特困家庭的学生还应给予生活补助。钱从哪里来？国家财政支出预算应作宏观调整，向教育倾斜，基本满足教育事业的需要。这是以人为本的需要，也是国家民族根本利益的需要。有人提出，国家可以发放"教育国债"，完全可以考虑。全国人民都在注视着教育，为教育而焦急，如果发放教育国债，肯定会得到全国人民的支持。国家还可以制定有关法规和优惠政策，稳步开放非义务教育市场，鼓励各种社会力量以多种形式办学，按产业方式经营，较大步伐地引进社会投资，并且作为国家增加社会投资的一个重要领域加以引导。

（二）深化教育体制改革，促进国民教育进一步向前发展

深化教育体制改革，不但是现代化建设事业向前发展的必然要求，而且是推进国民教育向前发展的直接动力。通过办学体制、管理体制、招生和毕业分配体制等方面的改革，逐步建立起学校自主办学，竞争有序，充满活力的现代教育体制。

1. 办学体制要改革

办学体制应该向多种所有制格局发展。基础教育、职业教育和高等教育性质不同，因此办学体制亦应有别。基础教育，特别是其中的九年义务教育，应该本着《教育法》和《义务教育法》坚持以政府为主导来办学。此外，非义务教育尤其是高等教育的办学体制应该更灵活，可以借鉴我国经济改革中多种所有制经济共同发展的经验，走出过于依靠政

府投入、过于单一的“国有政办”模式。应开放非义务教育市场，实行社会化和多元化投入，形成政府办学为主导、多种所有制办学的新格局。应该调整政策，鼓励和支持社会力量办学，凡符合国家有关法律法规的办学形式都可以大胆实验。在继续办好“国有政办”学校的同时，非义务教育学校尤其是高等学校可以通过整体改制，转由社会力量经营，实行国有民办；可以由社会各方面筹资，以合作形式办学，实行公有民办；社会个人出资，实行民有民办。实行各种所有制办学是发展非义务教育的必然趋势。

2. 教育管理体制要改革

我们的教育管理体制现在仍基本沿袭传统计划经济的管理模式，没有从根本上改变学校的依附地位和封闭状态。教育改革的目标是将教育发展运行机制纳入社会主义市场经济体制的轨道上来。改革包括外部关系和内部机制两个大的方面。从外部关系说，各级政府和社会、行业部门、学校之间的关系很复杂，存在着诸多不顺之处，阻碍着教育的发展，必须通过改革使其趋向合理并使其制度化。从内部关系说，各种机制僵化，办学效益偏低是普遍存在的问题。例如，教学人员、教学辅助人员、行政管理人员和后勤保障人员的比例严重失调是普遍存在的问题，都亟待通过改革来解决。据报纸报道，北京大学等知名高校不约而同地开始制定、实施新的改革制度，而且都把人事制度的改革作为中心内容。他们认为，人事制度改革是一切行政制度改革的核心，高校改革当然要抓住这个核心问题。在创建世界一流大学过程中，师资将成为决定因素，因此他们把师资称为“核心竞争力”。据北大校长透露，北大目前有1800多名教授和副教授，世界上没有哪个高校拥有这么多教授和副教授，只有实行优化和精简才能名副其实。高校人事制度改革的关键词就是“竞争”和“流动”，不能如期晋升职称者要离开现在的教师岗位。目前，高校的人事制度改革仍在扩大和深化。高校改革的实例说明，我国整个教育事业的改革任重而道远。

3. 高等学校招生和毕业生就业制度也要改革

要改变长久以来招生—国家统一计划、毕业—国家统一分配的模式，就要贯彻国家宏观调控和市场调节相结合的原则。在社会主义市场经济体制下，毕业生就业制度必须向劳动力市场选择的方向转变，要由国家“保底包分配”、“行政干预分配”的政府行为真正转入自主竞争就业。要冲破学历文凭、就业岗位和工资待遇相联系的毕业生就业政策的束缚，彻底打破行政的包揽一切的一贯做法，理顺毕业生就业机制，充分自主择业和竞争就业，完全走入劳动力市场。政府要建立为毕业生就业服务的机构，完善毕业生就业信息网络，及时向毕业生提供准确、有效的需求信息、择业指导和心理咨询。还应该在全国范围内营造鼓励学生自主就业的政策环境，特别是要引导毕业生走向西部地区、艰苦行业以及基层单位和国有中小企业。

（三）落实学校办学自主权，释放教育发展的活力

学校，尤其是高等学校，真正作为办学的主体进入市场，必须拥有办学的自主权，否则就无法展现活力和提高效率。应该改变政府部门通过文牍发布、计划拨款、招生指令、行政审批以及人事安排等多种行政手段管理高校的模式，让高校形成直接控制人、财、物和日常运转的局面，真正赋予学校作为办学实体所拥有的自主权。政府部门的主要职责是制定方针、宏观指导、信息发布、质量监督和调控国有教育资源配置，学校则以办学主体形式，根据政府部门的办学方针和规则以及政府和社会提供的资源，拥有招生计划、专业设置、人员安排、教学方法、科学研究、经费安排等办学自主权。高校要在市场竞争中发展，凭自己向社会提供的人才质量和数量获取声誉和地位，并开拓未来广阔的发展前途。

（四）要营造有利于教育发展的制度环境

1. 加快教育立法

我国的教育已经立了一些重要的法律，但是还不够完善，要根据社会主义市场经济条件下教育改革和发展的要求，进一步修改和完善现有法律、条例，抓紧做好民办教育等新法规的立法工作，形成完善的法律法规体系。还应该加大教育执法的力度，进一步推进教育部门依法行政，依法落实学校办学自主权。健全教育督导制度，推进教育普法工作，提高全社会的教育法制观念和教育法律知识，形成依法办教育的良好社会环境。

2. 改革劳动分配制度

有了合理的分配制度才能调动和激励教师工作积极性。在努力提高

教师工资待遇的同时，要允许学校在国家确定的基本工资制度基础上制定适合本校的工资分配标准，学校内部分配应有合理的倾斜，拉大分配差距，实现多劳多得、优劳优酬。对拔尖人才以及学术带头人、中青年骨干、特聘教师可以设立特殊岗位津贴，以资鼓励。

3. 强化用人制度改革

要尽快实施现代人才管理制度，在健全社会保障制度的基础上，全面推行以聘任制为基础的教师任用制度，实行按需设岗、公开招聘、平等竞争、择优聘任。学校应该根据需要合理地设置岗位，提出岗位职责、任职条件，明确聘任和应聘双方的权利和义务，向全校以及校外公开招聘合适的人才，尽快实现激励、竞争、淘汰机制。

4. 广泛培养和吸收高素质的人才

在坚持“支持留学，鼓励回国，来去自由”的出国留学工作方针下，继续根据国际发展趋势和国内现代化建设的需要，利用好国外教育市场，培养国内短缺人才。要采取优惠政策，吸引国外优秀留学人员回国服务，解决好目前突出的人才外流问题，切实提高培养效益。

漫谈世界三大宗教

一、什么是宗教?

宗教大体可以这样定义——人们相信在现实世界之外存在着某种超自然、超人间的神秘境界和力量，这种存在主宰着自然和社会，因而人们对之信仰、敬畏、企望和崇拜，于是渐渐诞生了各类宗教。

一般说来，宗教必须具备如下四种要素：

一是宗教信念：灵魂观念、神灵观念、神道观念等。

二是宗教情愫：对神的神秘感、敬畏感、依赖感、惊异感等。

三是宗教行为与活动：巫术、禁忌、祭祀、祈祷等。

四是宗教组织与制度：教会、僧团、教团、寺观、教堂、教义系统、教阶体制、修行体制、宗教礼仪等。

从信仰对象说，宗教可分为一神教和多神教。

一神教——信仰一个最高的宇宙和世界的主宰，比如犹太教、基督教信仰唯一的上帝耶和华，伊斯兰教信仰唯一的真神安拉。

多神教——比如中国的道教，自古有“一气化三清”的说法：玉清、上清、太清，即原始天尊、灵宝天尊、道德天尊（老子），这是最高的三位神，下面有四御（玉皇大帝等）、八仙（吕洞宾等）等许许多多的神仙。印度教崇奉梵天、湿婆、毗湿奴三位大神，也属多神教。

从信众的范围说，可分为部落宗教、民族宗教、世界宗教。比如鄂伦春人信萨满教，局限于很小的范围内，即属部落宗教。比如日本的神道教，信仰天照大神，只有日本人信，日本以外的国家或民族都不信，即属民族宗教。现在的印度教（新婆罗门教）也是民族宗教。世界性宗教的信徒不限于一个民族或一个国家，世界上许多国家和民族都有其信徒，像基督教、伊斯兰教、佛教这三大宗教就是世界宗教。

马克思曾说："宗教是人民的鸦片烟。"这句话是在特定环境下说的，并非马克思给宗教下的定义。在无产阶级革命兴起的时代，宗教对工人阶级起到麻痹作用，就这个意义而言它是鸦片烟。马克思还说过，宗教是这个世界总的理论，是包罗万象的纲领。对于欧洲来讲，离开宗教就无法解释罗马帝国的历史，无法解释中世纪的历史，无法解释近代以来宗教战争以及宗教矛盾对整个欧洲历史的影响。因此，英国的历史学家阿克顿说："宗教是历史的钥匙。"解释欧洲历史，离开基督教、基督教的分派、基督教的矛盾斗争，许多问题就说不清。

二、世界三大宗教简说

（一）佛教

佛教是具有世界影响的重要宗教。

佛教的创始人是释迦牟尼，生于公元前 565 年（公元前 6 世纪），孔子生于公元前 551 年，释迦牟尼比孔子大 14 岁，是同时代的人，同为人类历史上最伟大的人物。

释迦牟尼出生在古印度的迦毗罗卫国，在现在的尼泊尔境内。释迦牟尼本名叫悉达多·乔达摩，属于婆罗门教四种姓的刹帝利（高贵的武士），按照雅利安人的习惯名在前，姓在后，悉达多是名字，乔达摩是他的姓氏。

佛，完整地说是"佛陀"，意思是觉悟者。佛教的创始人不同于上帝，这个世界不是释迦牟尼创造的。释迦牟尼之前这个宇宙、这个自然、这个社会就已经存在，释迦牟尼是觉悟者，觉悟了宇宙、自然、人生、社会的根本真理。佛的觉悟是最彻底的觉悟，是"阿耨多罗三藐三菩提"，意思是"无上正等正觉"。

释迦牟尼的父亲是迦毗罗卫国的国王净饭王，母亲是摩耶夫人。按照佛教的说法，释迦牟尼降生时即显现是一个无比杰出的人物，有"三十二相，八十种好”，长得不同凡响。释迦牟尼小时候受到很好的教育。当时印度信奉古婆罗门教，重要的经典就是《吠陀》，释迦牟尼学得十分精到，同时武艺高强。但是，这个王子不同于一般人，不安于这种至尊至贵的王宫生活。释迦牟尼总觉得应该明白生命的意义何在，生命的意义并不是追求富贵，自然也不是做国王。释迦牟尼在宫里感觉很苦闷，他的父亲净饭王为了让他散心，让人陪伴着到迦毗罗卫国国都的四个城门去游逛，在游逛的过程中他看到了人生的种种痛苦。例如：生苦，母亲生孩子时母子皆苦；老苦，人老了失去生活能力的苦；病是苦的；死也是苦的。人避免不了要走到最后的结局，不但人是这样，一切生物都这样，比如青蛙在地上爬过来，一辆车会把它轧死，蚂蚁在地上爬寻找食物，人们走路会把它踩死，还有牛、马、驴、骡等等都是这样，最终都免不了一死。最后在都城北门，他看到一位出家的沙门，威仪严整、举止安详，相貌非常之慈悲，令人心中自然发出恭敬。释迦牟尼从这位出家人身上受到一种重要的启示。于是他要寻求生命真正的意义何在，更加不安于宫廷生活。

释迦牟尼的父亲在他 17 的时候给他娶了妻子，生了一个儿子叫罗侯罗。现在佛教寺庙里面有十八罗汉，其中一位就是罗侯罗，那是释迦牟尼的亲生儿子。五台山有罗侯寺，就是专为罗侯罗修建的一座寺庙。

29 岁的时候，一天夜里释迦牟尼逃出王宫，走上寻求真理的道路。开始他修行禅定（婆罗门教的一种修行方式），发现无法解决问题。后来他修苦行，即穿破衣服、要饭、捡东西吃，作践自己，想通过苦行达到觉悟，依然没有结果。经过了 6 年的苦行，什么觉悟也没有达到，释迦牟尼走到尼连禅河畔，已经是瘦弱不堪、精疲力竭，一个牧女给他一碗羊奶煮的粥，吃了这碗粥以后释迦牟尼恢复了体力，并且在尼连禅河里洗了澡，坐在菩提树下下定决心，不达到觉悟就永远不再站起来。释迦牟尼在菩提树下坐了 7 天 7 夜，到了第 7 天启明星升起的一瞬间，他突然大彻大悟，终于明白了关于宇宙、自然、社会、人生的终极真理，即后来传承 2500 多年的佛法。据说，佛成道这天是农历腊月初八，中国人年年吃的腊八粥，就是象征牧女的那碗奶粥，以此纪念佛的成道。

释迦牟尼觉悟之后，去找原来的 5 位仆人。释迦牟尼出宫之后，净饭王派 5 个仆人伺候他，当他终止苦行的时候，这 5 个人觉得他没有决心了，就离开了他。佛觉悟之后就到鹿野苑找到了这 5 个仆人，给他们讲述他大彻大悟的道理。这些人成了释迦牟尼的第一批信徒，于是诞生了最早的佛教僧团组织。讲经布道，佛教叫做转法轮。法轮是古代印度一种非常厉害的兵器，转法轮就是说佛讲经说法能够破除一切烦恼和魔障，给人开启光明，因此把讲经布道叫转法轮。从35岁大彻大悟，一直到80岁涅盘圆寂，这45年内释迦牟尼在恒河流域传播他的教理，教徒越来越多，影响越来越大，后来渐渐形成了世界性的宗教。

佛教的基本教理，博大精深。我懂得的仅仅是一点皮毛，下面为大家讲的是最基本的佛教教理。

第一，“三宝”。《红楼梦》里贾宝玉对林黛玉发誓的时候说：“有如三宝！”这里就像西方人起誓的时候手按着《圣经》一样，以最高尚的名义发誓。“三宝”就是“佛、法、僧”，即要敬仰佛，全心全意、毫无保留地信仰佛；同时要以同样的虔诚去信仰佛法、信仰僧人。中国佛教的出家人叫和尚，其实和尚是个非常尊贵的名词，是“上人”的意思，唐代的一些作家写某某上人，就是指和尚，是最尊重的称谓。因此，这三条是信仰佛教的基础，离开佛、法、僧三宝的皈依和信仰，就不是真正的佛教徒。

第二，“三法印”，法指佛法，印是标志，三法印是佛教信仰的根本性标志。释迦牟尼圆寂的时候，弟子们请教他，今后如果有人歪曲佛法，或用其他的学说来取代佛法，怎么辨别？释迦牟尼讲了“三法印”，即“诸行无常、诸法无我、涅盘寂静”。

什么是诸行无常？行就是眼见的现象世界，物质的、精神的所有的现象就是行，所有的现象都是无常，都在一刻不停地变化，没有永恒。佛教讲“万法因缘生、万法因缘灭”。因缘这个词来源于佛教，“因”是内在的条件，“缘”为外在条件，一切的事物都是因为内在和外在的条件偶然的拼合而诞生。当这些条件不存在，事物就没有了。因此没有永恒的事物，都是凭因缘生出来，因缘不在，它就灭了，无一不是如此。比如一棵树，是因为有了土壤、阳光、种子才长成了一棵树，这棵树或者老死，或者被伐了，因缘没了，树也就不存在了。人也是，因为四大元素——地、水、火、风聚集起来，才形成人。地，指人的骨肉；水，指人的血液；火，指人的体温；风，指人的呼吸。人死了，地水火风回归大自然。万事万物都是这样，一切都在不断生灭之中。

诸法无我。法是事物，一切事物都没有自性，哪一个事物也不是从来就有而且永远存在的，自己不能主宰自己。无我，没有主宰。比如人，哪一个人是想生而为人的？等你知道自己存在的时候已经被抛到这个世上来了。我想做自己的主宰，长生不死，办得到吗？想做什么就做什么，想得到什么就得到什么，可能吗？谁都不是自己的主宰，都是依因缘而生灭的。

涅盘寂静，就是经过累世修行，达到一个境界——没有贪欲、没有嗔恚、没有愚痴，进入一种不生不灭，“常、乐、我、净”的状态。佛教修行的最高追求就是涅盘寂静。在这个问题上应该这样理解，佛理是“言语道断、文字道断”，有些道理不是能用语言说得清的，只有正悟的时候才知道什么是涅盘寂静。

佛的学说就有这“三项基本原则”。离开这三项基本原则就不是真正的佛法，这也代表了佛教的世界观。

第三，六道轮回。为什么要觉悟？为什么要追求涅盘寂静的境界？因为人及所有的生物，包括马、牛、羊、苍蝇、蚂蚁……都是在六道（天、人、阿修罗、畜生、地狱、恶鬼）中轮回。“天”，在这里是一种生物（如敦煌壁画中的飞天），在天上，没有人的物质性的欲求，但还是有欲望，因此摆脱不了六道轮回。阿修罗是一个恶神、战神。如果活着时做好事的话，就会生为天人、生为人、生为阿修罗，这是“上三道”。如果做尽了坏事的话，就会进入“下三道”，生为畜生、饿鬼、地狱，受无尽的痛苦。如果不修行，不超脱这个世界的话，就永远在这六道里面不断地轮回，此生是人，下一辈子是畜生，再一次是阿修罗之类的。这是六道轮回。修行的目的是要了脱生死，超脱六道轮回，往生西方极乐世界。

第四，圣谛。佛在菩提树下坐了7天7夜，首先觉悟到的就是“四圣谛”，即四条神圣的真理——苦、集、灭、道。

所谓的苦，就是在佛看来一切生命都是苦，归纳起来有八苦，比如生是苦的，母亲、婴儿都受苦，老苦、病苦、死苦，这是四苦。“怨憎会”，你不喜欢的人会碰到，或者不适合做夫妻的人，由于种种原因结成夫妻，相互怨恨等。“爱别离”，喜欢的东西早晚有一天会失去。比如有一个钧窑的瓷器，价值连城，突然有一天孩子把它弄碎了，这是爱别离。喜欢的人不希望分开，希望白头到老。可是有一天对方死去了，不是爱别离吗？“求不得”，人的愿望没有止境，记得20世纪60年代的时候看到有人拿着半导体收音机觉得非常好，后来有了黑白电视，再后来是彩色电视，现在的电视更是高清晰度，将来还会有比现在的电视更高级别的东西，这些东西人们总是想去拥有，人的欲望是无止境的。但是满足你的欲望永远是有条件的，永远是有限的。求得到的东西总是少数，求不得的东西是绝大多数，“求不得”是绝对的。“五取蕴”，指的是人所经历的精神与肉体痛苦的总汇，不去细讲了。

集。苦的原因在于人有欲望，有贪欲，这就是集。我们要知道病苦的原因，才能将之断除。

灭。要想摆脱苦，摆脱诸多的烦恼，唯一的办法就是灭“集”。人有各种贪欲，所以苦恼就会无限生出来。灭就是要断掉这个贪欲，釜底抽薪。比如有人要做处长，不能实现，很痛苦；如果本来就没有想过要做处长，这苦就不存在了。只要把欲望断掉以后，苦就摆脱了。

道。用什么方法才能斩断诸多的满足不了的欲望？这个方法就是“道”。道有“八正道”：一是“正见”，首先观察这个世界、人生、宇宙、社会的最基本的立场和观点要正确，得按佛教导你的方法去看，看这一切都是苦，要摆脱这个苦应该怎么办？二是“正思维”，思考问题的方法必须正确，必须去除一切贪欲、肮脏的思想，只有用纯净的思想去认识世界、认识人生才行。三是“正语”，就是说话，首先不撒谎、不挑拨离间、不绮语、不巧舌如簧，必须老老实实有一说一、有二说二，要说正确的话，不正确的话不说，下流的话不说。四是“正业”，就是行为要正，不杀生、不偷盗、不邪淫、不喝酒、不撒谎等等。五是“正命”，要通过正当的职业过正当的生活，就是正命的意思。耕田、做工、做生意等，都是正当的职业，别去当小偷、强盗、坑蒙拐骗等等。六是“正精进”，就是修行，一步一步往上升，得不断地积累善、不断地去除恶，这叫正精进。不能一边修行一边做坏事，这样精进就垮了。七是“正念”，即信念要正。生活目的最终是要摆脱六道轮回，这叫正念，即信念、理想目的要正确。八是“正定”，佛教讲禅定，就是指精神要集中，通过修行达到思想境界犹如明镜止水一般，那么平静、纯净，不胡思乱想，不想今天买股票赚几千元几万元，明天又达到什么不可告人的目的等等，这些都不行。所说的“四圣谛”，大意如此，我的说法，仅是引导大家理解，只供参考。

第五，“三学”。“三学”即“戒、定、慧”。信佛，第一个步骤是戒，是戒除一切邪恶、坏的念头和行为。比如作为一个佛教的居士得守“五戒”，就是不杀生、不偷盗、不邪淫、不饮酒、不撒谎。还有八戒、十戒、二百五十戒、三百八十戒……比如说比丘戒，正式做一个和尚的时候是二百五十戒，做一个尼姑是三百四十八戒，指的是哪些，我就说不上来了，总之是去除一切坏的东西，培养一切好的东西。这样，再通过一定的方法进入“定”，即禅定，达到精神境界一丝不乱的程度，最后达到“慧”，就是“般若”这两个字。这个智慧不是我们一般说的聪明，而是指理解和掌握佛法的那种特定的智慧和聪明，看透了这个世界，把一切外缘放下，最后进入无苦无忧的涅槃境界。

佛教最基本的学说还有很多，“十二因缘”非常重要也非常难懂，这里就不讲了。从上面讲的大体上可以看出来佛教的修行主张、修行的方法。

下面讲讲佛教在印度的传播。

公元前6世纪到公元前4世纪，是原始佛教阶段。从公元前4世纪到公元前1世纪的时候，印度的佛教开始分派了，首先分出上座部和大众部两部，最后又演化出18部到20部。由于对佛教的原理、戒律等等见解不同而分生出不同的派别，这是任何一种宗教和任何一种学说必然要出现的现象。

到公元1世纪大乘佛教出现了，大乘佛教把以前的原始佛教和部派佛教称为小乘佛教。大乘佛教、小乘佛教的区别在哪里？打个比喻：乘是船，小乘佛教是独木舟，只能坐一个人，修行小乘佛教，最后超度和摆脱六道轮回的只有个人。他不能帮助任何人，不能帮助妻子、儿女、兄弟、朋友等任何人，修得的果位是阿罗汉果。大乘佛教是大船，可坐很多人。如果自己觉悟了，还能觉他，即帮助别人觉悟，普度众生，这就是菩萨。大乘佛教修的就是菩萨行。自觉、觉他，最后觉行圆满，这就达到最高果位——佛。概括地说：小乘佛教是独木舟，只能挽救一个人；大乘佛教是一条大船，普度众生，上来的人越多越好，大家共同驶往西方极乐世界。

公元1世纪到公元6世纪，大乘佛教成了印度的主要教派。后来到了公元7世纪的时候大乘佛教中的一个教派吸收了古婆罗门教的教义，形成一个重要的教派，就是密宗。藏传佛教里面的密宗，就是直接从印度传来的。中土在唐代也有密宗传来，后来就断了。

“密宗”是相对于“显宗”说的，显宗就是一个和尚在庙里讲经说法，几十个人、几百个人、上千人、上万人来听，对任何人都不保密，听的人越多越好，觉悟的人越多越好。而密教是秘密的意思，你的阿阇梨（你的导师），在神秘的曼陀罗法坛里，给你灌顶，秘密地讲经说法，别人不能听也不能知道，这是成佛的捷径。我们通常说的六字真言“唵嘛呢叭咪吽”，那就是密教的真言，平时要不断地念诵六字真言，即可积累功德。西藏的佛教徒转的经轮上写的也是这六字真言。

公元13世纪，伊斯兰教在阿拉伯半岛兴起，侵入印度，摧毁了很多的佛教庙宇，传布伊斯兰教。这样伊斯兰教在那里站住了脚，佛教在印度趋于灭亡。

现在印度人信的不是佛教，现在的印度人信的是印度教，是由古代的婆罗门教发展出来的新婆罗门教。

佛教在印度灭亡了，但传到中国来了，从东汉明帝始，一直传到今天，有了近2000年的历史。

印度佛教历史上有两个重要人物，一个是公元前3世纪孔雀王朝的阿育王，还有一个是公元2世纪贵霜王朝的迦腻色迦王。这两个王都是虔诚的佛教徒，他们把佛教向世界传播。一支向南传的就是小乘佛教，由印度传到斯里兰卡、缅甸、泰国、老挝等等，这是南传佛教，用的语言是巴利文，所以叫巴利文系统佛教。一支向北传入中国，叫汉传佛教，也叫汉语系统的佛教。还有一支，就是传到西藏的藏传佛教。

佛教传入中国是东汉初年汉明帝时。明帝就是光武帝刘秀的儿子刘庄，据说刘庄有一天夜里做了一个梦，梦到金色的仙人在宫殿上空飞翔，第二天他和大臣讲这个事情，问是吉兆还是凶兆。大臣讲这可能就是西方的佛陀，印度佛教的佛陀。于是汉明帝就派蔡愔、秦景等几个大臣到印度去求取佛法，行到西域就是现在的中亚一带，遇到两位佛教高僧，一个叫摄摩腾，一个是竺法兰，就把他们两位请入中国，用白马驮着经卷到当时的首都洛阳。洛阳的白马寺就是这样建立起来的，那里还有摄摩腾、竺法兰的墓。著名的白马寺是中国第一座佛教寺院。

此后，经过东汉的100多年，再到魏晋南北朝，佛教渐渐在中国发展起来了。魏晋南北朝时期是发展兴盛时期，到了隋唐时期达到了鼎盛。宋代以后开始下滑，但并没有断绝，一直到今天佛教仍然是中国最重要的宗教。

佛教传入中国以后，中国人把外来的宗教变成了中国的宗教、中国化了的宗教，这就有别于印度原来的佛教了。现在世界上有人要研究佛教的话，是到中国来，而不是到印度去，因为佛教的中心已转移到了中国。在印度还可找到与释迦佛及古代佛教有关的一些遗址，佛教的学说在印度已灭绝了。19 世纪晚期以后，靠近中国边界的地方，佛教略微有点兴起，影响很小。

佛教传入中国以后，形成中国的各种教派，最主要的有 8 个大的宗派。这就是天台宗、三论宗、唯识宗、华严宗、禅宗、律宗、净土宗和密宗。此外的小宗派影响很小，影响大的是这 8 个宗派。有的宗派由于太高深了，比如像唯识宗也叫慈恩宗，就是玄奘和尚所创建的。玄奘和尚和他的徒弟圆测一起创建了唯识宗，因为它太高深了，太烦琐了，所以大概流传了 40 多年以后，就趋于衰亡了。现在也有人在研究唯识宗，但不普遍。当代中国的佛教寺院占主导地位的是禅宗和净土宗，还有就是藏传佛教。

禅宗的实际创始人是六祖慧能。当然传说是菩提达摩在南北朝的时候到中国来，在少林寺面壁 9 年，创建了中国的禅宗，成为初祖，后来传给二祖慧可，慧可传僧璨，僧璨传道信，道信传弘忍，弘忍传给六祖慧能。实际上六祖慧能才是禅宗真正的、实际的创始人。慧能之后，还出现了南岳怀让、青原行思、马祖道一等等一系列著名高僧。这些人把禅宗发展成五派：临济宗、沩仰宗、云门宗、法眼宗、曹洞宗。

净土宗由唐代的善导创立，以念“阿弥陀佛”名号、求往生西方极乐净土为宗旨而得名。始祖是晋代的慧远。

佛教极大地丰富了中国文化，变成了中国化的佛教。我们都知道，中国传统文化形成时期，是在春秋战国时代，请注意这里不是说始于，那就早了，中国传统文化自轩辕黄帝、尧舜禹汤一直传下来，始源于 5000 年前。中国文化成型是在春秋战国时代，而春秋战国是一个战乱频仍、生灵涂炭的时代。当时中国最聪明的人思考的是社会问题、伦理问题，如何把这个社会治理好，所以《庄子》有一句话叫“六合之外，圣人存而不论”。天地六合之外，那些玄虚的东西中国人不感兴趣。“子不语怪力乱神”（《论语》），怪力乱神、玄虚的东西孔子从来都不谈论的。所以，他的学生樊迟问他什么叫智？孔子告诉他说：“务民之义，敬鬼神而远之，可谓智矣。”敬鬼神而远之，那个时候鬼神的观念是很深的。鬼神，他们说有，你也别说没有，离它远远的，不去研究。对鬼神是研究不明白，研究明白也没用。这样的结果是中国人的传统学问缺乏形而上的玄虚的思辨。

佛教传入中国以后，给中国文化注入了新的血液，佛教的思辨精神是非常之发达的。恩格斯在《自然辩证法》里面对佛教的思辨给予了很高的评价。接受了佛教以后，中国人特别是中国的知识分子，扩大了认识世界的广度和深度，丰富了传统文化的内容。我们都知道到宋明时代，中国的传统儒学进入了一个新时代，这个时代出现了周敦颐、邵雍、张载、程颢、程颐，特别是南宋的朱熹，一直到明代的王阳明，把很平实的儒学加进了思辨色彩，形成新的理学和心学体系。这个新的儒学理论的出现，就是吸收了佛教禅宗、华严宗的本体论、心性论的结果。这个新的儒学体系，影响了以后800多年的中国文化历史。

道教是中国本土产生的宗教。原来没有很深的理论，是接受了佛学的影响之后，才渐渐形成自己的经典、教义，形成道观，形成道士出家的制度等等。道教受了佛教的影响才成为比较像样的宗教。

中国的工艺、美术、天文、数学、音乐、文学、医学等等方面都受了佛学的影响，取得了长足的进步。比如我们现在念的唐诗宋词是讲音韵、平仄的，中国人原来不懂这个学问，是在南北朝时期佛学传入中国以后，中国人明白了有一种学问叫音韵学，用佛学音韵学说分析我们的汉语，发现了有语音“平上去入”的区别。现在的普通话是阴阳上去，古代是平上去入，“平”是平声，“上去入”是仄声，作诗平仄交错，如“两个黄鹂鸣翠柳，一行白鹭上青天”，非常好听。至于我们的语汇上受佛学的影响就不胜其说，比如我们经常用的词汇，像实际、唯心、正宗、世界、觉悟、相对、绝对、知识、方便等等，都是佛教用语融入了我们的汉语，大家日用而不知。赵朴初先生编了一本书《俗语佛源》，指出我们现在经常用的许多语汇都来源于佛教，如一针见血、三生有幸、伤风败俗、在劫难逃、现身说法、盲人摸象、借花献佛、痴人说梦、泥牛入海等等，很多经常说的成语都是来源于佛教的。

佛学思想和儒家思想同时被中国人作为生活的智慧而接受，在崇拜观世音的同时崇拜关云长，大家也并不觉得矛盾。佛教丰富了中国人的信仰生活。儒、释、道三教并行，儒家思想、道家思想、佛家的思想形成了中国传统文化的三大主干。

唐朝之前，西藏的吐蕃王朝没有佛教，只有一种本土宗教叫做本教，也可以写成草字头下面加一个本来的本，还叫“本波教”。文成公主在唐太宗时代入藏，她带去了佛教的经卷，带去了印度送给中国最珍贵的佛像，带去了僧人，这影响了松赞干布。松赞干布同时又娶了一个尼泊尔的公主做妻子，这个尼泊尔公主叫尺尊公主，也是一个虔诚的佛教徒，也带去了佛像、佛经等。在这两位公主的影响下，松赞干布接受了佛教。这是西藏有佛教之始，也就是说实际上藏传佛教最早是从中土的大唐传入的。

松赞干布之后赤松德赞在位时，从印度迎来寂护和莲花生两位大师，建立了桑耶寺和僧团组织。

赤祖德赞在位时，又委僧人为大相，并规定七户养僧一人之制等，佛教在西藏得到进一步发展。

所以说藏传佛教既有中土传来的教义，又有印度传来的教义，也有原来的原始宗教本教的教义，形成了现在的藏传佛教。

公元9世纪的时候出现了一个藏王赞普，叫朗达玛。朗达玛“兴本灭佛”，把原来的本教兴起来，残酷地镇压佛教，大概有100年时间佛教在西藏处于灭绝的状态。此前是藏传佛教的“前宏期”。

公元11世纪开始，由现在的青海和阿里等地区佛教又重新传入西藏，渐渐兴盛起来，这就进入了藏传佛教的“后宏期”，先后形成藏传佛教几个大的教派，分别是：宁玛派（红教）、萨迦派（花教）、噶举派（白教），还有一个噶当派后来演化成格鲁派（黄教）。还有其他一些小的教派，但主要的教派是上面所说的几个。

在藏传佛教历史上有两个人物必须要说一下，一个是萨迦派的五祖叫八思巴，元代忽必烈皇帝封他为国师、帝师。八思巴活了44岁，是一个非常杰出人物，学问高深，帮助蒙古人创建了最早的蒙文。八思巴对元朝的皇室影响巨大，后来元朝皇帝又把他派回西藏作为西藏最高统治者。西藏政教合一的政权是从八思巴开始的。

到了元末明初的时候，藏传佛教的几个教派都已堕落腐败。这个时候，出现了另一个了不起的人物——宗喀巴。大家到雍和宫去看那位戴黄色尖顶帽子的塑像就是宗喀巴。宗喀巴是青海湟中县人，7岁出家，到16岁的时候进入西藏，遍访名师，积累了丰富的学问，再加上本人的才智，创建了格鲁派。“格鲁”是严守戒律的意思。他的著名著作像

《菩提道次第广论》、《密宗道次第广论》等，影响深远。现在在蒙藏地区居统治地位的教派就是黄教——格鲁派。宗喀巴在西藏修建了哲蚌寺，他的学生又修建了色拉寺、甘丹寺等等，黄教寺院在藏、蒙地区普遍存在。

青海的塔尔寺是宗喀巴的诞生地，是黄教六大寺院之一。日喀则的扎什伦布寺，拉萨的甘丹寺、色拉寺、哲蚌寺，青海的塔尔寺加甘肃的拉卜楞寺，这六座寺院是藏传佛教最大、影响最广泛的寺院。

塔尔寺的宗喀巴塑像比释迦牟尼还大还高，释迦牟尼坐在宗喀巴的旁边。我问喇嘛，喇嘛说我们藏传佛教认为宗喀巴就是释迦佛再世，和释迦牟尼没有高低之别。宗喀巴的两大弟子就是班禅、达赖。达赖的全称是"圣识一切瓦齐尔达喇达赖喇嘛"，这是青海的蒙古族的一个部落叫土默特部的领袖俺答汗赠给三世达赖的尊号。后来把他上两世的传人追认为二世达赖和一世达赖，以下传到四世达赖。也是青海的一个蒙古族和硕特部落首领叫固始汗，尊第四世班禅叫"班禅博克多"。后来康熙大帝又封班禅五世为"班禅额尔德尼"，意思是珍宝式的大学者。藏传佛教认为达赖是观世音的化身，班禅是无量光佛的化身，无量光佛也叫无量寿佛，还叫阿弥陀佛。达赖和班禅在藏传佛教里有至高无上的地位。

另外，在蒙古族地区还有两个大的转世活佛系统，一个是内蒙古的章嘉胡克胡图（音）一共转了六世；还有外蒙的哲布尊丹巴，到了1924年他死了之后就没有再传。此外，藏传佛教大大小小的派别里据说还有1500多位活佛。有的小活佛就在一个村子，这个村子有一座小庙，庙里也有转世活佛，不过不被世人所知。

藏传佛教对西藏的文化影响深远。藏族的文字是从印度梵文演化而来的，它又模仿汉字的真书、行书、草书等字体，是非常美的文字。西藏的医学吸收了印度医学的成分，也吸收了汉民族医学的东西，形成了藏医。藏传佛教大寺院都有医学院，藏医是非常了不起的。藏医传到蒙古地区又形成了蒙医，对于有些病症的治疗有奇效。西藏的建筑从拉萨的寺庙建筑到青海、甘肃的寺庙建筑，既受了印度、尼泊尔的影响，也受了汉族斗拱飞檐建筑的影响，十分壮丽，是建筑杰作。另外像雕塑、绘画都有自己的特点，达到了很高的程度。西藏的佛经印刷得十分精美，西藏的历法也达到了十分精确的程度。藏传佛教对于文化的创造和贡献，应该给予很高的评价。

（二）基督教

基督教，英语叫做Christianity，来源于古希腊语，词根Christ（基督）是“救世主”的意思。按基督教的说法，耶稣是上帝的独生子，上帝派他到人间来拯救人类，所以他是救世主。基督教和犹太教有渊源关系，具体地说，基督教是由犹太教派生出来的，没有犹太教就没有基督教。

犹太民族是一个非常奇特的、非常了不起的民族。犹太人在全世界大概有1400万人。在本土现在的以色列国有400多万人，欧洲有500多万人，美洲有500多万人，加在一起就是1400多万人。犹太民族的人数在中国来说相当于一个小省，但这个民族对于世界的影响太大了。西方有句话叫：上帝选择了犹太人，因为犹太人在历史上出现的杰出人物太多了。欧洲有一种说法，说19世纪欧洲出现了三个人物改变了世界：一个人物是马克思，第二个人是爱因斯坦，第三个是奥地利精神分析医生弗洛伊德。马克思对世界的影响不用说了，整个20世纪马克思主义的实践把世界变了模样。爱因斯坦是划时代的伟大科学家，世人皆知。弗洛伊德的学说是以性为根基演化出来的，“本我、自我和超我”是弗洛伊德对于人格结构提出的新概念。他的学说为人类认识自身的精神世界打开了一扇窗户，具有世界性的影响。上述三个人都是犹太人。在美国的大科学家、大教授，欧洲各国的大哲学家、思想家犹太人就多了。有人做了统计，犹太人口占世界总人口的0.3%，但犹太人诺贝尔奖金得主占诺贝尔奖得主的25%，这就说明了犹太人很厉害，不一般。

犹太人起源于美索不达米亚平原。传说在公元前1800年，亚伯拉罕带领他的部族从两河流域迁徙到迦南地，就是现在的巴基斯坦。这是上帝赏赐给犹太人的地方，现在看起来很荒凉，但古代的生活环境非常好，被称为“流着奶与蜜的地方”。后来由于灾荒的缘故，犹太人迁到了埃及，埃及的法老让他们做奴隶，最后由摩西率领犹太人出了埃及，又回到了中东这块地方，最后在约书亚带领下回到了迦南地。这是《旧约圣经》里面记载的。后来出现了两个人物，就是大卫、所罗门父子。所罗门据说是全人类最富有、最智慧的人。所罗门在锡安山上建立了宏大的神殿、宏大的宫殿，《圣经》里面记载说其宫殿壮丽无比，无法用语言来形容。后来由于多灾多难都毁了。现在耶路撒冷还残留着“哭墙”，那就是当年所罗门时代宫殿的残迹，犹太人戴着白帽对着墙在念《圣经》，要回归他们的祖先。

在公元前 6 世纪的时候，具体说是公元前 586 年，新巴比伦王国（在现在伊拉克这块地方）的国王尼布甲尼撒二世，出兵把犹太国灭了，之后把精工巧匠和贵族都俘虏到巴比伦，这就是历史上有名的“巴比伦之囚”。犹太亡国了，犹太人中的一些“先知”说：上帝将派“以赛亚”即救世主到世上拯救犹太人。后来波斯帝国把新巴比伦灭亡了，把犹太人解放了。犹太人又回到了迦南地，重新建立他们的家园。这样，“先知”们预言的“救世主降临”似乎得到了验证，于是犹太教正式诞生。

公元前 1 世纪中叶，也就是公元前 63 年，罗马帝国又把犹太国灭亡了。犹太人不断起义反抗，而罗马派去的总督、将军残酷地屠杀犹太人。到公元 70 年的时候，犹太人又举行一次大的起义，这个时候罗马的将军更残酷地把犹太人镇压下去。从此，犹太人开始流散到世界各地，向东流散到亚洲，特别是向西流散到欧洲。

从公元 70 年犹太亡国，经历了近 2000 年，希特勒在二战期间屠杀了 600 万犹太人，犹太人感受到没有祖国之苦，在英国和美国的全力支持下，于 1948 年在巴基斯坦这块地方硬是建立了以色列国。从那时到现在，巴以冲突连年不断。

就在罗马人统治和灭亡犹太人的时候，犹太教里面出现一个小教派，耶稣是这个教派的创始人，这个小教派渐渐演化成了世界性的大宗教——基督教。

到底有没有耶稣这个人？近代以来有人对此一直持怀疑态度。按照基督教的学说，耶稣是上帝的独生子，上帝看到人类越来越堕落、罪恶越来越深重，所以就派他的独生子到世上来，替人类赎罪。

上帝通过圣灵使圣女玛利亚怀孕，这不是我们正常所说的怀孕，是通过圣灵使她怀孕。玛利亚的未婚夫是一个木匠叫亚瑟，他是一个非常好的人，看她怀孕了就不想娶她了，但又不想让她丢面子，就想悄悄地退婚。后来上帝通过圣灵告诉他，你的未婚妻是绝对贞节的，是上帝的独生子要借她的子宫来生下耶稣。所以亚瑟还是娶了贞女玛利亚，后来在旅行的途中、在马槽生下了耶稣。这都是宗教传说。

当耶稣成人之后，他受到了上帝的启示，开始传教，到处治病救人，使瘫痪的人重新行走，使瞎子重新恢复视力，使聋子恢复听力，使死人复活等等，有很多的神迹。这样他的信徒越来越多，最后他的12个门徒，比如约翰、彼得（也包括最后出卖他的犹大）等，协助他传教，影响越来越大。

犹太被灭亡之后，耶稣的门徒们就到罗马帝国统治的地区传教。后有一个人叫保罗，（伦敦的圣保罗大教堂是全世界最壮丽的教堂，是纪念他的），是一个收税的小吏，原来也帮助罗马总督镇压基督徒，后受耶稣的启示，改信了基督教。他到中东、罗马帝国各地传教，写了很多的书信，现在《新约圣经》里面的书信就是保罗写的。他是基督教的第一位神学家。西方还有一种说法，说基督教真正的创始人应该是保罗。

耶稣在巴基斯坦这块地方的影响越来越大，原来犹太教的一些祭司法利赛人嫉妒他，收买了他的门徒犹大，找到耶稣把他逮捕，送到罗马帝国的总督彼拉多处，受了很多的羞辱，最后把他钉上十字架。耶稣死后埋到坟墓里，三天之后又复活。复活之后耶稣对人们讲，将来我还要到人世间来，建立千年的上帝之国，然后是世界末日。之后他就上天了。所以基督徒现在还在等待耶稣重新降临人世。

基督教是从犹太教派生出来的一个宗教，和犹太教有什么区别？犹太教是民族宗教，只有犹太人信犹太教，但是基督教不是，基督教除了犹太人以外向所有的民族传播教义，所有的民族都可以成为基督徒，这是和犹太教的不同之处。犹太教信奉的《旧约圣经》是神圣的经典，基督教同样信奉《旧约圣经》，这是没有两样的；但是基督教还有《新约圣经》，所谓《四福音书》——《马太福音》、《马可福音》、《约翰福音》、《路加福音》，这是犹太教所没有的。就信徒的数量来说，两教就更不可同日而语了，基督教是世界上最大的宗教，约有15亿信徒，而犹太教徒只有1000多万人。

如恩格斯指出的那样，基督教最初是奴隶和被释放的奴隶、穷人以及无权者的宗教，是被罗马征服者驱散的人们的宗教。基督教开始传入罗马帝国的时候，罗马帝国的皇帝对基督教徒进行了残酷的迫害，很多基督教徒被钉上十字架。后来信仰基督教的人越来越多，到公元4世纪初，即公元313年，罗马皇帝君士坦丁（基督教史上非常重要的人物）发布《米兰诏书》，承认了基督教的合法存在。这样基督教就发展起来。又过了十几年到公元325年，罗马皇帝狄奥多西确定基督教为罗马帝国的国教。罗马帝国接受了希伯来人的宗教，同时又吸收了古希腊的科学精神、理性精神，形成希腊—拉丁文明，凭借罗马帝国的权威，把这个文明推广到横跨欧、亚、非三洲的广大地域。所以欧洲人有共同的文化源头：一是希腊，二是基督教。

西方人的科学精神来源于古希腊，来源于亚里士多德、柏拉图、苏格拉底等等；而西方人的伦理精神，即人格追求，则来源于基督教。基督教后来不管怎么样分化，但基督教各派的信仰都有共性，所以欧美文化有共同的根源。

公元 4 世纪末期，罗马帝国分为东西两个部分：一是以君士坦丁堡（即现在土耳其的伊斯坦布尔）为中心的东罗马帝国，另一个是以意大利的罗马为中心的西罗马帝国。随之，基督教也渐渐分成了两派，到了公元 1054 年，统一的基督教分裂成两个大的教派，以君士坦丁堡为核心的叫东正教，也叫希腊正教（讲的是希腊语）；以罗马为核心形成的叫罗马正教，即现在所说的天主教，讲拉丁语。这是两个大的教派。

罗马帝国在时间上横跨公元前、公元后，特别有名的人物有恺撒、奥古斯都等。在地域上，罗马帝国所覆盖的面积包括现在的南欧、西欧、北非、中东地区。后来西罗马帝国在公元 476 年灭亡了，这和中国还有一点间接的关系。大家都知道，在先秦时代一直到汉代，中国北方蒙古高原一带有一个强大的少数民族叫匈奴。匈奴到汉代分裂为南、北匈奴，南匈奴投降了汉朝，北匈奴还和汉朝作对。在公元 1 世纪的晚期，大将军窦宪带领汉朝的大军远征匈奴，在燕然山（也就是现在蒙古人民共和国的杭爱山）彻底打败了北匈奴，北匈奴于是从亚洲消失了。到了公元 4 世纪，匈奴突然出现在欧洲，中间可能经过了中亚到俄罗斯的顿河草原，然后到公元 4 世纪在欧洲出现了。

匈奴人在欧洲的出现导致了欧洲人民的大迁徙，这是欧洲历史上最重大的事件之一。因为在罗马帝国北边，像多瑙河流域、莱茵河流域、斯堪的纳维亚半岛居住着原始的日耳曼人，文明的罗马人把他们称为“蛮族”。这个蛮族有很多的部落，比如东哥特、西哥特、法兰克、勃艮第、盎格鲁、撒克逊等等。匈奴的出现首先冲击了东哥特，再冲击了西哥特，然后整个刚才说的这些部落像多米诺骨牌倒落一样，都向西南迁徙，不断侵扰西罗马帝国。匈奴人又直接攻击东罗马帝国，也攻击西罗马帝国，向他们索要财物。西罗马帝国在接连不断的袭扰之下，于公元

476年灭亡了。灭亡之后，原来西罗马帝国的广大地域被日耳曼各个部落占领，最大的像法兰克人建立的法兰克王国，后来发展为查理曼帝国。这个王国后来一分为三，一部分成为法国、一部分成为意大利、一部分成为德国。其他如盎格鲁、撒克逊族乘船到了英伦三岛，成立了英格兰民族。还有的部落到了北非，建立了一些小国。

日耳曼人的各个部落灭亡了西罗马帝国，但罗马帝国的文化又反过来征服了日耳曼人。日耳曼人各部落接受了拉丁语，特别是接受了基督教。

西罗马帝国的灭亡，标志着欧洲进入封建社会，也就是欧洲人自己说的黑暗的中世纪。封建社会延续了将近千年，一直到14—15世纪文艺复兴，这个时代才结束。这个时代是什么时代？就是基督教统治的时代，有无数的堡垒王国，没有大一统的国家，一个领主占领一块地方，修一个堡垒。欧洲到处可见的这样的堡垒，就是中世纪留下来的。中世纪一个贵族有几十户、几百户农奴给他做工。基督教在整个中世纪的无数堡垒王国中，居于绝对的统治地位。

到了公元13世纪以后，有一些农奴不堪于领主的压榨和剥削，从城堡里面逃出来，他们聚集在一起在交通方便的地方建立了城镇。这样就开始诞生了欧洲历史上的市民阶级，也就是资产阶级的前身，他们搞商业特别是搞手工业等等，到了14—15世纪资产阶级就渐渐形成并发展起来了。

公元16世纪，基督教的罗马教廷已经到了非常腐败的程度。

基督教认为，亚当、夏娃在伊甸园偷尝禁果犯了罪，而人类都是亚当、夏娃的子孙，也都是有罪过的，称作“原罪”。人们要想赎罪就要买罗马教廷发行的“赎罪券”，教廷就可以替你赎罪，赦免你今生的罪恶。显然，这是一种骗财的手段。当时的欧洲人生活极其穷困，买不起赎罪券，广大的民众对罗马教廷恨之入骨。这个时候德国出现了一个大人物——马丁·路德。他本人是一个神父，非常有学问。他驳斥罗马教皇，发表95条论纲，逐条驳斥罗马教廷的教谕，受到了广大民众的热烈拥护。罗马教廷开除了他的教籍，通缉他，如果他被抓住的话肯定会被处死。广大农民起义掩护了他。在他的领导下，人们形成了一个新的教派——基督教的新教。

罗马教廷的教阶是非常严格的。一个人要赎罪，就要通过神父，神父再通过主教，主教再通过大主教，大主教再通过上面的红衣主教，再到教皇，要通过很多中转站，才能和上帝沟通。马丁·路德把教阶废除了，说人们可凭虔诚的信仰直接和上帝沟通，不要主教、大主教、红衣主教、教皇，全都不要，受到了百姓的拥护。基督教的新教，在西方被称为抗议者，抗议德意志地区的贵族依附罗马教皇，所以也叫“抗罗宗”。新教在欧洲历史上的出现是了不起的一件大事。同时在瑞士出现了加尔文教，脱离罗马教廷；英国成立了圣公会，脱离罗马教廷。这样在德国、瑞士一直到英伦三岛、斯堪的纳维亚半岛，都成了新教的覆盖地区。

基督教是一个统称。刚才讲了公元 11 世纪基督教分裂成两个大的教派：天主教和东正教。后来 16 世纪马丁·路德发动宗教革命，又从天主教里面派生出一个新教。这样，基督教就形成了三个大派——天主教、东正教、新教。这三个大教派下面又有许许多多小的派别，就无法细讲了。

中国人有一个不准确的称呼，把马丁·路德以后创建的“新教”叫“基督教”，把总称作为别称用了。但约定俗成从清末以来到现在大家都叫惯了，很难改了。其实准确的名称应该是新教。

基督教（包括天主教、东正教、新教）信仰的中心内容是什么？主要有如下几项：

第一，创世说。上帝创造世界之前什么都没有，上帝无中生有地创造了世界，说有光于是有了光，按上帝的意志天地分开，水陆分开，有了山川草木，然后鸟兽虫鱼也创造出来了。到了第六天上帝按自己的形象创造了人，第七天他休息了。所以礼拜日我们也跟着休息，加上礼拜六我们现在比上帝还多休息一天。

第二，“三位一体”说。上帝只有一个，基督教是一神教，上帝独一无二。但上帝有三个位格，就是——圣父、圣子、圣灵。圣父是上帝耶和华，圣子就是耶稣基督，圣灵是一种抽象的存在（上帝借着圣灵向人传达他的旨意）。西方基督教很多了不起的神学理论家，对这三位一体做了极为烦琐、细致的论证，颇为玄虚，这里就不多说了。

第三，原罪说。上帝创造了亚当，用亚当的一根肋骨又创造了夏娃。他们在上帝的伊甸园里面过着无忧无虑、自由自在的生活。有一天，魔鬼撒旦变成一条蛇，诱惑夏娃，让她吃一棵树上的果子，就是分别善恶的智慧树上的果子。上帝曾对亚当和夏娃说，这个园子里的东西随便吃，唯独这棵树上的果子不能吃。但是蛇诱惑夏娃说这个果子好，吃了之后眼睛就睁开了，什么都明白了。所以夏娃自己吃过后，又摘了一个给她的丈夫亚当吃了。两个人吃了之后，突然发现自己赤身裸体，感到特别羞耻。有一天，上帝出来散步，找不到亚当和夏娃了，就喊他们，他们藏在无花果树的后面不出来。上帝一下子就明白了说：你们吃了知善恶那棵树的果子，犯罪了！发怒的上帝把亚当和夏娃赶出伊甸园，于是他们只好面朝黄土背朝天，一年四季靠辛苦的劳作生活。夏娃还要经历生育后代的痛苦。亚当和夏娃的子孙就是整个人类。所以所有的基督徒都认为我们的祖先在上帝面前犯了罪，我们也是有罪的，哪怕是刚出生的婴儿也是有罪的，这就是“原罪”说。基督徒忏悔的时候都会说：“上帝啊，饶恕我这个罪人吧！”其实他什么坏事也没做，但也是一个罪人。

第四，救赎说。人类既然有了“原罪”，又无法自救，于是上帝就派他的独生子耶稣降生在玛利亚的家庭里，后来被罗马总督彼拉多钉上十字架，是耶稣用自己的血和肉替人类赎罪。所以基督徒感谢上帝、感谢耶稣，做完弥撒之后要喝一点葡萄酒，那是象征耶稣的血，还要吃一点类似点心的东西，那是象征耶稣的肉。感谢耶稣之恩、感谢上帝之恩，要做好事，不能做坏事，将来上帝可以赦免人们的罪恶。

第五，末世说。圣经中说，当世界末日前的1000年，耶稣会重新来到这个世界上做王，建立千年王国，这是最美好的世界。然后末日到来，耶稣和圣徒们要审判所有的人类，做善事的人升天堂，做恶事的人下地狱等。

与天主教相比，新教强调“因信称义”，重视信徒与上帝直接沟通。

《圣经》包括《旧约》、《新约》，是基督教三大派的共同经典。天主教、东正教、新教所用的《新约》基本相同；但《旧约》差别较大，天主教和东正教的《旧约》比新教的《旧约》内容多出一些。

在宗教仪式上，天主教和东正教奉行七件圣事，即洗礼、坚振、告解、圣体、病人傅油、神品、婚配；而新教只强调洗礼和圣餐两件圣事，有些新教派别甚至放弃了所有圣事。

基督教的重要节日：最重要的节日——圣诞节，即每年的12月25日，耶稣降生的日子，是基督教世界最盛大的节日。东正教推算的日子和此不一样，俄罗斯人过圣诞节为1月7日。其次重要的节日是复活节，纪念耶稣死后第三天复活、升天。此外还有圣神降临节、圣母升天节等。

信奉天主教的国家大体上是：意大利、法国、比利时、卢森堡、奥地利、爱尔兰、波兰、捷克、斯洛伐克、西班牙、葡萄牙、菲律宾、巴西、阿根廷等。

信奉新教的国家有英国、美国、澳大利亚、新西兰、丹麦、挪威、瑞典、冰岛、芬兰、韩国等。

信奉东正教的国家有俄罗斯、乌克兰、白俄罗斯、罗马尼亚、保加利亚、希腊、亚美尼亚、格鲁吉亚等。

天主教和新教相等的国家有德国、荷兰、瑞士、加拿大等。

基督教传入中国，从唐代就开始了，当时叫景教，到会昌五年被禁止了。在现在西安碑林里还可以看到唐代的《大秦景教流行中国碑》。

元朝蒙古人统治中国的时代，基督教再次传入中国，称也里可温教，是基督教的一个教派，元朝灭亡就中断了。

明朝利玛窦等人到中国来，把天主教传入中国，曾一度使天主教在中国立足。

清朝雍正年间，东正教传入中国。

1807年，新教派遣马礼逊来华传教，新教开始进入中国。

鸦片战争之后，基督教各个教派都通过各通商口岸向内地传播。

中华人民共和国成立时，天主教徒约有270多万人，到2006年发展到约500万人。基督教（新教）徒，新中国成立初有70多万人，2006年发展到1600万人。

（三）伊斯兰教

“伊斯兰”系阿拉伯语（islam）的音译，原意为“顺从”、“和平”，指顺从和信仰宇宙独一无二的主宰安拉及其意志以求得和平与安宁。信奉伊斯兰教的人统称为“穆斯林”（Muslim），意为“顺从者”，即顺从安拉的人。

我们都知道伊斯兰教的创始人是穆罕默德。穆罕默德出身于麦加（在今沙特阿拉伯）古莱什部落的哈希姆家族。他很不幸，小的时候父母双亡，由他的伯父把他养大。他的伯父是个商人，到各地去做生意，领他走遍了中东很多地方，使他眼界大开。在游历中，他了解了犹太教、基督教，这对他后来创建伊斯兰教都是特别有益的。穆罕默德见多识广、能力出众。当然他是一个文盲。

在他 25 岁的时候到一个富有的寡妇家里做用人，因为他特别有才能，这个寡妇就嫁给他了。他娶了这个富有的遗孀（叫赫蒂彻），生活条件就非常好了，社会地位也随之提高。

这时他经常隐居潜修，沉思默想，据说在公元 610 年穆罕默德 40 岁时，某一天安拉派天使向他传达“启示”，使他“受命为圣”。从此他开始传播伊斯兰教，告诫人们放弃多神信仰和偶像崇拜，宣称安拉是宇宙万物的创造者，是唯一的主宰，要求人们信仰独一无二的安拉。凡穆斯林不分氏族部落皆为兄弟，消除血亲复仇，禁止高利贷盘剥，行善施舍赈济贫弱，善待和释放奴隶等等。这些主张受到民众广泛欢迎。

他在麦加这个地方传教，已形成了一个小规模的宗教团体。但是麦加这个地方的贵族，认为他所传播的伊斯兰教影响了原有的宗教传播，所以排挤他，迫害他。穆罕默德不得不逃往麦地那，在那里传教。在麦地那经过一段传教之后，他的教徒越来越多。

在公元 630 年的时候，他带领 10 万大军又回到麦加，向麦加的贵族宣战。麦加的贵族们一看根本不是对手，所以全城投降。穆罕默德率领从麦地那带来的军队进入克尔伯神庙，把所有的偶像全部砸破。伊斯兰教是最反对偶像崇拜的，所以我们到任何地方的清真寺都看不到任何塑像，也没有画像，因为那是不值得崇拜的。他们把克尔伯神庙的一块黑色的陨石留下来作为圣物，此外一切偶像全都砸碎，把克尔伯神庙变成了清真寺。从此，麦加的克尔伯神庙就成为全世界穆斯林朝拜的圣地。

到公元 631 年，穆罕默德基本上统一了阿拉伯半岛，各部落相继归信伊斯兰教。

公元 632 年，穆罕默德在麦地那病逝。从此进入四大哈里发时期。

穆罕默德死的时候没有遗嘱，没有决定谁来做他的继承人。后来伯克尔、欧麦尔、奥斯曼、阿里 4 个人相继做了“哈里发”，哈里发就是继承人的意思。伯克尔是首位哈里发，他既是穆罕默德的信徒，又是穆罕默德的战友，也是穆罕默德的岳父（伯克尔的女儿做了穆罕默德的妻子）。据说穆罕默德有 6 个妻子，伊斯兰教允许多妻。以后欧麦尔继承，再以后奥斯曼继承，最后是阿里继承。阿里是穆罕默德的亲叔伯弟弟，是穆罕默德伯父的儿子，也是穆罕默德的女婿。这个伦理关系在我们来说是不好理解的，但在他们的信仰里面是很自然的事情。

阿里之后，经过伍麦叶王朝和阿拔斯王朝，到奥斯曼帝国，伊斯兰教的势力就越来越大，越来越普及。到16世纪，和奥斯曼王朝同时存在的还有波斯的萨法维王朝和印度的莫卧儿王朝，把伊斯兰教的信仰传遍了欧亚大陆的大部分地区。

下面，我们把伊斯兰教的基本教义做一下简单的介绍。归纳起来，伊斯兰教有五大信仰：

第一，信安拉。安拉是宇宙、世界唯一的主宰。

第二，信使者。安拉有很多的使者，如阿丹、努海、易卜拉欣、穆萨、尔撒（这些人分别是《旧约·圣经》里面的亚当、诺亚、亚伯拉罕、摩西、耶稣），从这里可以看出伊斯兰教的创立受了基督教和犹太教的影响。使者中最后一位是穆罕默德，他也是最伟大的先知，是至圣的使者。

第三，信天使。安拉用光创造了天使，天使管理天堂和地狱，也向人间传达安拉的旨意。

第四，信经典。《古兰经》是安拉启示的一部天经，教徒必须信仰和遵奉，不得诋毁和篡改。伊斯兰教也承认《古兰经》之前安拉曾降示的经典（如《圣经》），但《古兰经》降世之后，信徒即应依它而行事。

第五，信末日审判和死后复活。今世和后世之间有一个世界末日，在世界末日来临之际，现在的世界要毁灭，真主将作“末日审判”，届时，所有的死人都要复活接受审判，罪人将下地狱，而好人将升入天堂。

伊斯兰教还信仰“前定”，人生的一切都是由安拉预先安排好的，任何人都不能变更，唯有顺从和忍耐才符合真主的意愿。如果把“前定”算上的话，就是六大信仰。

伊斯兰教法还规定有“五功”，这是穆斯林必须履行的神圣义务和功修制度，它是基本信仰付诸实践的基石。“五功”分别是：

第一，念功。就是念“清真言”——“万物非主，唯有真主，穆罕默德是安拉的使者”。作为穆斯林，只要有时间就要念诵清真言，在心里默念也可以，为的是坚定信仰。

第二，拜功。每天5次向麦加克尔伯神庙的方向下拜。有时候我们出国在外国的一些机场，看到有人看着手表，拿出一张毯子铺到地上，向着麦加方向旁若无人地做礼拜，这就是虔诚的穆斯林。除此之外，每星期五是主麻日还做聚礼，要洗手、洗脚、大净、小净，大净是全身都要洗澡。每年有两次会礼，就是开斋节和古尔邦节。

第三，斋功。每年回历的9月要有一个月的时间，在太阳出来之后到日落之前不许吃东西，吃东西只能在日出之前、日落之后。这期间不准有男女房事等等。这是积累人的善心，表明自己内疚，体会穷人的苦处，对穷苦人进行施舍。

第四，课功，有钱人有收入以后，要把1/40的收入交给清真寺用来救济穷人、做国库开支和修建清真寺等。

第五，朝功。身体健康而且有经济实力的穆斯林，一生之中至少要有一次到麦加朝拜克尔伯神庙。中国的穆斯林去过麦加朝圣回来以后就叫“哈吉”，哈吉是很有身份的，受人尊重。我就见过一位，在宁夏的一座清真寺里，他曾两次去麦加朝圣，说起来自己非常自豪。

伊斯兰教的节日有开斋节（肉孜节）、古尔邦节（宰牲节）、圣纪（穆罕默德的生日和穆罕默德的忌日在同一天）。

整个的伊斯兰教分为两个大派：逊尼派和什叶派。逊尼派和什叶派是怎么来的？穆罕默德之后有4位哈里发——伯克尔、欧麦尔、奥斯曼、阿里。什叶派的人认为只有穆罕默德的本族人才有资格做穆罕默德的继承人，只有阿里（既是堂弟又是女婿），才是穆罕默德的合法继承人。伯克尔、欧麦尔和奥斯曼都不是穆罕默德本族的人，所以不承认他们是哈里发。而逊尼派则承认这三位哈里发的合法性。由于分派已经很久了，两派在教义和依归方面也存在着诸多的不同。

全世界穆斯林中，90％是逊尼派，10％是什叶派。什叶派大多集中在伊朗、伊拉克、印度。伊朗人绝大多数是什叶派。在伊拉克，什叶派占55％，逊尼派占45％。已经被绞死的伊拉克总统萨达姆，属逊尼派，所以他掌权后就防范什叶派，而什叶派背后有强大的伊朗来支持。所以伊拉克、伊朗的宗教矛盾是相当重要的。当然还有领土、水源之争，最后爆发了两伊战争。

伊斯兰教除了什叶派、逊尼派之外还有苏菲派。苏菲派是很神秘的一派，主张静思、醒悟的一个派别。

阿拉伯文化对世界文化的贡献是巨大的，是绝对不可以低估的。西罗马帝国灭亡了以后，整个希腊、罗马文化在欧洲被基督教压下去，但是希腊—拉丁文明由东罗马帝国传到阿拉伯世界，阿拉伯世界保存了欧洲的古典文化——古希腊文化、古罗马文化。欧洲 14—16 世纪文艺复兴之前，阿拉伯人把欧洲的古典文化典籍传到西班牙（伊斯兰的势力最远到达了西班牙），通过西班牙（还通过意大利的佛罗伦萨）重新传入欧洲，欧洲人才重新知道希腊、罗马文明，重新发现他们的祖先。如果不是阿拉伯人保存了欧洲的古典文化，欧洲文艺复兴就没有精神资源，这是伊斯兰世界对世界文化的一大贡献。

另外，阿拉伯人的足迹遍及欧、亚、非三洲，成为东西方文化交流的桥梁。比如中国的造纸术、印刷术、火药、指南针等都是通过阿拉伯人传入欧洲的。阿拉伯人还把阿拉伯的数字传入欧洲，对欧洲自然科学的发展、数学的发展起到了极大的作用（阿拉伯数字本是印度人发明的，因阿拉伯人传给欧洲，欧洲人便称之为阿拉伯数字）。另外，在数学、天文学、物理、医学、文学等方面，伊斯兰世界都作出过重大贡献。

伊斯兰教传入中国最早在唐代。到了宋代，阿拉伯商人航海到了我们的东南沿海，在扬州、泉州、广州这些地方经商，同时传教，留下来和中国人结婚，就形成了中国东南部的伊斯兰教徒。到公元 13 世纪成吉思汗西征，大量的突厥人、阿拉伯人被带入中国，几乎都是穆斯林，而蒙古人中的一部分人也皈依了伊斯兰教。西北地区甘肃、宁夏、青海、陕西等地的穆斯林，其祖先是由蒙古人带入中国的。在元朝的时候，伊斯兰教受优待，元朝统治者把全国百姓分为四等人：一等人是蒙古人，二等人是色目人，三等人是北人，四等是南人。蒙古人是第一等人不用说，色目人就是伊斯兰教徒，就是穆斯林。穆斯林在元朝具有很高的地位，也出现过很杰出的诗人和作家，一直到明朝也出了很多杰出的人物，郑和就是回族，海瑞也是回族。

三、当代世界的宗教与政治

一直以来，世界宗教对各个国家的政治都有着直接的影响。

首先我们说一下美国。1620 年，英国的一些清教徒（共有 102

人），为躲避迫害，坐着“五月花号”船，到了北美洲波士顿的普利茅斯登陆，定居下来，成为美国人的象征性祖先。这些清教徒在航海期间定了一个《五月花号公约》，即到了美洲以后如何处理社会和人际关系。他们的《公约》对后来的美国《宪法》的诞生都有直接影响。美国著名的哈佛大学也是清教徒建立的，最初是培养宗教人才的，后来成了综合性大学。

美国的宗教是多元的，既有新教，又有天主教、东正教、佛教和伊斯兰教等等，但是以新教为主。美国的总统现在到乔治·布什已经经历了41任，这41任总统除了一个肯尼迪（1961年担任总统）是天主教徒以外，其余的都是新教教徒，所以新教对美国政治有绝对的影响。美国总统竞选的时候都要争取新教教徒的支持，如果没有新教教徒的支持就很难取胜。美国的众议院、参议院、最高法院法官席位里面也是新教徒占绝大多数。十几年前去美国，听美国人讲：我们美国社会安定和谐，和宗教有极大的关系，宗教给了人信念，给了人核心价值观。另外各个宗教之间关系也处理得很好，没有宗教冲突。

德国是马丁·路德的故乡，新教和旧教各有一半的影响，所以新教不但影响了德国近代史，也影响了世界近代史。大学者马克斯·韦伯写了一本书《基督教新教伦理与资本主义精神》，指出资本主义开始阶段，新教解放了人们的思想，能干的人物多半是新教的教徒。现在也有人统计诺贝尔奖金获得者中新教教徒占的比例最大。二战以后，德国成立“福音教会”，直接影响德国的政治。有一个基督教民主党，二战以后长时间是执政党。现在总理默克尔也是新教的教徒，是基督教民主党的。

在英国文艺复兴时期出现了圣公会，圣公会一直是英国的国教。圣公会的头领是坎特伯雷大主教，这位大主教由英国国王来任命，英国国王登基时要由坎特伯雷大主教为他（或她）加冕，政、教的关系从这里可以看出来。

1640年，克伦威尔领导英国资产阶级革命，建立君主立宪的政权，给资本主义发展开路，克伦威尔就是清教徒（新教教徒）。他是凭借新教的支持，赢得了1640年资产阶级革命的胜利，一直到今天影响着英国的政治。

第二次世界大战以后，民族独立运动影响了宗教本土化，比如拉丁美洲的解放神学、非洲的黑人神学，都要脱离罗马教廷，主张宗教本土化。中国神学、中国香港的汉语神学、中国台湾的乡土神学、印度神学、日本神学等等都是基督教各派的乡土化。

至于伊斯兰教对当代世界的影响就更加明显，像巴以冲突、阿以冲突，都有重要的宗教信仰因素在里面。4 次中东战争几乎近 2 亿人口的阿拉伯人对付不了只有 400 多万人口的以色列，4 次战争全都战败了。战败了之后这些伊斯兰教徒反省，为什么我们打不过以色列？他们反省来反省去，就认为我们没有很好地尊崇安拉的意志，没有坚持伊斯兰教的传统，所以我们要回到原始的伊斯兰教去。这就导致了原教旨主义的诞生。中东的混乱、巴以冲突、阿以冲突的宗教成分是很重要的。两伊战争打了 8 年，打得两败俱伤，主要是伊斯兰教的逊尼派、什叶派的矛盾。

阿富汗的塔利班也是宗教问题。当年苏联从阿富汗撤退之后，阿富汗内部征战不休，到 1995 年的时候塔利班这个组织诞生，是从阿富汗的 40%的普什图人中诞生的。塔利班的意思是“学生军”，宗教的学生。这些人主张原教旨主义，主张建立最纯粹的伊斯兰国家。后来拉登到那里去，他们和拉登勾结起来，造成了“9・11”事件等等。

伊朗在 1979 年，霍梅尼推翻了巴列维国王的统治，口号是：不要东方，不要西方，只要伊斯兰。男人必须留胡须，女人出门要戴面罩，是非常严格的原教旨主义。是非对错不去评论，伊朗现在和西方对峙，宗教的原因是很重要的一方面。

当代佛教也和政治有很深的关系。比如斯里兰卡的泰米尔猛虎组织是印度教徒，还有另外的组织僧伽罗是佛教徒，斯里兰卡多年来战乱不断，其实是印度教徒和佛教徒的矛盾。缅甸多年来，从吴努到奈温，都是军人统治，一直得不到佛教国家缅甸僧人的认可，所以矛盾到现在也不能完全解决。上述内容只是简略地说了说宗教和当代政治的关系。

四、中国的宗教与政治

中国大约有 1 亿多宗教徒，其中伊斯兰教徒有 1800 万人，天主教徒有 1400 万人，新教教徒有 1000 万人。藏传佛教徒好统计，中土佛教徒就不好统计，有些人到庙里逛逛，磕个头、烧个香回家就忘了，是不是佛教徒？不好说，所以不太好统计。但总体来看，各类宗教徒约占世界人口的1/13。

我国在新中国成立以后建立了各种宗教团体，如中国佛教协会、道教协会、伊斯兰教协会等等，使宗教信仰合法化。然而，“文化大革命”对宗教信仰进行了一次非常惨重的破坏，我们到现在还在吃当时留下的苦果。

改革开放以后，国家拿出大量的资金给佛教徒修庙，为藏传佛教投入很大。当前中国，宗教信仰问题应该不是问题。现在突出的问题是藏独问题、东突问题。藏独问题大家很清楚，是分裂与反分裂的问题，而不是宗教信仰的问题，也不是民族矛盾的问题。

所谓的“东突问题”是指在公元5世纪的时候，在中亚这块地方，有一个民族叫做突厥。突厥在隋初分裂为东西两部，唐太宗贞观年间，唐朝攻灭东突厥，唐高宗显庆年间又灭西突厥，余部西迁中亚。后来在武后（武则天）时期，再度建立后东突厥帝国，约在7世纪末8世纪初，亡于回纥（即今维吾尔族）。这样，所谓的突厥根本就不存在了。

近代以来，西方殖民主义者把俄罗斯的中亚一带的地方称为西突厥斯坦，把新疆称为“东突厥斯坦”（斯坦就是“地区、地方”的意思），并编造出新疆是“东突人”家园的谬论。1992年，所谓的“东突人”的分裂主义分子在沙特和土耳其资助之下，在伊斯坦布尔开了“东突厥斯坦民族代表大会”，定了“国名”、“国旗”、“国歌”，硬造出了一个“东突厥”问题。东突厥的恐怖分子成了臭名昭著的拉登的部下，现在依然为非作歹，但他们成不了气候。

上述内容就讲到这里，由于篇幅所限，仅是一得之见、一孔之见，只供参考。

佛教漫谈（一）

我们大家都知道，佛教起源于印度，传入中国已有2000年左右的时间。在这20个世纪中，中国的佛教融入大量中国传统文化内容，已经成为中国化了的佛教，成为中国传统文化的重要组成部分，成为“儒、释、道”三大文化主干之一，对中华民族的信仰、习俗、价值信念等都产生了无比深广的影响，因此我们把佛教视为本民族的宗教亦无谓不可。

宗教是文化的载体。我们要弘扬祖国传统文化，就必须懂得佛教，至少要有个粗线条的了解。对于宗教，可以信仰，也完全可以不信仰，但是不可以不尊重，因为它承载着人类文化。我们的这个讲座，就是介绍一些佛教最基本的知识。

一、简释“佛”字

“佛”是“佛陀”一词的简称，是古代梵文“Buddha”的音译，亦译作“浮屠”、“浮图”等，意译为“觉者”。

这里的“觉”字有三个含义：一是“自觉”，二是“觉他”（使众生觉悟），三是“觉行圆满。”

没有佛教信仰的人完全没有这三项觉悟。罗汉（声闻、缘觉）只有“自觉”（自己已明白了佛教的真理），缺后二项；菩萨有“自觉”、“觉他”（帮助他人认识佛教真理）两项，缺最后一项；只有佛才三项俱全，达到最高境界（“无上正等正觉”）。

在佛教里，没有造物主，没有人格神，佛不同于全知全能的“上帝”，不是“道成肉身”的耶稣，也不是主宰世界的安拉，佛陀是觉悟了的人。佛陀从一个普通人，经过修行成佛，正是以身示范，鼓励有志学佛的人们追求无上的佛果。简单地说：释迦佛和佛教徒是“师生关系”，如寺庙里法师讲经首先要领僧众齐声高诵：“南无本师释迦牟尼佛！”佛是本师。基督徒在祈祷时说：“主啊，请原谅您的仆人吧！”上帝和基督徒是“主仆关系”。

小乘佛教讲的“佛”，只有一个，即释迦牟尼，佛是对他的尊称。

大乘佛教讲的佛指一切觉行圆满者，认为三世（过去、现在、未来）十方（上下、八方），到处有佛，其数如“恒河沙数”。如过去有七佛、燃灯佛；未来有弥勒佛；东方有阿閦佛、药师佛；西方有阿弥陀佛；南方有宝生佛；北方有不空成就佛；中央有毗卢佛（大日佛）等。从佛身说，有法身佛（毗卢遮那佛）、报身佛（卢舍那佛）、应身佛（释迦牟尼佛）等。

二、释迦牟尼简述

释迦牟尼，约公元前565年出生于古印度迦毗罗卫（今尼泊尔国南部）国的释迦族。释迦牟尼意为释迦族的圣人。他的原名是“悉达多·乔达摩”（前名后姓）。

古印度婆罗门教把人们分成由贵到贱的四大种姓（婆罗门，刹帝利，吠舍，首陀罗），释迦牟尼出身于刹帝利（武士）种姓，当然属于贵族。他的父亲是迦毗罗卫国的国王，称净饭王，母亲也是公主出身，称摩耶夫人。

按古代印度的习俗，妇女生产必须回娘家，因此摩耶夫人临产前回娘家，走到蓝毗尼园，生下释迦佛。此园遗址尚在，是佛教圣地。

释迦牟尼生下第7天母亲去世，他由姨母摩诃波阇波提（也是净饭王的王后）抚养成人。他从8岁起学习婆罗门教的重要经典《吠陀》，同时学习武艺，皆达到精深完美的程度。

释迦牟尼17岁时，其父为他娶了妻子，生有一子，名为罗侯罗。

后来罗侯罗也成为佛的弟子，是十八罗汉之一。

释迦牟尼从小就很爱静坐，思考和体悟宇宙人生的大道理。他的父王担心他苦闷，就鼓励他到外面看看。在国都东门，他遇到一个很瘦、很虚弱的老人，生命就像风中的蜡烛，随时都会被吹熄，释迦牟尼看了很悲愁。到南门的时候，看到一个生病的人，倒在地上哀叫，痛苦的情形无比可怜，释迦牟尼很悲愁。再到西门，看到一队出殡的队伍，送行的眷属哭哭啼啼，释迦牟尼看了很悲愁。等出了北门，看到有位出家人，举止安详、平静，好像内心充满了喜乐、自在，他一看内心非常震动，似有所悟。这就是有名的“游四门”的典故。

人为什么会变老、会生病、会死亡？要怎样才能不老、不病，甚至不会死亡？如何才能像这位修行者，这样的安详平静，没有忧愁苦恼？释迦牟尼一直苦思苦索这些问题，到 29 岁时因痛感人生无常，为众生寻求摆脱生死苦恼的出路而出家。

释迦牟尼出家后先跟婆罗门教的圣者学习禅定，接着又修了 6 年苦行但都没有找到解脱之路。此时他已形神皆疲，来到王舍城外尼连禅河畔，在河里洗了澡，吃了一位牧羊女献上的乳糜，然后在一棵菩提树下坐禅，经 7 天 7 夜的思考，终于在最后一天启明星出现时，突然大彻大悟，寻求到了脱生死的大道。传说这天是腊月初八，中国人吃腊八粥即源于这个典故。佛陀成道处后来称菩提伽耶。

成道后，释迦佛立即到波罗奈的鹿野苑，找到了原先跟他一起从王宫里出来修苦行的憍陈如等 5 位侍者，把自己觉悟的大道向他们宣说，收他们为弟子，创立了最早的佛教僧团。此五人即所谓“五比丘”，寺庙里的“五百罗汉”之首即是憍陈如。佛陀初转法轮处鹿野苑也是佛教圣地之一。

这时释迦牟尼是 35 岁，此后的 45 年间，他在恒河中上游一带传教，使佛教传播范围不断扩大，影响也越来越大。

约公元前 486 年，佛陀已 80 岁高龄，据说吃了有毒食物，走到拘尸那迦城，病情加重。释迦牟尼在两棵娑罗树间，以僧衣作枕，侧身而卧，随之涅槃。

佛陀涅槃处——拘尸那也是印度佛教四大圣地之一。

按照佛教的标准说法，下述带有神秘色彩的“八相示现”代表佛陀一生的史迹（藏传佛教寺庙前的八座白塔即象征这“八相示现”），简述于下：

一是“降兜率”——住兜率陀天内院，降生前，观五项合宜之机，即时间、地点、国家、家庭及父母，然后下降人间。二是“托胎”——乘六牙白象，像口含白莲花，降入母胎。三是出生——公元前565年，在蓝毗尼园，从摩耶夫人右肋出生。四是“出家”——年29岁，观世间无常，欲追求宇宙人生真理，解脱生死痛苦，离开王宫，入山修道。五是“降魔”——在尼连禅河附近的苦行林，修6年苦行后，到伽耶山附近的大菩提树下，金刚宝座上，降伏魔军。六是“成道”——公元前588年某日，夜睹明星，豁然悟道，时年35岁。七是“转法轮”——成道后45年间说法普度众生。八是“入涅槃”——世寿80，在拘尸那迦城娑罗双树间，示入涅槃。

三、基本教理

（一）三宝

三宝（佛、法、僧）是佛教的教法和证法的核心。

佛宝：指证得“无上正等正觉”的本师释迦牟尼佛，大乘佛教也泛指尽虚空、遍法界、十方三世一切诸佛。

法宝：指引导众生如实了知事物的本质，解脱生死烦恼的佛法、教法。包括《三藏》、《十二部经》及八万四千法门。

僧宝：指依诸佛教法如实修行、弘传佛法、度化众生的出家僧人。

（二）四圣谛

1. 苦谛

苦相：有“八苦”和“三苦”等说法。

“八苦”：指生、老、病、死、怨憎会、爱别离、求不得、五取蕴八种痛苦。前七种苦好懂，最后的“五取蕴”需稍加解释。人们对色、受、想、行、识“五蕴”产生执着，称为五取蕴。五蕴一刻不断地生灭，它一直迁流变化，所以是苦。

“三苦”：苦苦：生、老、病、死、怨憎会；坏苦：爱别离与求不得；行苦：世上一切依一定条件产生的事物，都在迁流变化，谁都不能做主，如五取蕴苦。

2. 集谛

集圣谛是苦的原因。

在佛法里面，把人们的烦恼归纳为六个方面，叫做六种根本烦恼：就是贪、嗔、痴、慢、疑、恶见。

（1）贪：财、色、名、食、睡五欲之贪等。

（2）嗔：嫉妒发怒。

（3）痴：不明事理，是非不分。

（4）慢：傲慢、我慢，内心高举，看不起别人。

（5）疑：对于佛法因果道理怀疑。

（6）恶见：离开佛法的偏激之见。

贪、嗔、痴被称为“三毒”，三毒中最严重的是贪爱。“爱”是集谛的主要原因，因爱，使我们生死轮回。

3. 灭谛

灭圣谛，指明众生可以从生死相续的苦报中得到解脱。灭是指灭除业、苦，斩断“贪、嗔、痴”等无明烦恼，没有执着与挂碍，寂灭清凉。就是说人们的苦、乐等感受都是由于“贪、嗔、痴”诸烦恼带来的结果，若永离“贪、嗔、痴”，心智即可得到解脱。不受苦报，不受乐报，不受不苦不乐报。关键是“离欲”，不离欲就永远得不到解脱。

4. 道谛

道，是解脱苦的方法，通往涅槃之路称为道，道谛主要指“八正道”，就是：

（1）正见：对事物的正确见解，即佛法的世界观，正见由多闻、思维、修持得来。

（2）正思维：没有贪嗔等烦恼情况下，依正见观察、思维，如理地作出决定。

（3）正语：不妄语欺骗，不搬弄是非，不骂人刻毒，不夸夸其谈，不花言巧语。

（4）正业：即正当的行为，为不杀生、不偷盗、不邪淫等，行为善良，不侵害一切众生。

（5）正命：以正当职业谋生，以不损害他人的方式来维持自家生活，如种田、做工、经商等。

（6）正勤（正精进）：精进努力离恶向善，即精进修道。这里的正精进专指修禅定而言。

（7）正念：指不生邪恶之心，就修行来说指忆念正法，于修道中保持所修的法或境。

（8）正定：专心致志地修习佛教禅定，于内心静观四谛真理，以进入清净无漏的境界

（三）三学：戒、定、慧

三学是佛教教义的重要内容，是学佛者必须修持的三种基本学业。

戒：除非止恶曰戒，内容是（八正道里的）正语、正业、正命。

定：息虑静缘曰定，内容是（八正道里的）正勤、正念、正定。

慧：破恶证真曰慧，内容是（八正道里的）正见、正思维。

（四）十二因缘

“十二因缘说”是佛教的基本教义。它用缘起说解释人生本质及其流转过程，又称“十二缘起说”，是原始佛教业报轮回说的理论基础。缘起说认为世界上万事万物的存在都依赖于一定的因缘（因是内在条件，缘是外在条件），离开了因缘（条件），就没有任何存在。

十二因缘就是从“无明”到“老死”彼此成为因果联系的12个环节：

（1）无明，即无知，对佛教真理的茫然无知。

（2）行，由无明而产生的善与不善等行为（意志）。

（3）识，人在托胎时的心识。

（4）名色，人在胚胎阶段的精神和物质两方面的形态。

（5）六入，即眼、耳、鼻、舌、身、意（心）6种感觉器官在胚胎阶段的形成。

（6）触，相当于出娘胎后开始接触外界事物。

（7）受，即出胎后对苦乐等的感受。

（8）爱，即生起贪爱等欲望。

（9）取，指追求色、香、味、触等享受。

（10）有，即生存的环境。

（11）生，即来世之再生。

（12）老死，是人生的终结。

其中，（1）（2）是过去因，感现在果；（3）～（7）是现在果；（8）～（10）是现在因，感未来果；（11）（12）是未来果。

12个环节前后之间互成因果，互为生灭条件，是涉历过去、现在和未来三世的总的因果循环链条。

原始佛教在分析苦难和造成苦难的原因时，提出此说，认为众生之所以有生死轮回种种痛苦烦恼，根源在于“无明”（类似第一颗倒下的多米诺骨牌），只有破除无明，才能够灭除生死轮回的痛苦而获得解脱。

（五）五蕴

我们在接触佛教思想时，经常遇到“五蕴”一词，如《般若波罗蜜多心经》：“观自在菩萨，行深般若波罗蜜多时，照见‘五蕴’皆空，度一切苦厄。”“蕴”译自梵语，意义是积聚，五蕴即是五种聚合。

1. 色蕴：即物质的积聚，即物质的总称

色蕴包含“内色”与“外色”。内色就是：眼、耳、鼻、舌、身——五根，即我们所依靠生活的身躯；外色就是：色、声、香、味、触——五境，即我们所认知的外境。内色和外色都包含在色蕴之中。

2. 受蕴是领取纳受之意

对于顺境与逆境的领纳感受，它可分为“身受”和“心受”。身受是指肉体的快乐与痛苦等类感受；心受是指精神上的愉快或烦恼等类感受。

身受有“苦、乐、舍（不苦不乐）”三类感受；心受有“忧、喜”两类感受。这样，受就有“苦、乐、忧、喜、舍”五种性质。

3. 想蕴：心于所知境执取形象

即是看、听和接触东西时，会认定所对的境有一定的形状相貌，然后为它安立名称，即形成概念和表象的心理过程。

4. 行蕴

“行”是造作的意思，行蕴是驱使心造作诸业，所造作的行为有“善、恶、无记”三种心理，称为心所生法，又称为心所。

5. 识蕴：人心的分别、判断、认识的作用

依据大乘的分类来解说：识蕴分为八识，指眼、耳、鼻、舌、身、意、末那、阿赖耶八类。前五识是感识，认识具体对象；后三识具有抽象感念而非现实。

五蕴由物质方面的“色”和精神方面的“受、想、行、识”组成，精神方面的四蕴还可称为“名”，以此五蕴统起来可称为“名色”。

五蕴（还称“五众”或“五阴”），相续不断地生灭，没有实体，是无常的。把它们列举出来，就是为了说明“五蕴皆空”的道理。

（六）六道轮回

六道（又名六趣或六道轮回）是众生轮回之道途。六道可分为三善道和三恶道。三善道为天、人、阿修罗；三恶道为畜生、饿鬼、地狱。

“三善道”，指人因其好事做得多，坏事做得少，所以托生到这三道；“三恶道”，指人因其作孽重，多干坏事，所以托生到这三道。世间众生无不在六道之中轮回，不得解脱。只有佛、菩萨、罗汉才能够跳出三界（指佛家的“欲界、色界、无色界”，不是“天、地、人”三界），不入轮回。轮回理论是佛教的基本理论之一。

（七）三法印

三法印包含：“诸行无常，诸法无我，涅盘寂静”三项内容。

无常、无我的道理，是佛教对于宇宙人生万事万物的根本解释，也可以说是世界一切事物的总的法则，总的规律。

1. 诸行无常

佛教说世界有“成住坏空”、众生有“生老病死”，万物有“生住异灭”，万事万物时时刻刻在那里新陈代谢，刹那刹那地在那里变化迁移，这就叫做无常，即没有永恒存在的事物。

2. 诸法无我

无我，即世间万物没有实体，没有主宰。佛家认为人生、宇宙、心身世界，所有事物之中，没有一个“我”在主宰一切，用现在的哲学术语说，就是没有质的规定性，这就叫做诸法本无我。所以《金刚经》说：“无我相，无人相，无众生相，无寿者相。”说明四相皆空，无“我”可得。一般人因有妄想执着的心，以为有永恒存在，以为有实体的我存在，因此就产生了我见、我痴、我慢、我爱的四种“妄心”，所以造业受报，依因感果，轮回六道之中。人们要解脱人生痛苦，要跳出六道轮回，那就要用无常、无我的观点，发心修道，断苦恼因，勤修戒、定、慧，熄灭贪、嗔、痴，到了功德圆满，就能够了脱生死轮回，证得不生不灭寂静安乐的涅槃境界。

3. 涅盘寂静

这是说修行的人，能够觉悟世界上所有的一切事物，都是无常、无我的，就可以用功修行，把生灭的妄想执着灭掉，当下就证得不生不灭的寂灭涅槃的安乐境界。因此感到“法喜充满”，得未曾有的殊胜法益，即“常、乐、我、净”。

四、佛教的发展与传播

（一）佛教发展四阶段

1. 原始佛教（前 6 世纪—前 4 世纪）

原始佛教，指的是释迦牟尼在世时的佛教。此时的教义、教法是统一的，比较一致，没有争论，即“合和无净”。这时已经受到佛陀本生故事的影响，造成神话佛陀的观念产生。

2. 部派佛教（前 4 世纪—前 1 世纪）

公元前 4—前 3 世纪，印度的原始佛教在释迦牟尼去世 100 年后分裂形成许多部派，这个时期的佛教称为部派佛教。佛教内部由于对戒律和教义看法的不同，最初分裂为“上座部”和“大众部”，上座部以僧团长老为主，思想传统、保守；大众部则以革新派比丘为主，较为积极和前进。上座部和大众部被称为“根本二部”，以后又从两个根本部中共计分裂出 18 部（根据南传佛教的说法）或 20 部（根据北传佛教的说法）。关于部派分裂的次第、年代、名称、地区均有不同的说法。当时佛教传播的范围，北至喜马拉雅山麓，南至基斯那特河。

3. 大乘佛教（1 世纪—6 世纪）

公历纪元前后，在佛教徒中流行着对佛塔的崇拜，从而形成了大乘最初的教团，形成了“中观派”（空宗）和“瑜伽行派”（有宗）两大系统，而将早期佛教贬称为小乘。

佛陀逝世后约 500 年，大乘中观派兴起。此派创始人龙树阐发“空”、“中道”、“二谛”的思想，其弟子提婆继续弘扬龙树的学说，使大乘佛教得以进一步发展。

佛陀逝世后约 900 年，瑜伽行派兴起。此派的奠基人是无著和世亲。无著、世亲是亲兄弟，他们弘扬“万法唯识”、“三界唯心”的唯识论，对后世影响巨大。

4. 密教（7 世纪—13 世纪）

7 世纪以后，印度密教开始流行，到 8 世纪以后，与印度教相接近。9 世纪后，密教更盛，相继形成金刚乘、俱生乘和时轮乘。密教认为法身佛大日如来所说之金刚界、胎藏界两部教法，方为佛自内证之境界，深妙奥秘，故称密教。

11 世纪起，伊斯兰教的势力逐渐进入东印度各地，到 13 世纪初，超戒寺等许多重要寺院被毁，僧徒星散，佛教终于在南亚次大陆消失。

（二）佛教的传播

从前 3 世纪摩揭陀国孔雀王朝阿育王开始，经 2 世纪贵霜王朝迦腻色迦王，佛教向印度之外传播。

孔雀王朝（约前 324 年—约前 187 年）是古印度摩揭陀国著名的王朝。国王阿育王曾统一全印度，初奉婆罗门教，肆其暴行，杀戮兄弟、大臣及人民无数，后改信佛教，为大护法，兴慈悲，施仁政，于国内建 84000 大寺及 84000 宝塔。阿育王本人在行政、军事、司法等方面都有绝对的权威，成为佛教徒后，奉佛教为国教，同时又派传教师到周围国家传教。

另一位对佛教传播有功的人物是贵霜王朝的迦腻色加王（在位期间约为公元 1—2 世纪），原为大月氏人，征服印度北部，自主为王。他初不信佛教，到晚年信奉佛教，召集举行第四次结集，造寺造塔，保藏三藏经典，或刻于赤铜中。其功绩与阿育王并称。

佛教向亚洲各地传播，大致可分为两条路线：

南向最先传入斯里兰卡，又由斯里兰卡传入缅甸、泰国、柬埔寨、老挝等国。

北传经帕米尔高原传入中国，再由中国传入朝鲜、日本、越南等国。

在我国隋唐时期，佛教进入鼎盛阶段，形成了很多具有中国民族特色的宗派。

宋代以后，佛教各派趋向融合，同时儒、佛、道的矛盾也渐趋消失。

7—8 世纪佛教分别由印度和中国汉族地区传入中国西藏，至 10 世纪中叶后形成藏语系佛教，后又辗转传到四川、青海、甘肃、蒙古和俄国布利雅特蒙古族居住的地区。

约在 19 世纪末和 20 世纪初，佛教先后传入欧洲和北美。1906 年，英国成立“英国佛教协会”，欧洲佛教徒开始有自己的组织。以后英、法、德、瑞士、瑞典、捷克斯洛伐克、匈牙利等国都有佛教僧团和研究机构。佛教传入美国后，又北传加拿大，南传巴西、秘鲁、阿根廷等国。

目前，佛教已传播到世界各大洲。但主要仍集中在东亚和东南亚一带，这个地区的佛教信徒人数远远超过其他宗教信徒。

五、中国佛教派别

中国佛教由汉语系佛教（亦称大乘佛教）、巴利语系佛教（亦称南传上座部佛教，俗称小乘佛教）、藏语系佛教（亦称喇嘛教）三部派组成。其中，南传上座部佛教在全国仅云南独有。

由于从隋唐开始，中国佛教有了宗派。当时印度佛教，因有“大乘和小乘”两大流派，都曾在我国流行过（现在云南的傣族地区信奉小乘佛教，其他地区信奉大乘佛教）。

佛学和佛教传入东土，被炎黄子孙所接受和研究，由于有各自的理解和悟性，从而形成了中国特有的许多佛教宗派，主要有：三论宗、唯识宗、天台宗、华严宗、禅宗、净土宗、律宗、密宗八大宗派（这些都属于大乘佛教）。

1. 三论宗

由隋代吉藏完成其理论体系，因为是依据龙树的《中论》、《十二门论》和提婆的《百论》三论立宗，故名三论宗。因其着重阐扬“诸法性空”，所以又称“法性宗”。该宗的主要理论是缘起性空，即认为世间、出世间万有诸法，都是从众多因缘和合而生，是众多因素和条件结合而成的，这叫缘起，没有事物是独立不变的实体，这叫无自性，也就是性空。三论宗初兴起时流传很盛，传至唐代渐衰，近代已不复存在。东土初祖为鸠摩罗什。祖庭栖霞寺（南京）。

2. 唯识宗

是由印度的弥勒、无著、世亲创立的宗派。因为是以弥勒说，无著记录整理的《瑜伽师地论》为根本教典而立宗，所以叫瑜伽宗。我国唐代玄奘法师译传此宗，以分析法相表达"唯认真性"而得名法相宗，唐代盛兴后渐衰，但传至日本。玄奘是东土初祖。祖庭慈恩寺（西安）。

3. 天台宗

中国佛教最早创立的一个宗派，因创始人智顗常住浙江天台山而得名。其教义主要依据《妙法莲华经》，故亦也称法华宗。该宗的主要思想是实相和止观，以实相阐明理论，用止观指导实修。提出的理论包括"一念三千"，"一心三观"等。此宗理论体系完备，对以后成立的各宗派多有影响。9 世纪初，此宗传到日本。祖庭国清寺（浙江）。

4. 华严宗

始于隋代杜顺，因以《华严经》为主要经典而得名，又因实际创始人法藏号贤首，也称贤首宗。该宗以发挥"法界缘起"的思想为宗旨，又称法界宗。主要教理为法界缘起说。认为宇宙万法、有为无为、色心缘起时，互相依持，相即相入，圆融无碍，并提出四法界、六相、十玄等法门。祖庭华严寺（西安）。

5. 禅宗

"禅"是静中思虑的意思，一般叫禅定。禅宗是 6 世纪初由印度的菩提达摩在中国嵩山少林寺创立的，以主张用禅定概括佛教的全部修习而得名，又称佛心宗。菩提达摩，下传慧可、僧璨、道信，至五祖弘忍，以下分为南宗惠能，北宗神秀。禅宗主张"心性本净，佛性本有，见性成佛"，提出了二入四行的理论。二入指理入和行入，四行指报怨行、随缘行、无所求行与称法行。其主要经典是《楞伽经》、《金刚经》、《六祖坛经》。随着禅宗的传播和发展，其内部又分成（五家七宗）：沩仰宗、临济宗、曹洞宗、云门宗、法眼宗，临济宗后来又形成黄龙派、杨岐派两派。禅宗在中国佛教各宗派中流传时间最长，至今仍绵延不绝。祖庭少林寺（河南）。

6. 净土宗

由唐代善导创立，以念"阿弥陀佛"名号，求往生西方极乐净土为宗旨而得名。因其始祖慧远曾在庐山建立莲社提倡往生净土，故又称莲宗。主要经典包括《无量寿经》、《观无量寿经》、《阿弥陀经》和世亲的《往生论》，称三经一论。该宗由于修行方法简便易行，所以广泛流行于汉地，汉传佛教其他宗派往往也兼修净土法门。公元 847 年，日僧圆仁入唐求法，把净土法门传入日本，形成日本的净土真宗。祖庭玄中寺（山西）。

7. 律宗

由唐代道宣创立，主要是学习和研究戒律而得名。以《四分律》为依据，规定了受戒、说戒、安居以及衣食坐卧的标准。至今中国僧尼出家受戒和日常生活，均按这一派行事，律宗因而通于各宗。唐代时由鉴真传入日本。初祖为道宣。祖庭大明寺（扬州）。

8. 密宗

是印度的善无畏、金刚智、不空等创立，在8世纪时传入中国。以密教经典《大日经》、《金刚顶经》为依据而得名。据说这两部佛经是释迦牟尼对自己亲属传授的秘密真言，所以又称“真言宗”。密宗在唐代盛行一时，后来逐渐衰落。也被传入日本。祖庭大兴善寺（西安）。

现在中国佛教流传最普遍的是禅宗，其次是净土宗，其他宗派已是似有若无了。

佛教漫谈（二）

——话说禅宗

一、禅宗的起源

据禅宗重要典籍《五灯会元》里说，释迦牟尼佛一次在灵山会上说法时，拿起大梵天王敬献的金色波罗花示众，与会大众皆默然没有反应，唯独大弟子摩珂迦叶破颜微笑，只有他理解了佛的暗示。于是佛对他说："吾有正法眼藏，涅盘妙心，实相无相，微妙法门，不立文字，教外别传，付嘱摩诃迦叶。"

摩珂迦叶就成为印度禅的始祖。代代相传至我们中国人都非常熟悉的菩提达摩，他在印度是第二十八祖。

菩提达摩于我国南朝梁武帝时期航海到了中国。达摩至南朝都城建业（今南京）会见梁武帝。武帝是极其虔诚的佛教徒，两人见面谈不拢，达摩遂"一苇渡江"，北上北魏都城洛阳，后久住嵩山少林寺，有"面壁九年"的著名故事。

达摩为中国禅宗的始祖，故中国的禅宗又称"达摩宗"，达摩被尊称为"达摩老祖"。

"禅"是"禅那"（梵文音译）的简称，意为"静虑"、"思维修"。本来是指一种精神集中，是指一种有层次的冥想。在中国，以历代祖师所了解的，那是指对本体的一种领悟，或是指对“自性”的一种参证。日本著名佛教学者铃木大拙说：“禅师的最明显的特质是在于强调内心的自证。”

铃木说的“内心的自证”是什么意思？依禅宗“言语道断，文字道断”及“动念即乖”、“一道即错”的说法，禅的真谛是无法说明白的。说到这里，想起一个小故事：一个年轻和尚慕某位禅师的盛名去拜见这位高僧。禅师问：“你干什么来了？”年轻和尚答：“向您求法。”禅师一声不答起身就走，到门口站住回头说：“我去小解，你瞧，就这么点小事也得我自己去。”禅师用这个行动告诉新来的和尚：连小解这点小事都要靠自己，更何况了脱生死的大事！真正的佛法要靠自己努力修行去求“内心的自证”，我帮不了你的忙，佛祖来了也帮不了你的忙。这是最精彩的启示。俗语“师傅领进门，修行在个人”即起源于禅宗思想。

二、中 国 禅

中国禅为菩提达摩（南北朝时期南天竺人）创立。他的嗣法弟子是慧可，是为二祖，慧可传僧璨（三祖），僧璨传道信（四祖），道信传弘忍（五祖）。弘忍立东山法门，名重一时。弟子神秀、惠能二人分立北宗渐悟法门与南宗顿悟法门。惠能得五祖弘忍传授衣钵，继承东山法门，世称禅宗六祖。唐中宗追谥慧能为“大鉴禅师”。他著有《六祖坛经》流传于世，是中国历史上有重大影响的佛教高僧。有人把代表中国传统文化的先哲孔子、老子和惠能，并列为“东方三圣人”。

惠能即慧能（公元638—713年），俗姓卢，祖籍河北燕山人（今涿州），其父做官到广东，因此他出生在广东省新兴县。慧能家境贫寒，三岁丧父。稍长，卖柴养母。因听人诵读《金刚经》有悟，决心出家学佛。

慧能于公元662年到湖北黄梅参拜弘忍大师。五祖弘忍说，你从岭南来，“岭南是獦獠，獦獠没有佛性”。惠能大师即刻反驳说：“人有南北，佛性哪里有南北呢？”慧能出语不凡，弘忍暗暗称奇，遂命他当一名火头僧，随众劳动，在碓房舂米。

在慧能入寺8个月之后，弘忍要选择“接班人”，命门下弟子各呈上一首偈语，实际上是一场考试，他要通过这种方法选择法嗣。大弟子神秀写下一偈："身是菩提树，心如明镜台，时时勤拂拭，莫使有尘埃。"慧能闻声来到廊下，他要求也做一偈，得到许可，于是他高声念道："菩提本无树，明镜亦非台，本来无一物，何处惹尘埃。"慧能的这首偈子表明他已明心见性，弘忍心下决定把衣钵传给他。

弘忍为慧能夜讲《金刚经》，讲到"应无所住而生其心"这句时，慧能豁然开朗，向弘忍说："何期自性，本自清净；何期自性，本不生灭；何期自性，本自具足；何期自性，本无动摇；何期自性，能生万法。"这个"自性"就是"人心本有的佛性"，慧能的全部学说即是以这个"自性"为起点。

"无所住而生其心"，即是"三学"中的"定、慧"。"无所住"指"定"，"生其心"即"慧"。慧能从"无所住而生其心"的经文中，悟出了"定、慧"的微旨。禅宗的一切思想，都从此义引申扩充而来。

《六祖坛经》里讲：

我心自有佛，自佛是真佛。
自若无佛心，何处求真佛。

这首偈语有三层含义：一是指是心即有佛性，这是"成佛"的基础。二是指心中有"佛"才可能"成佛"。这是"成佛"的前提。三是"无心是佛"，"无心"即无相、无执、无念、心佛众生三无差别，这是"成佛"的结果（圆满）。

弘忍正式传惠能衣钵后，为他的安全着想，亲自送他到江州渡口。几天之后庙上的和尚们知道惠能带走了衣钵，便有数百人前往南方追杀慧能，欲夺取衣钵。慧能险些被杀，后终于逃脱。

慧能回到广东后，在四会一带的猎人中藏匿了15年，直到唐高宗仪凤元年（公元676年）才公开露面。

是年正月初八，慧能来到广州法性寺（今名光孝寺）。一天，风扬起寺庙的旗幡，两个和尚在争论到底是"风动"还是"幡动"。慧能说："既非风动，亦非幡动，仁者心动耳。"他语出惊人，引起和尚们的关注。

印宗法师为慧能剃度，后又召集高僧名师为慧能举行了隆重的受戒仪式。次年春，慧能离开法性寺，北上韶州南华寺开山传法。

在南华寺，六祖慧能传教说法长达37年之久。

韶州刺史韦璩曾邀请慧能到韶州开元寺（后更名为大梵寺）讲经，其言行被弟子法海汇编成书，这就是被奉为禅宗第一经典的《六祖大师法宝坛经》，简称《六祖坛经》或《坛经》。

唐玄宗先天二年（公元713年），慧能圆寂于家乡新兴县的国恩寺，享年76岁。次年六祖真身迁回曹溪，现在还在，供奉在韶关南华寺祖殿之中。

女皇武则天、唐宪宗、宋太宗、宋仁宗都曾为慧能加谥，最后宋神宗再加谥为“大鉴真空普觉圆明禅师”。王维、柳宗元、刘禹锡等文学大家都先后为慧能撰写过长篇碑文，以记述他的事迹。

慧能的嗣法弟子有行思、怀让、神会、玄觉、慧忠、法海等40余人。

慧能的禅宗理论核心是：心性本净，佛性本有，见性成佛。

慧能继承这一学说，在《六祖坛经》里主张舍离文字义解，直达心源。他认为“于自性中，万法皆见；一切法自在性，名为清净法身”。

大梅禅师问如何是佛时，慧能的著名的再传弟子马祖道一回答：“即心是佛”，可谓一语中的。

禅宗在中国佛教各宗派中流传时间最长，至今仍延绵不绝。它在中国哲学思想上也有着重要的影响。

宋明理学的代表人物如周敦颐、朱熹、程颐、程颢、陆九渊、王守仁都从禅宗中汲取营养，接受了禅宗的影响。如果没有佛学和禅宗的影响，也许就没有宋明理学的诞生。

禅宗思想也是近代资产阶级思想家如谭嗣同、章太炎建立他们思想体系的渊源之一。

三、慧能的著名弟子及“一花开五叶”

惠能弟子中最负盛名的是南岳怀让、青原行思、菏泽神会，这三位都曾被其弟子们尊为“七祖”。怀让门下派生出“临济宗”、“沩仰宗”。行思门下派生出“曹洞宗”、“法眼宗”、“云门宗”。其中临济宗又进一步派生出黄龙、杨岐两派，统称“五家七派”。分述如下：

1. 沩仰宗

沩山灵佑及其弟子仰山慧寂创立。其修行理论继承和发扬马祖道

一、百丈怀海“理事如如”的精神，认为万物有情皆有佛性，人若明心见性，即可成佛。

2. 临济宗

临济义玄创立，因义玄住镇州（治所在今河北正定）临济院而得名。临济宗提出“三玄”（三种原则）、“三要”（三种要点）、“四料简”（四种简别）、“四照用”（四种方法）等接引学人。因其机锋峭峻，别成一家。

3. 曹洞宗

洞山良价及其弟子曹山本寂创立。其教法“五位君臣”说，从理事、体用关系上说明事理不二、体用无碍的道理。

4. 云门宗

云门文偃创立。因文偃住韶州云门山（在今广东乳源县北）光泰禅院而得名。其禅风被称为云门三句：“函盖乾坤，截断众流，随波逐浪”，以此接引学人，表现出“刚劲”的宗风。

5. 法眼宗

法眼文益创立。南唐中主李璟赐谥其为“大法眼禅师”而得名。法眼宗提出“理事不二，贵在圆融”和“不著他求，尽由心造”的主张。有人以“对病施药，相身裁缝，随其器量，扫除情解”，概括其宗风。

到宋代，临济宗中又分化出杨岐派和黄龙派。

6. 黄龙派

黄龙慧南创立，也称黄龙宗。因其住黄龙山（在今江西南昌市）而得名。法门为“道不假修，但莫污染；禅不假学，贵在息心”。

7. 杨岐派

创始人是杨岐方会，也称杨岐宗。因住杨岐山（治所在今江西萍乡市北）而得名。时人称其兼百丈怀海、黄檗希运之长，得马祖道一大机、大用。

《景德传灯录》里说：始祖达摩大师传法给二祖慧可时，曾有一偈语：

吾本来兹土，传法救迷情。
一花开五叶，结果自然成。

暗喻他的思想将会演化出五大派别。后来五个宗派的出现，仿佛验证了达摩的预言。

四、禅宗的主要思想

（一）切记“即心是佛”

禅宗认为，佛性种子深深埋在生命的基因里面，一个人还没有来到这世上，就具有了佛性。从本体上看，佛性如《心经》所说是不生不灭、不垢不净、不增不减的。

有一则出自《法华经》的故事，说一个穷人到他富有的亲戚家做客，亲戚请他吃饭，吃到一半，衙门来人叫亲戚去值班，这时穷人已喝醉了，亲戚临走前把一颗很珍贵的宝珠缝在他的衣服里。但他本人并不知道，仍然像过去那样过着流浪的生活。后来在一个偶然的机会里，他和那个富有的亲戚碰面了，亲戚对他说，我在你衣服里缝的那颗宝珠你怎么还不拿出来用？怎么还像过去那样贫困潦倒？于是穷人打开衣服一看，果然有一颗无价的珍宝。这个故事是用穷人来比喻平凡的人，而富有的亲戚则是大智大觉的佛陀世尊，宝珠就是指我们每个人都有的佛性，都有澄明的自性，不通过修行挖掘出自己本有的佛性，犹如捧着金碗讨饭吃。

在《六祖坛经》里，六祖大师对追杀他的惠明和尚开示说：“不思善，不思恶，正与么时，哪个是明上座本来面目？”这个“本来面目”非常重要，它就是“如来藏”，也就是“真如佛性”，也就是干净的、没有物欲障蔽的“本心”。

济南千佛山寺庙有一匾题“不假外求”四字，即是提醒人们：“即心是佛”，不要到自己本心以外去求佛。南宋著名禅师无门慧开有一首偈子说：

佛在灵山莫远求，灵山只在你心头；
人人有个灵山塔，好向灵山塔下修。

这首偈子即是提醒学佛的人们，要切记自己本有的佛性。

关于本心的表述，在佛教经典和禅宗语录里还有很多，比如：菩提、如来、法界、涅盘、真我、法身、真如、佛性等等，都是本心的不同说法。

（二）莫要"迷失本性"

《红楼梦》里有两句诗说："失去幽灵真境界，幻来新就臭皮囊。"这两句诗说的是大荒山那块灵石变成的贾宝玉，形象地解释了人生由于执着的原因，迷失了本有的纯净的佛性。从禅宗的说法看，形容得确实很到位。

《法华经》还有一个穷小子舍父逃走的故事。有一户人家，儿子外出丢失了，父母特别思念儿子，一边寻找一边把家迁居到另一个地方。后来父母经商有道，家里变得非常富有，而穷子仍然靠讨饭为生。有一天，穷子讨饭来到了父母家门口，父母认出了自己的儿子，请儿子进去，儿子不敢相信自己家里有那么多的财富，不敢进门，而是急忙逃走了。在这个比喻中，富有的父母就是佛，佛法有无穷无尽的宝藏，而穷子就是指人们不敢承当本有佛性而在外四处流浪的人。

人们生活中有许多幻象，让人们看不到事物的本来面目。人们晚上看月亮，我们感觉不到是云彩在飘动，反而觉得是月亮在移动；在船上不是感觉船在飞速行驶，而是觉得两边的河岸在不停往后退。这就是说由于我们受到种种物理的、内心的局限，使我们对世界的认识会产生一种幻觉、一种错误，由此生起了无明，生起了困惑。只有参禅悟道开了慧眼时，所见到的才是宇宙人生原本的真实。

（三）顿悟"五蕴皆空"

顿悟禅的基础是要证得诸法空性，就是人空、法空。人空指组成我们人身的四大五蕴，达到《心经》上讲的"照见五蕴皆空"，就会觉得自身不过是一具臭皮囊、一堆碳水化合物，这正是佛教的智慧。

《金刚经》讲：

> 一切有为法，如梦幻泡影，
> 如露亦如电，应作如是观。

这是佛教徒证得顿悟的基础。

顿悟禅另外一个重要基础是中观思想，即不二法门。

不二法门是中道哲学发展到相当高度的一个产物。不二法门非常干脆利落，一切善恶、是非、美丑、大小、得失，统统被粉碎无疑，没有任何相对意识存在的余地。

捏在一块，就是要截断人的思维之流，打破人们执着的思维，就是要通过剧烈陡峭的机锋来粉碎疑情，使人桶底脱落，明心见性。

传说苏东坡曾经作了一首偈子：

稽首天中天，毫光照大千，
八风吹不动，端坐紫金莲。

他派人送给他的朋友佛印禅师，佛印看后，即批了个“屁”字，交来人携回。东坡一见大怒，立即过江责问佛印禅师，待到船要靠岸时，看见佛印禅师已在岸上等他，笑嘻嘻地对他说：“八风吹不动，一屁过江来！”八风指的是：称、讥、毁、誉、利、衰、苦、乐八种精神刺激。东坡听了，默然无语，自叹修养不及佛印远矣。

有句禅语说“八风吹不动天边月”，明月指人们寂然不动的佛性，污垢与干净只不过是人们人为的分别而已。

19世纪日本有一位白隐禅师，他生活纯朴圣洁，在社会上享有盛名。但他从不住大庙，只生活在偏远的乡村里。不料一日，他的小庙附近的一个渔家女孩受孕，诬白隐禅师为祸首，女孩的父母怒不可遏地去找白隐理论，把他骂得猪狗不如。白隐默默地听着那对愤怒的父母的交相指责，最后只说了一句话：“是吗？”

孩子生下来之后，就交给“父亲”白隐，此时大师的名誉扫地，恶名远播，但他并不介意，只是非常细心地照顾孩子，婴儿所需的奶水及一切用品，都由他向邻居乞求而来。

一年之后，孩子的这个未婚妈妈终于忍不住良心的苛责：向父母吐露了实情，孩子的亲生父亲其实是鱼市的经理。她的父母立即将她带到白隐那儿，向禅师磕头道歉，诚心诚意请求原谅。白隐禅师并不说话，只在交回孩子的时候轻声说道：“是吗？”

当然，此后白隐禅师又恢复了旧日的声名。

苏东坡自以为开悟了，实际并没有真悟；白隐禅师一句自我表白的话都没有，真正做到了“不二”，真正做到了“八风吹不动”，这才叫真悟。

（四）追求“精神境界”

所谓“精神境界”，就是当你把迷失的生命本质找回，破除一切执着以后的精神体验。

第一，“触目菩提”的彻悟境界。一旦真正悟道开慧，见到的每一件东西都是真如佛性。“青青翠竹，尽是法身；郁郁黄花，无非般若”——这首广为人知的偈子，说的就是“触目菩提”的境界。开悟后再看自然界，一切莫不呈现着活泼的自性。苏东坡游庐山东林寺作偈语：

溪声便是广长舌，山色岂非清净身。
夜来八万四千偈，他日如何举似人？

潺潺的流水声，如同佛陀辩才无碍的广长舌，彻夜不停地宣说着微妙佛法；葱郁的青山景致，处处呈露着佛的清净法身。这是彻悟后的“法喜”境界。

第二，“水月相忘”的直觉境界。禅宗有个说法：“水无照月之心，月无映水之意，水月两忘，方可称断。”水月相忘，就是修行到了高深的境界时，就像水和月亮互相映照，很空朗，很自在，自自然然，毫无纠结。水月相忘是对《金刚经》“应无所住而生其心”的最形象的注释。慧能在《坛经》云：“我此法门，从上已来，顿渐皆立无念为宗，无相为体，无住为本。”这“三无”即是对现象世界的一切都不执着。体现“无住生心”的范型是水月相忘。心不为境转，保持心灵的空明与自由，即可产生水月相忘的审美观照。《菜根谭》里说“雁渡寒潭，雁过而潭不留影；风吹疏竹，风过而竹不留声”，也是描述这种禅境。

第三，“饥餐困眠”的日用境界。唐代高僧大珠慧海禅师是马祖道一的高足。有一位源律和尚问大珠慧海：“大师修行禅道，是否用功？”大珠回答说：“用功。”源律师进一步追问：“怎么用功？”大珠说：“饥来吃饭，困来即眠。”源律师不解地说：“人人都是如此，岂不是与大师一样用功吗？”大珠说：“不一样。”源律师又追问为什么不一样。大珠回答说：“他们吃饭时不肯吃饭，百般挑拣；睡觉时不肯睡觉，千般计较。因此，他们与我的用功不同。”

大珠禅师的“饥来吃饭，困来即眠”后来成为禅门传诵的佳话，其精髓就是保持一颗平常心。处世做事保持自然而然之心，自信之心，从容之心，恒久地领受心境安然、返璞归真之乐。明代著名理学家王守仁深受禅宗影响，也作过一首“偈子”：

饥来吃饭倦来睡，只此修行玄更玄。
说与世人浑不信，却从身外觅神仙。

这首偈子深得大珠禅师的禅意。

五、禅门宗风

禅宗五家七派，一家各有一家的宗风；历代著名禅师，也是一个人有一个人的风格。宋朝无门慧开禅师曾说：

云门胡饼赵州茶，信手拈来奉作家。
细嚼清风原有味，饱餐明月却无渣。

“云门饼”、“赵州茶”再加“临济喝”、“德山棒”是最有名的四大禅家宗风，亦即四种最有名的令学佛者开悟的方法和手段。

当代高僧星云大师说：“禅门的宗风各有风姿与深意，引导禅僧们悟道，以下四家是很有代表性的：一、赵州茶，香醇醇。二、云门饼，甜蜜蜜。三、德山棒，火辣辣。四、临济喝，情真真。”

（一）云门饼

云门宗是禅宗五家之一，以开山祖师云门文偃禅师（864—949年）而得名。

《碧岩录》记载，有僧人问云门文堰：“如何是超佛越祖之谈？”云门文堰答：“糊饼。”他以“糊饼”（胡麻所制之饼）回答，绝不容思量分别之余地，即显示超佛越祖之言，除穿衣吃饭、拉屎撒尿之外，别无他意，无如一个糊饼吃却了事。

上面这个解释比较可信，但也不是标准答案，禅宗思想生动活泼，没有绝对固定的解释。云门禅师无非是借“糊饼”之语，来打破参问者的妄想执着，而欲使其恍然有悟。谁解其中味？各解其中味。

星云大师解释说：“你到云门禅师那里去，他都供养你一块饼，管你老少贤愚，他都是一块饼。这一块饼甜蜜蜜，也是告诉你所谓道也好，禅也好，你不要只看表面，你要透彻到里面去，像他给你的饼，里面有甜蜜蜜的心意。道，也在我们的内心，那内心的证悟就是甜蜜蜜的滋味！”

（二）赵州茶

赵州禅师（778—897 年），法号从谂，是禅宗史上一位震古烁今的大师。

有一天，有两个年轻和尚来参拜赵州和尚，赵州和尚问第一个和尚，是第一次来还是第二次来，那个和尚说是第一次来，赵州和尚告诉他“吃茶去”。又问另一个和尚来过没有？他说是第二次来，赵州和尚同样告诉他“吃茶去”。当时在他身边的负责管理寺院的和尚就问赵州，第一次来的你叫他吃茶去，第二次来的还是让他吃茶去，这是什么道理？赵州和尚就叫这个和尚的名字，他回答在这里，赵州和尚说：“你也吃茶去！”

上面的这则故事，禅林中人称之为“赵州茶”，千载以来，禅僧和居士一直在思考和讨论“赵州茶”。

有人说：除了吃茶，如果你还要老赵州给你什么修行的开示和指导，那你真是笨瓜。“吃茶去！”这是绝待（绝对）的，不容思量、分别，除却一切尘劳妄想，要你真实、单纯地活着，活在当下。这是赵州和尚接引学人的善巧，在一问一答的瞬间将迷失的心唤醒。赵州和尚只一句“吃茶去”就将“生活”与“信仰”，将形而上的道与形而下的器，最超越的精神境界与最物化的日常生活，水乳交融在一起，这就是禅茶一味的真谛。何止吃茶是道，生活中的一切无不是道，无不是真实。禅心如同一盏灯把生活照亮，赋予事事物物崭新的意义。对上面的这些解释，赞成反对皆可，还是各解其中味。

星云大师解释说：“什么是道？什么是悟？一律‘吃茶去’，意思是要你不要离开生活，在生活里悟道。人离开了生活，哪里有道？何处有禅？他用吃茶表示生活里有禅，平常心里就有道，在穿衣吃饭的平常生活里才好修行。”

自唐代以来，赵州禅师的公案语录最频繁地为人们所参究，据说许多人在赵州语录的启发下明心见性，直至今天这些话在中国、日本、欧美等地仍是最流行的公案。

（三）临济喝

临济宗的宗祖临济义玄禅师，常以大声呵斥接引弟子，故世人称之“临济喝”，以彰显他独特的禅教方式。

后人评价说，临济门风峻烈，威震禅林。“有时一喝如金刚王宝剑，有时一喝如踞地金毛狮子，有时一喝如探竿影草，有时一喝不作一喝用。”

星云大师解释说：“你一见到临济禅师，他就大吼一声。这一吼，给你一个警醒，让你找到另外的世界，让你知道禅门的宗风，要用扩大的心态去认识，要用超越的性格来包容，来接受。”

后来义玄来到镇州（今河北正定），在城东南隅临济滹沱河的小院担任住持，因号临济。他在普化、克符的辅佐下，承继黄檗宗旨，直指佛之心印，令学人当下明了本心，见自本性，天下学人无不慕名而归，禅宗史上最为卓绝的临济由此开宗。

（四）德山棒

唐代德山宣鉴禅师常以“棒打”为接引学人之法，形成特殊之家风，世称德山棒。五灯会元里说德山宣鉴：“道得也三十棒，道不得也三十棒。”即不管你说对还是说错，一律打三十棒。为什么要打？

德山宣鉴未做任何解释，由诸相关的公案推测，在“以心传心，不立文字”宗旨下，不得开口言说，说也说不明白，只能以棒打警醒学人。其目的有二：一是截断学人之心识活动，使他在急遽间不假思索，得于当下见性。二是不许学人直接说出悟境，以免触犯自性不可说之忌讳。

星云大师解释说：“你去参访德山禅师的时候，他一见到你，不管三七二十一，就一棒打上来，很多人被打得莫名其妙：我犯了什么错？一棒子打得人火辣辣的。对！他就是用这一棒来告诉你，你要当下承担，你不可以用常情去追求道，你要在心里面懂得一个回转。”

简说国学

一、什么是国学

近年来的国学热之起因：

第一，改革开放30多年来，我们的社会由计划经济走向市场经济，经济上取得了巨大成就，人民生活取得了巨大的改善，国际地位日益提高。随着这些变化，中国人迫切想了解自己民族的历史，探寻自己民族所具有的独特价值的东西，关注自身文化的“主体性”，这是我们这个民族文化自信和文化自觉的一种表现。

第二，20世纪70年代日本及亚洲“四小龙”出现了经济的持续和快速增长，创造了一系列的“经济奇迹”。人们发现，这是得益于一种群体性的社会心理和社会文化，这种社会心理和社会文化的基础就是来源于以儒家伦理为核心的“东亚价值观”。如日本著名企业家涩泽荣一在他的《论语加算盘》一书中，认为自己成功的经验就是既讲精打细算赚钱之术（算盘），也讲儒家的忠恕之道（《论语》），肯定了儒家式经营之风。新加坡国立大学教授陈荣照也提出了儒教精神促进新加坡经济起飞的观点。儒家文化不仅不是实现现代化的障碍，反而可以成为动力。

第三，近代中国文化史上出现了“新儒学”这样一个学派，新中国成立前的代表人物有梁漱溟、张君劢、冯友兰、贺麟等。从20世纪50

年代到今天，儒学研究的中心转移到港台地区，代表人物有唐君毅、牟宗三、徐复观、钱穆、杜维明、成中英等。这些学者著书立说，四处讲学，在世界一些主要国家和地区有很大的影响。他们的著作于80年代以后陆陆续续在大陆出版并广为流传，大陆学者也兴起了对港台新儒学学者及其思想的研究热潮。

第四，近些年中国社会人们的生活水平大大提高，但极端个人主义、拜金主义、享乐主义、功利主义泛滥，导致道德滑坡。人们试图通过对儒家思想、传统文化、国学的重视，来呼唤社会的道德良知，呼唤正义的力量，呼唤健全的理想人格。

第五，党的十五大以来，在越来越重视文化建设的同时，越来越强调对传统文化的保护、研究和继承，这也加速了国学热的兴起。当前我们提倡以德治国、以人为本、和谐社会、道德修养，建立义利观、荣辱观等等，这些思想本身就是来源于中国传统文化，是中国传统文化中固有的内容。我们要建设中国特色社会主义，“中国特色”从何而来？当然应该从中国的传统而来，应该从传统文化中寻找“中国特色”的内容。

这些年来，许多大学纷纷成立有关国学、传统文化的研究机构，出版的有关国学的学术著作及研究文章数量也相当之大。每年都有各种形式和规模的国内国际学术研讨会。《百家讲坛》之类的讲座开办以及各类历史题材的影视上映，也渐渐唤起了社会大众了解传统历史和文化的热情。

什么是“国学”？学术界有着大同小异的种种说法。章太炎说是“一国固有之学术”，吴宓说是“中国学术的总体”，张岱年说是“中国学术的简称”，曹伯韩说是“国学的范围是指西学输入以前中国原有的全部学术”。这些说法，各有其理。

国学应该是一个国家特有的系统而专门的学问。

广义的国学应该是中华民族的学术，包括汉、满、蒙、回、藏等主要民族所探索、研究、论述的学问，也可称为“中学”，“汉学”是其中一部分，当然是最重要的部分。我们现在讨论的国学，实际是狭义的国学，主要指的是“汉学”，即汉民族从古到今，自殷商西周的史官之学、春秋战国的百家之学、汉代儒学（经学）、魏晋玄学、南北朝隋唐佛学、宋明理学、清代汉学，到近现代的中国化的马克思主义、新儒学，等等。

如果分门别类，大体可以分为：经学、史学、子学、小学、佛学、理学、文学、艺术、科技、文物、典籍等。

二、国学演进之大脉络

（一）殷商和西周的史官之学

东汉史学家班固说："古之王者世有史官，君举必书，所以慎言行，昭法式也。左史记言，右史记事，事为《春秋》，言为《尚书》，帝王靡不同之。"（见《汉书艺文志》）此外，如《礼记》等古代典籍多有"左史记言，右史记事"的说法。

最迟自商代开始，我国已有了"史官"的设置，西周、东周亦皆置史官，"动则左史书之，言则右史书之"。周代的史官制度已经较为完备。

史官是当时社会文化的代表人物，在王的左右，是当时文化程度最高的人，参与祭祀之类的宗教活动及政治活动。他们世代承袭，按照一定的规范和要求记载历史。东周王室的老子、鲁国的左丘明等，都是当时的史官。

清代史学家章学诚称"六经皆史"，得到学界普遍承认。历史学家范文澜说："一切有关文化的记载，都归史官掌握，子孙世代传习，供少数贵族咨询与使用。"又说："儒家的六经，原来是周史官所藏各种历史记录。"班固曾说："道家者流，盖出于史官。"

可见对中国传统文化影响最大的两大学说——儒家学说、道家学说，都是由史官文化所升华、所凝合而成的。

（二）春秋战国的百家之学

德国哲学家雅斯贝尔斯曾经提出"轴心时代"的概念。他认为，在公元前800年至公元前200年，在古希腊、以色列、印度和中国几乎同时出现了伟大的思想家，如古希腊有苏格拉底、柏拉图，中国有老子、孔子，印度有释迦牟尼，以色列有犹太教的先知们。在这些伟大思想家影响下，形成了不同的文化传统。这些文化传统经过2000多年的发展已成为人类文化的主要精神财富。"人类一直靠轴心时代所产生的思考和创造的一切而生存，每一次新的飞跃都回顾这一问题，并被它重新燃起火焰。”雅斯贝尔斯的“轴心时代”的说法，被各国学者普遍认可。

中国的诸子百家之学正是出现在“轴心时代”，即春秋战国时代。这个时代，王权衰落，诸侯争霸，先有五霸，后有七雄，战乱频仍，生灵涂炭，然而在思想史上却是一个黄金时代。这一时期有思想的知识分子，面对现实的社会问题、人生问题等，提出了解决的办法和思想。

历史上把这一时期称为“诸子百家”或者“百家争鸣”时期。

司马迁在《史记·太史公自序》中引述其父司马谈对学术流派的见解。司马谈把先秦以来的学派归纳为六家：“阴阳家、儒、墨、名、法、道德，此务为治者也。”西汉学者刘歆作《七略》，其中《诸子略》将先秦和汉初诸子学派分为十家，即：儒、道、阴阳、法、名、墨、纵横、杂、农、小说家。班固在《汉书·艺文志》则说：“诸子十家，其可观者九家而已。”下面分别作一简述。

1. 儒家

班固在《汉书·艺文志》把儒家概括为：“游文于六艺之中，留意于仁义之际，祖述尧舜，宪章文武，宗师仲尼，以重其言，于道最为高。”儒家的主要代表人物是孔子、孟子、荀子。

在孔子的学说中，“仁”是伦理道德的总纲，朱熹谓之“全德之称”。“仁”的核心内容是“爱人”，君主要体民情、爱惜民力，反对苛政。若要实践仁德，需要“忠”和“恕”。“忠”是尽自己的本分；“恕”是推己及人。孔子还提倡以“礼”、“乐”，约束人的行为，陶冶人的性情。

在政治上，孔子主张以“礼”治国，恢复周代初年周公时代的“德治”，使整个社会达到“君君、臣臣、父父、子子”井然有序的局面。

在信仰上，孔子对殷商以来的鬼神迷信抱着“存而不论”的态度，说“敬鬼神而远之”，实际上是怀疑否定。同时，孔子主张慎终追远，敬天法祖。

孟子继孔子之后进一步倡导“义”，称扬“仁政”、“王道”，发展了孔子的“德治”思想。他以“性善说”论述“仁”。他说：“人之异于禽兽者几希?”但人性本善，具备“恻隐、羞恶、辞让、是非”之心，称为“四端”，即“仁、义、礼、智”四种德行。

荀子说：“人之性恶，其善者伪也。”他主张“性恶论”，认为人与禽兽无异，饥而欲饱，寒而欲暖，若顺从人的本性而行，必会引起纷争。他主张通过教育改变人的本性，为善去恶。荀子强调通过“礼治”维持社会秩序，使社会各阶层人士安守本分，社会便能安定。

儒家学说所倡导的“仁、义、礼、智、信”，被历代中国人信仰和尊崇，成为中国传统文化的核心价值观及道德文化的主流。

2. 道家

代表人物：老子、庄子。

老子说：“有物混成，先天地生。寂兮寥兮，独立而不改，周行而不殆，可以为天地母。”这个物，就是“道”。“道”是“老庄”学说的思想中心，是宇宙万物的本体、本源和根本规律。

道家强调顺应自然，达至“道”的最高境界。道家精神在于追求精神上的超脱，求精神逍遥，即心灵的自由。

春秋战国时期，战争不断，民生困苦，因此道家要求人们放弃逞才、逞智、逞强、逞力，回归朴素、无知的境界，以“无为”治理天下，天下才能和平安定。最终希望回复到“小国寡民”的原始状态。

道家认为，万物都有对立面，物极必反。因此，人们必须“知足寡欲”、“柔弱不争”、“顺应自然”，抛弃一切礼教的枷锁，才能避免灾祸。

3. 法家

代表人物：韩非、商鞅。

春秋战国时代，天下大乱，周王室失去统摄力量，各诸侯国富国强兵称王称霸。适应这种局面，法家否定礼教和德治，崇尚权威和苛政，主张“以法治国”，而且提出了一整套的理论和方法。这为后来建立的中央集权的秦朝提供了有效的理论依据。汉朝继承了秦朝的集权体制以及法律体制。秦汉之后，法家和儒家互为表里，相辅相成，共同成为中国2000多年封建传统社会的治国手段。

法家反对保守复古思想，主张锐意改革，提出“不法古，不循今”的主张。韩非则集法家大成，提出“时移而治不易者乱”，把守旧的儒家讽刺为守株待兔的愚蠢者。

商鞅、慎到、申不害三人分别提倡重法、重势、重术三种统治手段，韩非提出了将三者紧密结合的思想。法是指健全法制；势指的是君主的权势，要独掌军政大权；术是指的驾驭群臣、掌握政权、推行法令的策略和手段。

4. 阴阳家

代表人物：邹衍。

阴阳家利用《周易》经传的阴阳观念，提出了宇宙演化论，又把《尚书》的五行观改造为“五德终始”，即土德、木德、金德、水德、火德。阴阳家认为，宇宙万物都与五行对应，各具其德，而天道的运行、人世的变迁、王朝的更替等，则是“五德转移”的结果。其目的是为当时的社会变革进行论证。阴阳家赞成儒家仁义学说，同时强调“因阴阳之大顺”，包含若干天文、历法、气象和地理学的知识有一定的科学价值。

武帝罢百家后，阴阳家学说的部分内容融入儒家思想体系，部分内容为原始道教所吸收，作为独立学派的阴阳家便不存在了。

5. 墨家

代表人物：墨翟。

墨家曾经与儒家并称为“显学”。墨子提倡“兼爱”，主张爱不应有亲疏、上下、贵贱、等级的分别，认为天下之所以大乱，是由于人不相爱。同时又倡导“非攻”，即反对诸侯之间战争。

墨家在政治上主张“尚贤”、“尚同”，提倡选任贤才，消除阶级观念，使天下大治。墨子反对奢侈的生活，主张节俭，提出“节用”、“节葬”、“非乐”的思想。他又提出“非命”，认为命运不能主宰人的富贵贫贱，强调只要通过后天的努力就可以改变。为了求福避祸，他又主张“尊天”、“事鬼”。

以上 5 家相对重要，尤其是儒、道、法 3 家影响最为深远；以下 5 家对后世影响要小很多。

6. 名家

代表人物：公孙龙、惠施。

名家是以提倡循名责实为学说的流派，强调事物应该“名副其实”，借以令天下一切事情走上正确的轨道。

他们主要是以逻辑原理来分析事物，而辩的内容又多半是与政治实务无关的哲学问题。因此，一直被冠上一个“诡辩”的恶名。

7. 纵横家

代表人物：苏秦、张仪。

所谓“合纵”，指战国时等六国联合抗秦的外交策略。

苏秦主张合纵，合山东六国（齐、楚、燕、韩、赵、魏）之力以抗秦。张仪主张连横，说六国以事秦。当时谋士一般分属合纵、连横两派，《汉书·艺文志》列为“九流”之一。后因称凭辩才进行政治活动者为“纵横家”。

8. 杂家

代表人物：吕不韦。

严格说来，“杂家”并不是一门有意识、有传承的学派，博采众议，成为一套在思想上兼容并蓄的治国方针。其思想体现在《吕氏春秋》中。

9. 农家

代表人物：许行。

因农家书多为农业技术知识，没有哲理和学理，故能免于秦始皇之焚书。其最高理想为与民同耕，其著作多亡佚。

10. 小说家

代表人物：虞初。

这一学派的著作内容多为街谈巷语和道听途说的故事，而不为世人所重，终致湮灭。代表作是汉初成书的《虞初新志》。

（三）汉代的“经学”

“经学”是中国传统社会的最高学问。汉武帝“罢黜百家，独尊儒术”，设五经博士（诗、书、易、礼、春秋五经），以通经为选拔官员的条件，从此“经学”成了神圣的学问。

今古文经之争：“今文经学”和“古文经学”，是西汉末年形成的经学研究中的两个派别。“今文”指的是汉代通行的文字隶书，“古文”指秦始皇统一中国以前的古文字篆书。传授经典的学者，所持底本是用隶书写的，便是“今文家”；用战国时古字写的，即为“古文家”。

《汉书·艺文志》里面还有这样一段记载：“武帝末，鲁恭王（刘余）坏孔子宅，欲以广其宫，而得古文尚书及礼记、论语、孝经凡数十篇，皆古字也。”从孔子旧宅里发现的这些典籍，也被称为“古文经”。

汉武帝设五经博士时，用的是“今文经”，后来“古文经”只在民间流传。到西汉末年，大学者刘歆在皇家图书馆校对古籍，看到古文《春秋左氏传》，认为作者左丘明与孔子评价事物标准相同，并与孔子同时代，就认为《春秋左氏传》比后世口耳相传的《公羊传》、《穀梁传》更为可信，于是引《左传》解释《春秋》。

到哀帝时，刘歆大力提倡古文经学，抨击今文经学无价值，建议朝廷将古文经学立于学官，遭到诸儒博士的反对，没有成功。从此，今古文之争贯穿到东汉，持续200多年，最后古文经学日益抬头，出现了贾逵、许慎、马融等大学者，使古文经取得压倒性优势，尤其是郑玄的出现，使经今古文趋近混同，争论暂时停止。

到19世纪的清朝末年，以皮锡瑞、康有为为代表的今文经学，与以章太炎、刘师培为代表的古文经学，又形成了近代的今古文经学之争。

今古文经的区别大致有下列几点：一是今文经学以六经皆孔子所作，系托古改制之书；古文经则以六经皆史。二是今文经学家崇奉孔子，认为孔子为政治家、哲学家；古文经则崇奉周公。三是今文经学家信纬书，讲微言大义；古文经学家斥纬书荒诞，谓六经皆史，重训诂考据。

今文经学与古文经学之争，由单纯的对书籍本身的不同看法，扩大到了学术思想、学派体系、政治观念和社会地位等诸方面，几乎贯穿了整个漫长的传统社会，不仅对经学的发展产生了重要的影响，也对中国历史的发展产生了重要的影响。

（四）魏晋的玄学

中国魏晋时期，士大夫阶层对两汉时代烦琐的经学已经厌倦，于是出现了一种崇尚老庄的思潮——玄学，即研究幽深玄远问题的学说。他们注重《老子》、《庄子》和《易经》，称之为“三玄”。魏晋玄学的主要代表人物有何晏、王弼、阮籍、嵇康、向秀、郭象等。魏晋玄学是在汉代儒学衰落的基础上，由汉代道家思想、黄老之学演变发展而来的，是汉末魏初的清谈直接演化的产物。

魏晋玄学的基本特点是：一是以“三玄”为主要研究对象，并以《老子》、《庄子》注解《易经》。二是以辩证“有无”问题为中心。以何晏、王弼为代表的玄学贵无派把“无”作为世界的根本和世界统一性的基础；崇有论者裴頠则认为有是自生的，自生之物以有为体。三是以解决名教与自然的关系问题为其哲学目的。王弼用以老解儒的方法注《易经》和《论语》，把儒、道调和起来，认为名教是“末”，自然是“本”，名教是自然的必然表现，两者是本末体用的关系。郭象提出了名教即自然的理论，认为道家的自然与儒家的名教是一致的。阮籍、嵇康提出“越名教而任自然”的主张，表现出反儒的倾向。

魏晋时代是战乱频仍的时代，是政治险恶的时代，士人都有朝不保夕的感觉，所以谈玄成为在当时社会茶余饭后的主要活动，以此来暂时达到精神世界的满足，回避残酷的现实。

（五）南北朝隋唐的佛学

南北朝隋唐时期中国文化突出的特色就是佛教的传播发展直至达到鼎盛。佛教传入中国中原地区，历来均以东汉明帝派大臣张愔等使者去西域请来摄摩腾、竺法兰两位高僧以及《四十二章经》为佛法传入中国之始。两位高僧用白马驮经而来，到中国后就住在朝廷的鸿胪寺里，后来鸿胪寺改名为白马寺，这是中国内地营建的第一座寺院，传播地区以长安、洛阳为中心。东汉时，绝大部分佛经都是在洛阳白马寺翻译的。

三国、魏、西晋各朝代时，主要传播活动仍是佛典翻译。东晋南北朝时期，佛教得到了进一步发展，各阶层人普遍信仰佛教，到处建有佛塔、寺院。举世闻名的佛教石窟艺术，如敦煌、云冈、龙门等古代的雕塑、壁画，都是这一时期开始建造的工程。

这时有成就的佛经翻译家鸠摩罗什（344—413 年），所译佛典内容准确，技巧精湛，对佛教发展贡献极大。

还有西行取经最有成就的法显（337—422 年），他游历了印度、斯里兰卡等南亚 30 余国，所取回的佛典和其撰写的见闻，都成了宝贵的历史资料。

南北朝时的梁武帝笃信佛教，他在位 14 年中，4 次舍身入寺院为僧。他还亲自讲经说法，建立众多寺院，度 8 万余人出家为僧尼。杜牧的诗句“南朝四百八十寺，多少楼台烟雨中”反映了这个时期佛教的兴盛。

唐朝是中国佛教发展的鼎盛时期。据说，唐太宗李世民在平息隋末骚乱时曾得到僧兵的帮助，因此即位后下诏在全国建寺院，设译经处，培养了大批佛教高僧、学者。

这时最著名的僧人之一是玄奘（600—664 年）。他历时 19 年，长途跋涉 5 万余里，到印度取经，并写出了《大唐西域记》。唐太宗推崇玄奘为“法门之领袖”、“千古而无对”。

魏晋南北朝和隋唐时代是佛教高僧大德辈出的时代。

影响广大深远的中国佛教宗派——禅宗也在隋唐时代形成。

佛教对中国传统文化的影响极为普遍深远。

在世界观上，佛教否认有至高无上的“神”，认为事物是处在无始无终的因果网络之中，因缘相生相灭，诸行无常、盛衰无定的思想同中国固有的老庄思想暗合，对中国人的思想信念影响极为深远。

佛教对中国语言文字的影响随处可见，如我们日常流行的许多用语，如世界、如实、平等、刹那、相对、绝对等等都来自佛教语汇。还有许多具有民族特色的成语，也源于佛教，如：不二法门、聚沙成塔、味同嚼蜡、衣钵相传、五体投地、不可思议、现身说法、天花乱坠、心花怒放、功德无量等等。如果真要彻底摒弃佛教文化的话，恐怕人们连话都说不周全了。

般若和禅宗思想影响了我国许许多多的文学家，如陶渊明、王维、白居易、贾岛、苏东坡等人的诗歌。

此外，佛经中的动人故事常常成为画家的题材，曹不兴、顾恺之、阎立本、吴道子等历代名画家皆以擅长佛画而闻名于世。

音乐方面，唐代音乐吸收了天竺乐、龟兹乐、安国乐等来自佛教国家的音乐，唐代音乐至今还有少部分保存在某些佛教寺庙中。

我国古代建筑保存最多的是佛教寺塔，敦煌、云冈、龙门等石窟则作为古代雕刻美术的宝库举世闻名。

伴随佛教俱来的还有天文、医药等科学技术的传习。佛教的刻经促进了我国印刷术的发展，至今被保存下来的世界上最古的版刻印本，几乎都是佛教经书图像。

在中国历史上，其实自魏晋南北朝开始中国传统文化已不再是纯粹的儒家文化，而是儒佛道三家汇合而成的文化形态。

（六）宋明理学

宋明理学亦称“道学”，是宋、明（包括元、清）时代，占主导地位的儒家哲学思想体系。

“汉学”与“宋学”的区别在于：汉代儒家治经重名物训诂，宋明儒家治经重发挥义理，形成两种传统。

宋代理学的实际创始人为周敦颐、邵雍、张载、程颢、程颐，习惯称为“北宋五子”。

至南宋朱熹，集北宋诸家之大成，建立起一个完整的客观唯心主义体系，提出“理”先于天地而存在，是万事万物的本体本原。其为学主张是“即物而穷理”。

和朱熹同时代的陆九渊建立起主观唯心主义体系，提出“宇宙便是吾心”的命题。明代，王守仁进一步发展陆九渊的学说，认为“心外无物”、“心外无理”，断言心之“灵明”为宇宙万物的根源。为学主张是“致良知”、“知行合一”等。

两宋时代的“理学”又称“濂洛关闽”之学，分别指周敦颐（濂）、二程（洛）、张载（关）、朱熹（闽）。

广义“理学”包括“程朱理学”和“陆王心学”；狭义理学则专指程朱学派。

理学与唐以前儒学尊《五经》的一个重要不同之处是《四书》成为尊信的主要经典，价值体系和功夫体系都在《四书》。《六经》为“粗米”，《四书》为“熟饭”。

理学讨论的主要问题是：理气、心性、格物、致知、主敬、主静、涵养、知行、道心人心、天理人欲、天命之性、气质之性等。

宋明理学是对隋唐以来逐渐走向没落的儒学的一种强有力的复兴。在时间上，这场儒学运动持续到明清之际，影响直至当代；在空间上，这场儒学运动不限于儒学的故乡，还牵涉到受儒学影响的东亚诸国。

宋明理学反映了中国当时最高层次的思想家在思考和解决现实社会问题与文化问题中所生出来的哲学智慧，重振了先秦儒学的积极精神，深深影响了中国古代社会后半期的社会发展和文明走势。我们研究理学哲学智慧，可以帮助我们思索“什么是中华民族的精神”。

（七）清代的经学

明末清初，在顾炎武、黄宗羲等大学者的影响下，“朴学”在与宋明理学的对立中发展起来。朴学注重于资料的收集和证据的罗列，主张“无征不信”，以汉儒经说为宗，从语言文字训诂入手，从事审订文献、辨别真伪、校勘谬误、注疏和诠释文字、典章制度以及考证地理沿革等等，理论的阐述及发挥比较少，因而被称作“朴学”或“考据学”，成为清代学术思想的主流学派。

清代朴学认为宋明理学的“天理”、“人欲”和“心、性、气、理”之类的研究讨论，没有意义，是空谈误国，认为要通经致用首先必须读懂经书，恢复汉学，这也是儒学自身发展史上否定之否定的结果。

清代朴学的共同之处是重汉学、识文字、通训诂、精校勘、善考证。

整个清代学术，依据其治学取向、宗旨、对象等不同，可粗略分为如下四个学派：

第一，以惠栋为代表的“吴派”，有江声、钱大昕、王鸣盛等一大批著名学者。

第二，以戴震为代表的“皖派”，有段玉裁、王念孙、王引之等一大批著名学者。朴学的成熟与鼎盛期在清乾隆、嘉庆年间，因而“皖派”又被称为“乾嘉学派”，其影响力一直延续至当代。

第三，由黄宗羲开创的“浙东学派”。这是以黄宗羲、万斯同、全祖望、章学诚、邵晋涵等为代表的史学派别。他们倡导注重研究史料和通经致用的风气。在清代浙东学派博大宏富的学术思想中，“浙东学派”史学的成就最著。

第四，由庄存与开创的“常州学派”。这个学派的重要人物有刘逢禄、魏源、龚自珍、康有为、梁启超等。这是清代的今文经学派，他们大胆怀疑和否定古文经学打出复兴西汉时代的“公羊学”旗号。到19世纪末，康有为著《新学伪经考》等书，否定古文经，肯定今文经为孔子为托古改制而作，反映了当时激进的知识分子变法图强的政治要求。

三、国学的基本精神

始于希腊的古代西方学问，多关注自然、探寻宇宙的本源与发展规律，追求超越现象世界的纯粹的客观的知识。始于先秦的中国古代学问，更多地关注人本身，关注生活现实，关注国家政治，形成了独特的精神。中国传统社会的国学，其基本精神可从下面这副湖南岳麓书院的长联窥见一斑：

是非审之于己，毁誉听之于人，得失安之于数，陟岳麓峰头，朗月清风，太极悠然可会；

君亲恩何以酬，民物命何以立，圣贤道何以传，登赫曦台上，衡云湘水，斯文定有攸归。

长联的作者是清代乾隆年间岳麓书院山长旷敏本。上联讲的是“内圣”，下联讲的是“外王”；或者说，上联讲的是“修身”，下联讲的是“齐家，治国，平天下”。联语表现出的积极思想信念是：一是人生的义务感，人生意义在于报效国家，先国家后自己；二是历史的责任感，为尽人生义务，不计报酬，甚至不惜牺牲性命；三是具有道德教化的使命感，关心社会道德秩序的维系和社会道德理想的追求；四是具有强烈的政治抱负，关心政治，参与政治，把政治与学术结合起来；五是具有深刻的忧患意识，关心民族的安危，国家的兴亡。可以说，这就是我们的国学的基本精神。

国学研究对当代中国人核心价值观的建立有着不可替代的价值。胡锦涛在党的十七大上郑重提出“建设中华民族共有精神家园”，又提出“建设社会主义核心价值体系”。这是今后相当长时间我国文化建设核心的核心，问题重大，意义深远，需长期研究探索。

核心价值观是指一个国家社会公认的判断是非、善恶的基本标准，一贯信仰的至高无上的理想、信念，人人遵行的道德准则和行为规范。

核心价值观至少应该具备如下几种基本性质：

（一）崇高性

所谓崇高性，就是价值信念必须建立在至高无上的信仰之上，具备一种庄严感、神圣感，对人有一种折服力。它应该是一种不言而喻的、不证自明的关于人的真理，即西方人说的“自然法”。自然法不仅是一种规则，一套法律或原则，而且是一套完整的价值体系。

中、外古代思想家都依据“自然法”来阐述自己的思想主张。许多学者都认为对中国古代的“天道”的最确切的解释就是“自然法”。

胡适认为老子的天道，就是“西洋哲学的自然法”。梁启超、李约瑟都认为中国的“天道”蕴含着丰富的“自然法”思想学说。

根据老子等人的学说，天道是规律、法则，是规范、正义。天道高于一切人的意志，人道应顺应天道。人所能做的不是以天道否定人道，而是在天道范围内光大人道。可见，天道就是自然法。

墨家的代表人物是墨子，他所说的“天志”（天的意志）或者“天法”就是“自然法”。天志的内容就是“兼相爱，交相利”，主张平等、反对等级。天志是一种普遍的道德原则，统治者必须“以天为法，动作有为，必度于天。天之所欲则为之，天之所不欲则止”。

儒家自然法思想体现在以下几个方面：一是儒家认为“天行有常，不为尧存，不为桀亡”（荀子语），这是儒家自然法的本体论基础。二是儒家推崇的三纲五常，认为它是“推天理而顺人情”，是一种永远不可改变的基本价值，这是儒家自然法的价值基础。三是儒家的自然法叫做“礼”，“夫礼，天之经也，地之义也，民之行也”。礼就是儒家心目中的道德法、永恒法和最高法。

自然法是一种被人们曾经遵循的、在历史社会生活中证明其适合人类的生存和发展，因而延续下来的普遍的正义规则。它的客观正义性，来自人类的理性选择和历史的积累，因而它是人类精神遗产的内核。

如果我们对自然法作这样唯物主义的阐释，那么，它就是“核心价值观”崇高性、庄严性、至高无上的依据。

（二）民族性

现代中国人的核心价值观必须建立于民族优良文化传统之上。我们应该通过全面的国学研究，搞清楚中华文明的特质，明白中华民族精神之所在，即弄明白什么是我们天天讲的“中国特色”，再进一步充实和丰富，形成既有传统根基又适应新的时代的核心价值观。

我们必须清楚地认识到，中华民族这样一个历史悠久、文化博大精深的民族，其核心价值信念不可能由外来文化重塑，只能在历史文化积淀的基础之上，吸纳外来文化之长，再加创新发展。

（三）恒久性

核心价值观不是应急的方针政策，它必须具备恒久的性质，在任何时代都会被承认，永远不过时。

同时，核心价值观用语必须具备简洁、清晰、深刻和思想容量大的特点，这样才能将一个民族最深厚的精神内核抽象出来，构成核心价值观，便于人们记忆、涵咏、理解和遵奉。

严复曾说：“须知中国不灭，旧法可损益。必不可叛。”我们必须充分认识国学的现代价值的重要意义即在于此。

《论语》导读

一、轴心时代的孔子与《论语》

“轴心时代”的概念是德国哲学家雅斯贝尔斯提出的，他认为，约公元前800年至公元前200年，在古希腊、以色列、印度和中国几乎同时出现了伟大的思想家，如古希腊有苏格拉底、柏拉图，中国有老子、孔子，印度有释迦牟尼，以色列有犹太教的先知们。在这些伟大思想家影响下，形成了不同的文化传统。这些文化传统经过2000多年的发展已成为人类文化的主要精神财富。“人类一直靠轴心时代所产生的思考和创造的一切而生存，每一次新的飞跃都回顾这一问题，并被它重新燃起火焰。”

孔子（公元前551—前479年）是轴心时代中国文化的首要代表人物，“孔子”二字几乎成了中国文化的代表符号。孔子学说的主要内容都记载在《论语》中。

《论语》成书于战国初年（公元前5世纪—475年），是儒家学派的经典著作之一。由孔子的弟子及其再传弟子编撰而成，以语录体和对话文体为主，记录了孔子及其弟子言行。十之八九为孔子语录。

“论”是论纂的意思，“语”是话语，经典语句。“论语”即是论纂（先师孔子的）语言。《论语》成于众手，记述者有孔子的弟子，有孔子的再传弟子，也有孔门以外的人，但以孔门弟子为主，其内容体现了孔子的政治主张、伦理思想、道德观念及教育原则等。

西汉时，传世的《论语》有如下几种：

第一，齐论（今文）。

第二，鲁论（今文）。

第三，古论（古文）（《汉书·艺文志》记载，武帝末年，鲁共王刘馀坏孔子住宅，得《古文尚书》、《礼记》、《论语》和《孝经》等数十篇）。

第四，张侯论。西汉末年安昌侯张禹（汉成帝之师）根据《鲁论》、参考《齐论》而编成定本，号《张侯论》。今传《论语》则是东汉著名学者郑玄混合《张侯论》与《鲁论》而成。

为数不少的古代典籍都有真伪的问题，但是《论语》无此问题。研究孔子需研究许多历史资料，但首要的、基本的资料是《论语》。

二、论　　语

《论语》计 20 篇——每篇以开始的二三字命篇。下面，我们就《论语》主要内容做一下初步分析。

（一）珍爱生命与重视人格

《孟子》里说春秋时代是“争野以战，杀人盈野；争城以战，杀人盈城”的时代，还说“春秋无义战”，总之，那是一个生灵涂炭的年代。

孔子在这个时代极其重视生命的意义，珍视人的价值。

1. 珍爱自然生命

在《论语》里，孔子表现出对人的自然生命的真诚的热爱与珍惜。

> 厩焚，子退朝，曰：“伤人乎?”不问马。（《乡党》）
>
> 子之所慎：齐［斋］，战，疾。（《述而》）
>
> 卫灵公问陈于孔子。孔子对曰：“俎豆之事，则尝闻之矣；军旅之事，未之学也。”明日遂行。（《卫灵公》）
>
> 子曰：“善人教民七年，亦可以即戎矣。”（《子路》）
>
> 见齐衰者，虽狎必变。见冕者与瞽者，虽亵必以貌。凶服者式之。（《乡党》）

子食于有丧者之侧，未尝饱也。（《述而》）

春秋战国时代，圣贤们实现了对殷商以来原始文化的突破，产生了终极关怀的觉醒，开始了对生命本源和价值的终极思考，寻求人类精神生活的最高寄托。孔子就是典型代表。

从上面的六则记述，我们可以看出，孔子完全是以理智的方法、道德的方式思考和对待人生的。他重视人生，同情、尊重弱者，反对战争。这和《老子》里曾说的“圣人不仁，以百姓为刍狗”，态度完全不同。

2. 重视内蕴人格

孔子热爱人的自然生命，更重视人的精神价值，并认为精神价值才是生命的本质所在。

子贡问政。子曰：“足食，足兵，民信之矣。”子贡曰：“必不得已而去，于斯三者何先？”曰：“去兵。”子贡曰：“必不得已而去，于斯二者何先？”曰：“去食；自古皆有死；民无信不立。”（《颜渊》）

子夏问孝。子曰：“色难。有事，弟子服气劳；有酒食，先生馔，曾是以为孝乎？”（《为政》）

子曰：“居上不宽，为礼不敬，临丧不哀，吾何以观之哉？”（《八佾》）

师冕见。及阶，子曰：“阶也！”及席，子曰：“席也！”皆坐，子告之曰：“某在斯！某在斯！”师冕出，子张问曰：“与师言之道与？”子曰：“然，固相师之道也。”（《卫灵公》）

“民无信不立”是孔子的名言，汉代的董仲舒把这个“信”和孟子的“四端”并列，成为“五常”（仁义礼智信），2000 多年来一直是中国人的核心价值信念。

人不仅应该有生存权，而且还应该有被尊重的权利，从孔子对师冕（盲人乐师名冕）的尊重，我们可以窥见孔子的人权观念。

精神价值表现为健全的人格；健全的人格是精神价值的实现。在《论语》里，孔子提出：仁、礼、智、勇、孝、悌、忠、恕、恭、宽、信、敏、慧等数十种品格，代表了生命价值的不同侧面。

孔子重视精神价值，但不否定对物质财富的合理追求。

子曰："富而可求也，虽执鞭之士，吾亦为之。如不可求，从吾所好。"（《述而》）

但当"利"与"义"发生冲突时，他毫不犹豫地取后者，弃前者。

子曰："士志于道，而耻恶衣恶食者，未足与议也。"（《里仁》）

子曰："君子谋道不谋食；耕也，馁在其中矣；学也，禄在其中矣。君子忧道不忧贫。"（《卫灵公》）

"道"，在儒家哲学中就是本体、本源、真理和规律，是儒家世界观、人生观、思想体系、政治主张的代名词。"朝闻道，夕死可矣！"（《里仁》）是孔子的名言，表现了孔子真理至上的理性主义精神。

"君子喻于义，小人喻于利。"（《里仁》）也是儒家思想的重要命题。"义者，宜也"（《中庸》），即"适宜"、"恰当"的意思，后来则代指人类社会活动和人际关系中应当遵循的最高原则和最高道德；利，是指能满足人类生活需要的利益和功利。义利问题是人类生活经常面对的一个重要问题，如何处理好两者关系，对当代社会依然有着十分重要的意义。

《宋史·列传·道学》记载二程（程颢、程颐）到周敦颐处受业——"敦颐每令寻孔、颜乐处，所乐何事？"这个问题后来成为道学讨论的一个重要话题。"孔颜乐处"指的是《论语》里如下三条记述：

孔子说："饭疏食饮水，曲肱而枕之，乐亦在其中矣。不义而富且贵，于我如浮云。"（《述而》）

叶公问孔子于子路，子路不对。子曰："女奚不曰，其为人也，发愤忘食，乐以忘忧，不知老之将至云尔。"（《述而》）

孔子曾热情地夸奖颜回："一箪食，一瓢饮，在陋巷，人不堪其忧，回也不改其乐。贤哉回也。"（《雍也》）

孔子和他的第一号高足颜回，虽然在贫穷的环境中而仍“不改其乐”。他们所乐的究竟是什么呢？周敦颐教程氏兄弟“寻孔颜乐处，所乐何事”，就是明确地提出这个问题。后来程颢用一首诗《秋日偶成》回答了这个问题：

闲来无事不从容，睡觉东窗日已红；
万物静观皆自得，四时佳兴与人同。
道通天地有形外，思入风云变态中；
富贵不淫贫贱乐，男儿到此是豪雄。

“富贵不淫贫贱乐”就是指儒家知识分子自认为达到人格完善的境界之后的那种充实、宁静、从容、愉悦的精神状态，那种安贫乐道、达观自信、乐天知命的人生态度。

（二）仁礼学说架构

仁和礼是孔子思想体系里的两个重要的概念范畴，是孔子的重要文化贡献，中国文化发展的所有丰富性特征都可以从这里找到根源。

仁，是儒家伦理哲学的中心范畴，是最高的道德准则。

在《论语》（12000字）一书中，“仁”字出现达109次之多。

“仁”用朱熹说法，是“全德之称”，在孔子思想体系中居于首要的地位。

“仁”的概念出现在宗法社会，因此它以血缘关系为起点：

孝悌也者，其为人之本欤？（《雍也》）
仁者人也，亲亲为大。（《中庸》）

用忠恕之道，将血缘关系推广到社会人群，即是“爱人”。

樊迟问仁，子曰：“爱人”。（《颜渊》）

仲弓问“仁”。子曰：“出门如见大宾；使民如承大祭；己所不欲，勿施于人；在邦无怨，在家无怨。”仲弓曰：“雍虽不敏，请事

斯语矣！”（《颜渊》）

夫仁者，己欲立而立人，己欲达而达人。（《雍也》）

仁，是内在的心理感情，是自觉的道德意识。

为仁由己，而由仁乎哉？（《颜渊》）

我欲仁，斯人至矣。（《述而》）

由仁演化出的政治思想，必然表现出重民的倾向，主张宽惠仁爱，反对暴政虐民。

子谓子产，“有君子之道四焉：其行己也恭，其事上也敬，其养民也惠，其使民也义。”（《公冶长》）

子贡曰：“如有博施于民而能济众，何如？可谓仁乎？”子曰：“何事于仁！必也圣乎！尧舜其犹病诸！（《雍也》）

后来，孟子的王道、德政思想也由此衍化出来。

礼，既是一套维持正常社会伦理秩序的制度，又是一个儒者应该具备的文雅气质和行为规范。同时，礼还是表达意义世界的种种仪式。

无论是作为制度和行为规范的礼，还是作为仪式的礼，其价值和意义在《论语》一书中有多处论及。如：

齐景公问政于孔子。孔子对曰：“君君、臣臣、父父、子子。”公曰：“善哉！信如君不君、臣不臣、父不父、子不子，虽有粟，吾得而食诸？”（《颜渊第十二》）

这里的“君君、臣臣、父父、子子”便是一套作为社会正常伦理秩序的礼，相当于一套约定俗成的习惯法。

子曰：“君子博学于文，约之以礼，亦可以弗畔矣夫！”（《颜渊第十二》）

这里的“礼”则是作为行为规范的礼，它是一个君子所要遵守的准则。

作为仪式的礼，在《论语》一书中更是随处可见。如：

林放问礼之本。子曰：“大哉问！礼，与其奢也，宁俭；丧，与其易也，宁戚。”（《八佾》）

朱熹在解释《论语》中“礼之用，和为贵”时说：“礼者，天理之节文，人事之仪则也……盖礼之为体虽严，而皆出于自然之理。”也就是说，宇宙的法则，天理的流行规定了礼的产生。

通过长期恭敬的执礼，使个人的行为符合礼的要求，久而久之影响其内在的气质精神，最终达到合中庸之道的文质彬彬之境界。所以孔子说：“不学礼，无以立。”

在某种意义上，我们可以称礼为习惯法，它规范而且维系着君君、臣臣、父父、子子的秩序。

在《论语》一书中，礼既显示出规范社会秩序的社会功能，同时，也体现出对于提高个人的修养的重要意义。

孔子的仁礼相成思想认为，仁是礼的内在根据，仁心外化而成礼，礼是仁的外化形式，这两个方面相辅相成，恰成辩证的统一关系。

孔子十分重视礼，认为对一般人来说，“不学礼，无以立”（《季氏》）；对统治者来说，“上好礼，则民易使”（《宪问》），“上好礼，则民莫敢不敬”（《子路》）。因此，孔子主张“克己复礼”，要求人们“非礼勿视，非礼无听，非礼勿言，非礼勿动”（《颜渊》）。

冯友兰曾说：“孔子对于中国文化之贡献，即在一开始试将原有的制度，加以理论化，与以理论的根据。”这个论断很准确。孔子所给予原有制度的“理论的根据”不是别的，正是仁。如果说，礼是孔子归本三代、述古得来的话，那么作为礼之根本的仁，则完全是孔子敏求善思，自己体悟出来的。

（三）孔子的教育观

传统社会为孔子冠加许多头衔，首要的头衔应该是“至圣先师”，即教师或导师；现在我们可以称孔子为许多的“家”，首先应该称呼的是“教育家”。孔子是我国教育史上第一个将毕生精力贡献给教育事业的人，他对后世的教育事业产生了深远的影响。

孔子大约在30岁（公元前522年）时，开始创办私学，前后从事教育达40余年。他一生以“学而不厌，诲人不倦”的精神，从事着教育工作，孔子的价值首先在此。

孔子在教学过程中，搜集并整理出《诗》、《书》、《礼》、《乐》等古代文献作为教材，对中国古代文化的传播也起了重大的作用。

《史记·孔子世家》载孔子有“弟子盖三千焉，身通六艺者七十有二人”，这是孔子一生最伟大的成就。

作为教师或导师，孔子极为重视教育的作用。

《论语·子路》记载：“子适卫，冉有仆。子曰：‘庶矣哉。’冉有曰：‘既庶矣，又何加焉?’曰：‘富之。’曰：‘既富矣，又何加焉?’曰：‘教之。’”

从庶、富、教三者的排列上看，孔子认为治理好一个国家，一是繁殖人口增加劳动力，二是创造财富保障生存条件，三是发展教育事业培养品格完善的人。

孔子首次在历史上提出：“性相近也，习相远也。”（《阳货》）他指出人的天赋素质相近，没有先天的贵贱。孔子创办私学，实行“有教无类”的办学方针，这也是孔子教育实践和教育理论的重要组成部分。对于“有教无类”，东汉马融说：“言人所在见教，无有种类。”其本意就是：不分贵贱贫富和种族，人人都可以入学受教育。

为了实现这一原则，孔子在招收学生时表示“自行束修以上，吾未尝诲焉”（《述而》）。

只要主动奉送10条干肉作为见面礼，任何有志学习的人都可以成为他的弟子。

孔子的弟子来自各个诸侯国，有齐、鲁、宋、卫、秦、晋、陈、蔡、吴、楚等国，出身成分也非常复杂。穷居陋巷、箪食瓢饮的颜回是他第一得意弟子，其余有名的弟子如子路、曾参、原宪、仲弓都是出身下层的穷苦人。当然也有乘肥马衣轻裘的富商子贡，还有少数出身于贵族的孟懿子、南宫敬叔和司马牛等。统计起来，出身底层的居多，真正做到了“有教无类”。

孔子教育的基本目的是非常明确的，那就是培养“志道”和“弘道”的君子。这和当代的“博雅教育”有相通之处，都体现了一种使人性臻于完善的教育理想，培养一种身心全面发展的、理想的人格。

孔子一生以“朝闻道，夕死可矣”的精神追求道。他说：“人能弘道、非道弘人”，“笃信好学，守死善道”。“志士仁人，无求生以害人，有杀身以成仁。”勤奋好学，颇得孔子真传的曾参也说：“士不可以不弘毅，任重而道远。仁以为己任，不亦重乎？死而后已，不亦远乎！”

可见，孔子的教育目的已经转化为学生的学习目的。

孔子著名弟子子夏曾说“学而优则仕”，这句话说出了孔子教育目的另一个重要方面。“学而优则仕”，只有“优”才有资格“仕”，这话过去没少被批判，细想非常荒谬，难道“学而劣则仕”才对吗？

孔子鼓励学生们说：“不患无位，患所以立。”他指出关键问题在于学好做官所需要的知识本领。

《论语》里说：“子以四教：文、行、忠、信。”即以文学、品行、忠诚和信实四个方面教育学生。这里的“文”或“文学”指的是当时的“文献之学”。

孔子的教学特点，首先，是“因材施教”。

孔子是我国教育史上最早“因材施教”的实践者。朱熹的《论语集注》里说：“孔子教人，各因其材。”

孔子通常通过日常谈话和细心观察了解学生的不同特点。如《论语》里有如下一段记述：“子曰：‘道不行，乘桴浮于海。从我者，其由与？’子路闻之喜。子曰：‘由也好勇过我，无所取材。’”子路勇敢直率，听了孔子的话喜形于色，孔子就说：子路比我还要争强好胜，这是不足取的呀。《论语》里还有一段：子曰：“视其所以，观其所由，察其所安，人焉廋哉？人焉廋哉？”就是要注意人的所作所为，观看他所走的道路，考察他的感情倾向，这就可以把一个人的思想面貌了解透彻，怎么可能藏得住呢？了解其特点之后，就可以进行有针对性的教育了。

其次，是“学思结合”。

孔子说：“我非生而知之者，好古，敏以求知者也。”“学而知之”，学是求知的唯一手段，知是由勤苦学习而得到的。孔子重视学，同样也重视独立思考，思学结合。他在论述学与思的关系时说：“学而不思则罔，思而不学则殆。”这是千古不变的真理。

孔子说："吾尝终日不食，终夜不寝，以思，无益，不如学也。"

孔子还强调学习知识要"学以致用"，要将学到的知识运用于社会实践之中。"君子欲讷其言而敏于行"，应当更重视行动。

再次，孔子讲学重视启发诱导、举一反三。

孔子说："不愤不启，不悱不发，举一隅，不以三隅反，则不复也。"朱熹对这段话的解释是："愤者，心求通而未得之状也；悱者，口欲言而未能之貌也。启，谓开其意；发，谓达其辞。"

孔子的启发是在学生思考的基础上进行的，启发之后，应让学生再思考，获得进一步的领会。

孔子为教师树立了典范，被后世尊为"至圣先师"、"万世师表"。他所体现的"学而不厌，诲人不倦"的教学精神，已成为中国教育的优良传统。

(四) 孔子的天命观

夏、商、周时代巫术盛行，对"天命鬼神"的信仰极其普遍，到春秋时代，虽然人们的理性开始觉醒，但大多数人依然保持着这种迷信。作为教育家的孔子，不可能不论及这个问题。

在《论语》中，"天命"一词曾在两处出现：

> 子曰："吾十有五而志于学，三十而立，四十而不惑，五十而知天命，六十而耳顺，七十而从心所欲，不逾矩。"(《为政》)
>
> 君子有三畏：畏天命，畏大人，畏圣人言。(《雍也》)

"天命"的意思就是"上天的意志"。"天"，可以解释成人格神的上帝，也可以解释成存在于天地间统管一切的必然规律。孔子没有对"天"作任何玄虚的解释，但在他的信念中却有"天"的存在，他强调尊天法天。他"务民之义"，重视"人"，言"天"，终不离"人"，把"天命"和"大人"、"圣人"并列就透露出这种消息。这种"尊天重人"的天命观，成为后世士人安身立命的根本。

> 夫子之言性与天道，不可得而闻也。(《公冶长》)
>
> 六合之外，存而不论。(《庄子》)

孔子之所以不言天道，是因为在他看来，“未能侍人，焉能侍鬼”，“未知生，焉知死”（《先进》）。孔子对差不多同时代的子产的“天道远，人道迩”思想是认同的，“天道”玄虚而“人道”现实，因此，他处处以人为本，关注人事，立足人事。这种态度，逐渐淡化人格化的天帝的信念，将其改造为一种可推断“义理之天”，把天命理解为一种当然之责任。

孔子重视祭祀，是为了现实人的情感需要与心理安慰。

> 祭如在，祭神如神在。（《八佾》）

孔子天命观的这种现实性品格，是一种高超的处事智慧。

> 不知命，无以为君子也；不知礼，无以立也。（《尧曰》）
> 死生有命，富贵在天。（《颜渊》）

通过长久的观察和思考，孔子认识到死生、贵贱这类属于“命运”的事不以人的意志为转移，既不能预知，也无法防范，人必须认清这一点，这就是“知命”。“知礼”，就是按照习惯法规规矩矩做人，这就是“敬德”，就可以在社会上安身立命。“敬畏天命”、“贵知天命”在孔子思想学说中都是积极的。

人，在孔子思想中是独立的个体，有其独立的尊严，他把人同鬼神剥离开，强调人的主体性：

> 发愤忘食，乐以忘忧，不知老之将至。（《述而》）
> 不怨天，不尤人。（《宪问》）

孔子的人生态度充满了积极主动、乐观向上的精神，即使知其不可，仍努力为之。

孔子的天命观，就是一种尊天重人的“天人合一”论。它深入中国人心，使中华民族积累了丰厚的人文底蕴，成为强大的传统力量影响后世。

三、介绍《论语》的三种版本

《论语集注》————朱　熹————（宋学）
《论语正义》————刘宝楠————（汉学）
《论语译注》————杨伯峻————（汉学）

近代儒者钱穆先生于30年前在台湾的一次演说中讲道："照理说，一个民族实在总该有一本两本人人共同必读的书。"他说，西方人有一本《新约》，回教民族亦有一本《可兰经》，"我们中华民族9亿人口，如果没有一本两本大家共同必读的书，这对民族国家的前途相当严重"。

对钱穆先生的上述见识，我认同之余，还表示钦佩。我们提出要构建社会主义核心价值体系，这个体系的根必须深深扎在民族传统文化之中，否则那个"体系"就是无根的浮萍。

如果是这样，我们要不要也有一本两本人人共读的书？在中国历史上没有一本人人共读的书（因为绝大多数人不识字），但有一本所有读书人共读的书，这就是《论语》。它从汉文帝起被列为官学，以后直到近代，士人都要读它。当然，我们现在读它，自有今人的立场和视角，要加以新的阐释和新的理解，有别于2000多年传统宗法社会的理解和运用。如果真要选一本中国人共同必读的书，我认为《论语》当是首选。

对干部读书的两点建议

一

“在科学领域，要优先阅读最新的著作；在文学领域，要优先阅读最古的著作。古典文学总是不会过时的。”这话是19世纪英国作家布尔沃·利顿说的。如果不做绝对化的理解，这句话对人颇具启示意义。

科学著作要优先读最新的，道理无须解释。所以要优先阅读古典文学，是因为它们是经过历史的长期检验和淘汰而遗留下来的精华，对过去人们的精神生活产生过影响，而且仍会影响未来人们的精神生活。不读古典文学，缺少这方面的素养，思维空间就不会开阔，知识结构就显出欠缺，人格就会不够丰满，这对当代人尤其是领导干部来说不能不说是一种缺憾。

我们都非常熟悉列宁说过的一句话：“只有用人类创造的全部知识财富来丰富自己的头脑，才能成为共产主义者。”这里说的“全部知识财富”当然包含着文学这项重要财富。在这方面革命导师们早已为我们作出了榜样。保尔·拉法格在他的回忆录中说，马克思不仅熟知海涅、歌德的诗篇并在谈话经常引用，还年复一年地阅读古希腊剧作家埃斯库罗斯的作品，对莎士比亚的剧本更做了精深的研究，甚至对其中最不重要的角色都非常熟悉。毛泽东不但是个诗人，其古典文学素养恐怕也不比任何专家逊色。我们老一辈革命家中的多数人都具有很深的文学修养，留下了不少脍炙人口的好诗、好文章。我们作为后继者要继承他们的传统，良好的文化涵养也是其中的一部分。

中国古典文学体现着中国人的价值追求和审美取向，最能代表中国特色，是需要继承和发扬的传统文化的重要内容。各级干部尽可能多地掌握一些这方面的知识，受益将是多方面的。读一篇好的作品如同和古人同见同闻、同喜同悲，进行心灵沟通，从中得到一种难以言喻的精神享受——高雅的精神享受。随着阅读的增多，无形中、不觉间知识也渐渐积累起来，思维的内容也丰富起来，有利于分析判断能力的提高。同时，多多阅读古典作品会丰富个人的词汇，提高个人的文字表达水平，增强个人的语言感染力，这也是领导干部应该具备的一项重要素质。如果一位领导干部整天只知道想工作、说工作、干工作，缺少文艺趣味，没有幽默意识，说不出活泼生动的话语，那就和群众之间少了一种亲和力，人们即或不讨厌你也不会特别喜欢你。领导干部的魅力也许主要不是来自身材挺拔和衣着得体，而是来源于内在的精神文化个人素质。缺乏文化素养的领导干部，如同缺少油盐调料的食品，其价值是要打折扣的。

中国古典文学的一个大项是诗歌。也许因为孔夫子说过“诗可以兴，可以观，可以群，可以怨”以及“不学诗，无以言”等一系列的特别重视诗教的话，所以后代诗歌特别发达，历史上著名诗家代有其人，留下的诗歌遗产也最为丰富，艺术成就达到了一个又一个高峰。阅读诗词开始应该少而精，细嚼慢咽、仔细品味。如果能够全文背诵下来就更好，但至少要把精彩的句子背下来，在头脑里进行反刍，获益会更多。读诗是可以上瘾的，倘能达到这种境界就更好了。读散文名著，最好高声朗诵，读得越熟越好，精彩的句子最好也能背诵。背诵是中国古代传统教育方式（其实西方人学拉丁文也要背诵），是从长期经验中总结出的一种有效方法，不可轻易抛弃（有人将其贬为“死记硬背”，其实为自己的懒惰遮羞）。优秀的小说应该被视为形象的哲学，我们应从人物形象和故事情节背后去搜寻作者想要给人的智慧的启示。曹雪芹在《红楼梦》第一回里有“谁解其中味”的慨叹，我们读小说就是要辨清曹雪芹说的那个“味”。至于古典戏曲，其情节有类小说，其曲文有类诗词，阅读方法同上面讲的道理都有共性。

关掉电视，阅读名著，它会开启你的智慧之门——美国一位作家这样说。是否如此，我们不妨一试。

二

一位多年不见的朋友来访，畅叙半日，临别时突然觉得应该送他点什么纪念品，可仓促之间琢磨不定送点什么合适。这时一眼瞥见书架上的一部八卷本的《纲鉴易知录》，于是上前取下来，写上几个字，用报纸包起来递给他。他很高兴地接过去，并微微一鞠躬："我一定认真读。"这位朋友是中央党校20年前开办的研究班的学员，好学深思，是班上的尖子。那时我到研究班讲课，与他成为朋友，所以也沾上一点"师生之谊"。过后我想，这件仓促决定的纪念品对他来说是再合适不过了。我记得那部书是1981年在中国书店花10元钱买的，对于当时工资不足百元的我，花10元钱买礼送人还是说得过去的；可是今天把同等价值的东西和"礼品"联系起来，也许会令人觉得太寒碜了。尽管如此，我还是为我的菲薄的礼品感到十分得意。这位朋友已是局级干部，想来在物质生活方面不会存在匮乏的问题；但是包括他在内的我们所有的人，有谁敢说在精神生活方面、在知识和学问上已经饱和、不存在匮乏的问题了？这部书可以提示他经常充实历史知识，从而强化自己的判断能力，这对一个领导干部来说不是可有可无的。

在建设中国特色的社会主义事业中，不同岗位的领导干部依据工作的要求须具备不同方面的专业知识，但有两项知识是所有领导干部都须具备的，那就是马克思主义基本理论和一定程度的历史知识。我们说历史知识重要，是因为历史的发展具有惯性，今天的历史是昨天历史的延续，今天的历史必定带有昨天历史的痕迹，不学习历史便无从理解什么是中国特色。我们中华民族是一个历史意识极强的民族，自古以来留下了汗牛充栋的史学著作（在世界上独一无二）便足以说明我们的先人对历史的重视。宋代留下来的史学巨著《资治通鉴》，书名就是治国者要以历史为鉴戒之意。英国哲学家弗朗西斯·培根在他著名的《论学问》一文中指出："史鉴使人明智"，也是说历史的经验教训可以启迪人们的智慧，使之在纷纭复杂的社会现象面前保持冷静的头脑，以史为鉴作正确判断，避免一些可以避免的错误。

《文心雕龙》的《神思》篇里有这样一句话："寂然凝虑，思接千载；悄焉动容，视通万里。"这句话是说人的思维和想象不受时间和空间的限制，聚精会神地深入思考，思想可以立刻和千载以上的历史接通；不知不觉之间表情一变，眼睛仿佛已经看到万里以外的某些境况。但这是有前提的："思接千载"，需要知道千载以上有过哪些历史事件，出现过什么样的历史人物，历史发展的前因后果及其对后世的影响。这就需要学习历史。同样，"视通万里"也需学习地理甚至旅行考察。《神思》篇讲的是构思文章时的精神活动，领导干部要经常进行类似的精神活动，写文章、讲演、向上汇报、向下指示，无不需要构思和联想，在这时历史知识几乎是不可或缺的。知识丰富意味着精神丰富和语汇丰富，可使人思维活跃、见解深刻、语言雄辩，而这些素养恰恰是构成一位领导干部人格魅力的重要因素。

马克思和恩格斯在《德意志意识形态》中说："我们仅仅知道一门唯一的科学，即历史科学。"马恩学识的博雅是举世共知的，后世无论信仰马克思主义的人还是反对马克思主义的人在一点上都具有共识。列宁曾评价马克思："凡是人类社会所创造的一切，他都用批判的态度加以审查，任何一点也没有忽略过去。"由此看来马恩的学识几乎涉及人类文明社会的一切领域，岂止是历史科学？马恩所以那么说，无非是要强调历史科学的重要，因为马克思一生的两大发现——唯物史观和剩余价值理论都是在透彻研究几千年人类文明史的基础上作出的。我们读马列主义经典著作经常会遇到一些从希腊、罗马到近代欧美的社会故事，如果没有一定的历史知识简直就不知所云。从这一方面我们也可以说，不具备相当的历史素养也就无法真正理解马克思主义。

我们的领导干部特别是中高级干部，都具备程度不同、重点不同的历史知识，但都有待进一步完善，进一步深化和进一步系统化，也就是都有进一步学习的问题。学习历史和学习其他知识一样，循序渐进是重要的。我们觉得"由中而外，由近而远，由少而多，由粗而细"的原则对于基础较弱的同志可能是比较合适的。知识积累的过程往往也是兴趣增长的过程。孔子说："知之者不如好之者，好之者不如乐之者。"学习一旦成为乐趣，事情就好办了。不过一切有用的知识不一定都是有趣味的，比如一些历史年代、朝代、地名、人名等等，常常令人觉得枯燥，这时要强迫自己"死记硬背"，如唐代始于公元 618 年、法国大革命发生于公元 1789 年，等等。有些内容可以编成韵语背诵，如把清朝 10 个皇帝的 10 个年号的头一个字编成：“顺康雍乾嘉，道咸同光宣”两句，先后顺序清楚，极容易背诵。一旦熟悉之后，再遇到清代年号便知其先后了。有人反对“死记硬背”，我则时不时地鼓励人这样做。学化学的人不熟背“元素周期表”行吗？学外语不背诵单词行吗？须知记忆能力是人的综合能力的一个组成部分。据说背诵可以强化人的记忆能力，如是这样何乐而不为呢？

漫谈《红楼梦》

一、《红楼梦》的价值

中国古典小说有所谓“四大名著”之说，说的是《三国演义》、《水浒传》、《西游记》、《红楼梦》。实际上这四部著作在价值上不是完全一样的，大家公认《红楼梦》是中国小说著作的巅峰之作。这不仅是因为《红楼梦》的艺术成就和作者才华高出另外三部著作，还因为另外三部著作在创作时都继承了唐宋以来前人的成果，并非首创；而《红楼梦》则一无依傍，完全是平地起高楼，是曹雪芹个人独出心裁的天才创作。

1.《红楼梦》具有极高的审美价值

它把小说艺术推到了极致，大雅大俗，上起学养深厚的高层学者，下迄粗识文字的家庭妇女，都有兴趣阅读《红楼梦》，都可从中获取艺术享受和满足。

2.《红楼梦》具有极高的认识价值

它真实全面地描绘了中国最后一个王朝——清王朝鼎盛时期的社会样态，被称为传统社会的“百科全书”。

恩格斯曾把巴尔扎克的《人间喜剧》当作法国 19 世纪上半叶的法国历史来读。同样，我们也可把《红楼梦》当作中国 18 世纪的中国历史来读。

例如，什么是在中国延续2000多年的皇权专制主义？什么是中国社会特有的宗法制度？典型的传统伦理道德是什么样的？200多年前人们的价值观念和价值取向是什么样的？那时的社会从贵族到平民是怎样生活的，有过什么样的风俗习惯，等等。这些问题都可通过阅读《红楼梦》得到真实形象的答案。而这些恰恰就是我们所说的“中国特色”，中国人读《红楼梦》处处感到亲切，就是因为这种民族特色从那时一直延续到今天。

3.《红楼梦》是认识中国传统文化的教科书

《红楼梦》是特定的中国传统文化的产物，具体说它有如下三个背景：

（1）3000年传统文化的大背景（从西周宗法制形成到清中叶，约是3000年）。在这漫长的历史中，起始于孔孟的儒家思想、起始于老庄的道家思想、来源于印度光大于中国的佛家思想，都得到了充分发展和演化，形成丰厚的文化积淀，这是《红楼梦》产生的文化根基。

（2）明清之际的具体文化背景。清朝入主中原后到曹雪芹在世的百多年时间里，不仅经济达到相当的繁荣，文化也呈现出蓬勃发展的趋势。到康、雍、乾时期，朝野满族的汉化已达到相当高的程度。王公大臣及宗室子弟受传统文化熏陶，无不以华夏文化的正宗继承者自命。除某些生活习惯差异之外，满汉民族之间在文化品格上已无不同。曹雪芹就是生活在这样一个特定的历史文化环境之中。

（3）曹氏家族的文化背景。曹雪芹出生于一个显贵官僚世家，其祖父曾任苏州织造、江宁织造等官职，为人风雅，喜交名士，为江南文坛领袖，主编过《全唐诗》，有《楝亭诗抄八卷》等著作传世。在这样一个具有浓厚文化氛围的家庭里，曹雪芹受到了最为良好的文化教育，成为文化奇才。

《红楼梦》就其包含的文化因子来说，堪称中华民族传统文化的总汇。传统文化的各种形式，包括诗、词、曲、赋、歌、赞、诔、偈、匾额、对联、尺牍、谜语、笑话、酒令、参禅、测字、占卜、医药，以及诗话、文评、画论、琴理，《红楼梦》中应有尽有，无所不备。

如果不是精通中国传统文化，断写不出《红楼梦》这样的作品；同样，读《红楼梦》也需要一定的传统文化知识的准备，才能理解得更多，领略其精深微妙之处。

二、《红楼梦》的作者曹雪芹

读一部名著，依照“知人论世”的古训，应该对其作者了解得越多越好。然而遗憾的是，历史留下的有关曹雪芹的史料残缺不全，仅仅是一些碎片，几乎无法勾画出一部完整的曹雪芹传略。下面只能依据现有的资料作一个蜻蜓点水式的介绍。

曹雪芹，名霑，字梦阮，号雪芹，又号芹溪、芹圃。祖籍一说是辽宁辽阳，一说是河北丰润，无定论。

远祖曹锡远，明朝时曾为沈阳中卫地方官，努尔哈赤攻陷沈阳后，沦为“包衣”（奴隶）。

高曾祖曹振彦，随清军入关，屡立战功，曾任山西吉州知州、浙江盐法道等官职。

曾祖父曹玺之妻孙氏，入宫当了康熙皇帝儿时的保姆。曹玺曾任江宁织造之职，前后共 21 年。

祖父曹寅，曾任苏州织造，后继任江宁织造、两淮巡盐御史等职。康熙 5 岁开始读书时，曹寅是其伴读，关系深厚。

康熙六次南巡，有 5 次都以曹家的江宁织造署为行宫，后 4 次是在曹寅任职期间内，可见当时曹家的显赫以及和康熙帝关系之亲密。

曹寅是当时的名士，能诗善文，兼擅词曲，又是有名的藏书家，曾主持《全唐诗》和《佩文韵府》的刊刻。

曹寅之子曹颙继任江宁织造，上任三年后病故。

曹寅胞弟曹荃之子曹頫过继给曹寅，继曹颙任江宁织造之职，曹家祖孙三代 4 人担任江宁织造之职共 60 余年。

曹雪芹一说是曹颙的遗腹子，另有一说是曹頫的儿子，无定论。

康熙死后，曹家卷入“雍正夺嫡”事件。雍正五年，曹家被抄，江南全部家产被查封。

曹家举家迁回北京，这时的曹雪芹大约 13 岁。

到乾隆初年，曹家又一次被抄家（原因不明），从此一败涂地。

曹雪芹年轻时曾在右翼宗学谋得一个差事，结识了皇族子弟敦敏、敦城，成为至交。乾隆十五年左右，曹雪芹迁居北京西郊香山一带，开始写作《红楼梦》。这时他过着“蓬牖茅椽、绳床瓦灶”，“举家食粥酒常赊”的贫困生活，写作过程亦十分艰苦。如他自己所说“字字看来皆是血，十年辛苦不寻常”，可惜没有完成稿，就因幼子夭折，感伤成疾，就在贫病交迫中搁笔长逝了。曹雪芹逝世的年份在乾隆二十七年壬午除夕（1763 年）；另有一说认为他死于乾隆二十八年癸未除夕（1764 年），享年 40 多岁（不到 50 岁）。曹雪芹死后，几位好友草草埋葬了这位伟大的天才，其坟墓不久亦湮没于荒烟蔓草之中。

关于他的形貌与风度，见于裕瑞的《枣窗闲笔》：

> “身胖，头广而色黑，善谈吐，风雅游戏，触境生春。闻其奇谈，娓娓然令人终日不倦。”

这是我们迄今能够见到的唯一的一则关于曹雪芹的极为珍贵的直接描写。

三、《红楼梦》的成书与续书

曹雪芹《红楼梦》的未完成稿题名《石头记》，定稿只有 80 回。80 回后一些稿子，不及整理便已“迷失”。这 80 回开始在为数不多的人中传阅，历 30 年之久。到了乾隆五十六年（1791 年），程伟元、高鹗第一次以活字版排印出版，已是 120 回，书名亦由《石头记》改为《红楼梦》。因此人们一般认为后 40 回是高鹗续写的。

对高鹗续写的后 40 回，至今评价不一，有肯定者，有否定者，还有褒、贬相间者。

我们以为高鹗根据《红楼梦》前 80 回的线索，把宝、黛爱情写成悲剧结局，使小说成了一部首尾齐全的文学巨著，从此在社会上产生了巨大影响。后 40 回有的篇章和段落写得很精彩生动，如黛玉之死等，这些都是应该充分肯定的。但就思想艺术总的方面说，和原著还有相当的距离。有些人物性格走了样，有些情节的处理显然背离了原著精神，如贾家“兰桂齐芳”、“家道复初”的设计等。

曹雪芹为《红楼梦》设计的是一场“乐极悲生，人非物换，到头一梦，万境归空”的大悲剧结局，在前 80 回里作者设下许多伏线，还有许多暗示和明示。

在《红楼梦》第一回里作者用极简洁的笔墨写了小乡宦甄士隐家由小康至败落过程。脂砚斋批语称其为“小荣枯”，这其实是贾家“大荣枯”的一个缩影。甄家破败造成的悲剧气氛一直笼罩全书，时刻令人感到结局的不妙。

尤其是那位跛足道人对着穷困落魄的甄士隐所唱的《好了歌》，明确点出“好便是了，了便是好”；还有甄士隐为它加的那篇注，更是形象、冷峻地描绘出“忽荣忽枯、忽丽忽朽”的权力和财产不断再分配的过程。命运无情，飘忽不定，作者的“色空”观念和“命定”思想是显然的。

第五回里那首《飞鸟各投林》的曲子说得同样明白：

> “为官的家业凋零，富贵的金银散尽，有恩的死里逃生，无情的分明报应。冤冤相报自非轻，分离聚合皆前定。欲知命短问前生，老来富贵也真侥幸。看破的遁入空门，痴迷的枉送了性命。好一似食尽鸟投林，落了个白茫茫大地真干净。”

脂砚斋的批语是“悲险之至，收尾愈觉悲惨可畏!”

了解高续和作者原意的不同，对我们准确理解《红楼梦》的思想有重要意义。

四、250 年来的《红楼梦》研究

18 世纪后半叶开始，《石头记》手抄稿在社会上流传，当时北京社会上有“开谈不讲《红楼梦》，纵读诗书也枉然”的说法。“红学”一词当初是作为调侃之语出现的，如今已成为郑重的用语。自那时迄今已 250 年过去了。200 多年来，人们在不停地琢磨《红楼梦》，不停地研究《红楼梦》，对它做了种种猜测和解读。作者当初曾感慨：“都云作者痴，谁解其中味?”实际上不同的人从不同的立场、不同的角度，以不同的审美观在“各解其中味”。对此，鲁迅先生有过这样精彩的说法：

> “《红楼梦》……单是命意，就因读者的眼光而有种种：经学家看见《易》，道学家看见淫，才子看见缠绵，革命家看见排满，流

言家看见宫闱秘事……”

——《集外集拾遗补编。(绛洞花主)小引》

《红楼梦》研究较知名的学派大体可分三大派:

(一)评点派

评点是我国的一种传统的小说评论方法,即在阅读小说时,偶有所感,便写在书中相应的地方,如写于书头、写于行间或写于回前回后等。

这类评点显得零碎,不成系统,但也有个好处,文笔自由、生动,趣味性强,和小说本文联系紧密。为《红楼梦》作评点者,统被称为“评点派”。

最早为《红楼梦》作评点的,是脂砚斋(他与畸笏叟是一人或二人,学术界有不同看法)。脂评是与《红楼梦》的创作同时进行的。脂评有以下作用:

第一,披露了此书的创作情况。

第二,披露了作者的情况。

第三,对此书的思想、艺术特点作了总结,有些评注相当精彩。

第四,披露了此书的素材来源情况。

由于有上述作用,所以脂评历来为红学界人所看重,甚至有“脂学”之称。

脂砚斋以后,尚有“护花主人”王希廉评,“太平闲人”张新之评,“大某山民”姚燮评,还有其他人的评点,如“桐花凤阁”评等等。

(二)索隐派

所谓索隐派,力求“索隐”出《红楼梦》所写的“真内容”、“真故事”。该派根据一些历史资料、野史杂记,来探究《红楼梦》素材的来源。代表人物及著作有王梦阮、沈瓶庵《红楼梦索引》,蔡孑民(元培)《石头记索隐》,邓狂言《红楼梦释真》。

书中的素材来源,是多渠道的,东拉西扯,一会儿说某个人物就是历史中的某某,在另一个地方又说这个人物是现实中的另一人,令读者堕入雾中。索隐派不懂小说是虚构的,没有虚构就没有典型,因而也就没有了小说。

（三）考证派

所谓考证，其实就是根据一些历史资料，经过综合、分析、推论，得出符合实际的、新的结论。但此处的考证派指的是一种方法，即偏重于史料的发掘、整理、推论的一种方法，并不是说“考证派”的所有结论都是符合实际的、正确的。考证派的研究重点有以下几处：

第一，关于《红楼梦》作者及其家世的研究。如《红楼梦》作者是谁？后 40 回作者是谁？曹雪芹祖籍何处？曹雪芹生卒年，等等。

第二，对《红楼梦》版本的研究，各版本间的源流、异同，以及何种版本最接近原著风貌？

第三，对脂砚斋评语的研究，又叫“脂学”。

第四，根据脂批或其他一些材料，对后 40 回“佚稿”情节的探求，又称探佚学。

第五，对《红楼梦》研究史的研究，对有关《红楼梦》资料的评价、整理、探考，对《红楼梦》中的典章制度、饮食服饰的研究，等等。

《红楼梦》考证派以胡适、俞平伯开其端，尔后周汝昌、冯其庸、吴思裕、吴世昌等人，也在考证方面作出了成绩。

20 世纪 50 年代，有过以批判俞平伯《红楼梦》研究为标志的、试图用马克思列宁主义研究《红楼梦》的尝试，但似乎并未形成派别。

近 30 年来的《红楼梦》研究，不能说没有成绩，但突破性的成果似乎还没有显露出来。

五、我看《红楼梦》

120 回（100 多万字）的一大部《红楼梦》有没有一个纲领？对此不同的人有不同看法。我则以为“第五回：游幻境指迷十二钗，饮仙醪曲演红楼梦”应该受到特别重视。在这一回里，作者通过“金陵十二钗正册”（还有“副册”、“又副册”）里的人物“判词”以及十四首“曲词”，明确预示了大观园里诸多人物的遭际和命运。知道了这些，整部《红楼梦》要说的是什么，也就可以基本明白了。《红楼梦引子》是这样唱的：

开辟鸿蒙，谁为情种？都只为风月情浓。奈何天，伤怀日，寂寥时，试遣愚衷。因此上演出这悲金悼玉的红楼梦。

在不可抗拒的命运面前，难以抑制的悲愤、惋惜、眷恋、怅惘而又无可奈何的情怀溢于言表。

始于《易经》的中国传统“否泰交替”的朴素辩证法观念，在曹雪芹的世界观中占有重要位置，也是他解释和批判社会现实的思想武器。在《红楼梦》第十三回里，作者借秦可卿临死给王熙凤托梦，说出一个重要道理：

“常言‘月满则亏，水满则溢’，又道是‘登高必跌重’。如今我们家赫赫扬扬已将百载，一日倘或乐极悲生，若应了那句‘树倒猢狲散’的俗语，岂不虚称了一世的诗书旧族了。”

她还说：“否极泰来，荣辱自古周而复始，岂人力能可常保的！”子孙不肖、后继无人，是荣宁二府的根本性悲剧。《红楼梦》写了贾家“水、代、文、玉、草”五代人，恰如冷子兴演说荣国府时说的；“一代不如一代”。第一代创业，第二代守业，第三代开始堕落，第四代无恶不作，第五代连作恶都低能了。这个传统世家、百年望族破败的命运已是无可挽回了。

相对于腐败的男性贵族生活和外部的恶浊世界，与外界隔绝的大观园倒是一块纯净的天地。作者在这里用了大量的笔墨描写了一大群不同档次、不同类型的聪慧、美丽、纯洁、善良的女孩子，描绘了她们吟诗作赋、簪花斗草的美好生活，就这个意义上可以说，《红楼梦》是一首女儿们的颂歌。但她们都是在“薄命司”里注册的人物，都没有好命运，随着大家族的破败，火炎昆岗，玉石俱焚，一齐归于毁灭，就这个意义上说，《红楼梦》又是一首女儿们的挽歌。

《红楼梦》第一回书里说《石头记》还有《情僧录》、《风月宝鉴》、《金陵十二钗》等名称。19 世纪末，上海书商还曾用过《金玉缘》的书名。后来通称的《红楼梦》，更符合原书宗旨，隐喻着“谁解其中味”的“味”，即整部小说写的就是“红楼一梦”，就是荣宁二府也是整个贵族阶级的“南柯一梦”。

《红楼梦》这个不朽的书名，即源于第五回："游幻境指迷十二钗，饮仙醪曲演红楼梦。"贾宝玉梦中进入太虚幻境遇到警幻仙姑，警幻说："今忽与尔相逢，亦非偶然。此离吾境不远，别无他物，仅有自采仙茗一盏，亲酿美酒一瓮，素练魔舞歌姬数人，新填《红楼梦》仙曲十二支，试随吾一游否？"注意，警幻仙姑招待宝玉的三样东西："仙茗一盏"——千红一窟（哭）、"美酒一瓮"——万艳同杯（悲）、《红楼梦》曲——怀金悼玉。读书读到这里，整部《红楼梦》要说的是什么也就可以基本明白了。

第五回是《红楼梦》的总纲。在这一回书里，作者通过"金陵十二钗正册"（还有"副册"、"又副册"）里的人物"判词"以及十四首"曲词"，预示了大观园里诸多人物的遭际和命运。虽然整体显得笼统模糊，但在"主吉"、"主凶"上却是明确无误的。本回书里的诗词曲赋所暗示的内容，恰恰就是大荒山无稽崖青埂峰下那块"顽石"在人世的经历。

因为曹雪芹的《红楼梦》并没有写完，这些"判词"和"曲词"对我们理解《红楼梦》就显得更其重要。例如，依据袭人的判词"堪羡优伶有福，谁知公子无缘"的说法，我们可以判断高鹗续写的后40回让袭人嫁给蒋玉菡是符合曹雪芹原意的。又如，依据香菱判词"自从两地生孤木，致使香魂返故乡"两句，我们可以断定在后40回里，夏金桂死后香菱被"扶正"，成为薛蟠的正式夫人，是违背原作者意图的。

下面我们重点分析一下第五回中的大观园群芳的判词。

金陵十二钗又副册判词二首

其　一

霁月难逢，彩云易散。心比天高，身为下贱。
风流灵巧招人怨。寿夭多因诽谤生，多情公子空牵念。

其大意是：雨后皎洁的明月难得一见，美丽的云霞也容易飘散。她的心志比天还要高远，可惜身为奴婢地位卑贱。美貌动人心灵手巧就要遭人忌恨。短命夭亡是因被人造谣诬陷。多情的公子哥儿空劳牵念。

宝玉在"薄命司"里看见的金陵十二钗正册、副册、又副册，是按照大观园内女孩们的身份、地位划分的。贵族小姐、少奶奶们的名字都在正册中，介于小姐和丫鬟间的女孩儿名字在副册中，上等丫鬟的名字在又副册中。宝玉是从又副册看起的。

这一首说的是晴雯。判词前还画着一幅画："又非人物，也无山水，不过是水墨染的满纸乌云浊雾而已。"

霁月难逢，是说像晴雯这样的好姑娘难以找到；同时"难逢"又是"难于逢时"，即命运不好的意思，一语双关。彩云易散，是预示她薄命早死。画里的"乌云浊雾"也是说她的遭遇将是一塌糊涂。

晴雯相貌美丽，心地纯洁，聪明伶俐，双手又巧，是怡红院里最拔尖的女孩子。虽是奴婢，但从不自轻自贱去巴结谁；相反她性格刚烈，疾恶如仇，有话便说，而且常常是一针见血。这就坏事了。荣府大太太邢夫人的陪房王善保家的，是个心地邪僻的奴才，就因为晴雯平日不趋奉她，便忌恨在心，乘着"绣春囊事件"阴毒地使了手脚，在王夫人面前说："太太不知道，一个宝玉屋里的晴雯，那丫头仗着她生得模样儿比别人标致些，又生了一张巧嘴，天天打扮得像个西施的样子，在人跟前能说会道，掐尖要强。一句话不投机，她就立起两个骚眼睛来骂人，妖妖趫趫大不成个体统。"这段话会在一个爱子如命的贵妇人心理上起什么作用，就可想而知了。王夫人认为是晴雯把宝玉勾引坏了，把她叫来，尖酸刻薄地辱骂一顿。当王善保家的随着凤姐螯螯蝎蝎地来到怡红院搜检她时，"晴雯挽着头发闯进来，豁啷一声将箱子掀开，两手提着底子往地下一倒，将所有之物尽都掉出来"，当场给王善保家的一个大难堪。这种宁折不弯的性格，使她想当奴才也不可得了。她在病体支离的情况下，被赶出大观园，在她那个不成器的姑舅哥哥的又破又脏的家里凄凄惨惨地死去，年仅 17 岁。

鲁迅先生说过，悲剧就是把人间美好的东西毁灭给你看。《红楼梦》把晴雯这个聪明美丽的少女写得光彩四射，楚楚动人，又把她的结局写得让人刺心搅肺，辛酸泪落，引起人们深沉的思索，这就是现实主义手笔的魅力。

其　二

枉自温柔和顺，空云似桂如兰。
堪羡优伶有福，谁知公子无缘。

这一首说的是花袭人。

宝玉看完晴雯的判词（当然没有看懂），又往下看"见后面画着一簇鲜花，一床破席”（鲜花隐“花”字，破席隐“袭”字），接下去就是这首判词。

袭人原来是贾母身边的丫头，本名珍珠。贾母担心她的爱孙宝玉身边的人不可靠，才把这个“心地纯良，克尽职任”的丫头给了宝玉。宝玉因她姓花，便依据陆游“花气袭人知骤暖”的诗句改其名为花袭人。

袭人的性格和晴雯正相反，柔顺随和，同上下左右的人关系都搞得不错，所以说她“温柔和顺”；而且长得也“柔媚娇俏”，所以又说她“似桂如兰”。她跟了宝玉后，“心中眼中只有一个宝玉”，处处体贴，时时关切，无微不至，成了宝玉身边第一号得意的人。如果说晴雯和宝玉的关系还只是一种亲密的友谊，那么袭人同宝玉一开始就有了性爱的成分。她认为贾母已将自己给了宝玉，所以偷着和宝玉发生了关系。后来黛玉和她开玩笑，称她为“嫂嫂”，说明她“如夫人”的身份已被预先承认了。等到宝玉因同蒋玉菡交往和金钏之死而被贾政笞挞后，王夫人信得过的丫鬟只剩下袭人一个，立即将她的月银提到二两，享受到同荣府其他姨太太同等待遇。一次，宝玉无意中将袭人的汗巾同蒋玉菡作了交换；后来贾家势败后，袭人果真同她骂为“混账人”的蒋玉菡结成婚姻。这样一个最合“三从四德”标准的女子，最后落到一个戏子手里，而似乎肯定是她主人的宝玉却是竹篮打水——一场空。当年这个向宝玉发誓“便是八人轿也抬不出我去”的袭人，还是被蒋玉菡的花轿抬去了。按脂批“琪官（蒋玉菡艺名）虽系优人，后同与袭人供奉玉兄（宝玉）、宝卿（宝钗）得同终始”一句提供的线索，我们还可猜测宝玉和宝钗在穷困落魄后，要靠袭人夫妇过一段生活。这一切在作者看来都是命运在捉弄人，所以才有后两句的感叹。

金陵十二钗副册判词一首

根并荷花一茎香，平生遭际实堪伤。
自从两地生孤木，致使香魂返故乡。

大意是说：菱花的根底同荷花一样高贵，一生遭遇实在令人可怜伤悲。自从有个名含“桂”字的人到来，这枝鲜嫩的花朵便立即枯萎。

这一首说的是香菱。

宝玉看又副册判词不解，又去翻副册，见上面“画着一株桂花，下面有一池沼，其中水涸泥干，莲枯藕败”，接着便是这首判词。

香菱是薛家的丫头，是奴婢，进不了“正册”；可她原是甄士隐家的贵小姐，也不能进“又副册”，所以作者就把她安排在介于主奴之间的“副册”里。

第一句是说，“香菱”原来就是“英莲”。英莲3岁时被拐子拐走，养到十几岁卖给薛蟠，给这个花花太岁作了侍妾。后来薛蟠娶了个搅家不贤的泼妇夏金桂，又贪又嫉，又狠又毒，香菱受尽他们的凌辱虐待，含恨而死。关于香菱的结局，这首判词说得很明确。高鹗的续书写夏金桂死后，香菱被扶正，当了正夫人，是显然不符曹雪芹的原意的。

如果说甄家的小荣枯映衬着贾家的大荣枯，那么香菱的命运也是对大观园群芳命运的一个暗示。谁能想象得到娇生惯养的甄家的掌上明珠，会成为一个让人作践的奴才呢？谁能甘心那么聪明俊秀的姑娘，配给一个只会作“哼哼韵儿”的蠢材呢？有人说过这是“玉碗金盆贮以狗矢（屎）”，实在令人惋惜。英莲就是“应怜”（值得怜惜），从作者宿命的观点看来，这是不可解的，命运是无情的。

金陵十二钗正册判词十一首

其　一

可叹停机德，堪怜咏絮才；
玉带林中挂，金钗雪里埋。

“停机德”：用的是汉代乐羊子妻的典故。《后汉书·列女传》里说：乐羊子出外求学，突然中断学业跑回家里。他的妻子就操刀割断了自己正织的布匹，告诉丈夫说：你中断学业就同割断经线织不成布一样，激励乐羊子继续求学。乐羊子妻就成了贤惠妻子的典型。这句用来比喻薛宝钗。

“咏絮才”：用的是晋代谢道的典故。刘义庆的《世说新语》里说：晋代贵族谢安在雪天念了一句：“白雪纷纷何所似？”其侄谢朗说：“撒盐空中差可拟。”其侄女谢道说：“未若柳絮因风起。”谢安称赞妹妹比哥哥答得好。谢道是才女的典型。这句用来比喻林黛玉。

这一首说的是薛宝钗、林黛玉两个人。

宝玉看“副册”仍是不解，又去看“正册”，见第一页上“画着两株枯木，木上悬着一围玉带；又有一堆雪，雪下一股金钗”（两株枯木是“林”字，雪谐“薛”音）。下面就是这首判词。

第一句是说宝钗有传统社会贵族女性最标准的品德。她“品格端方，容貌丰美”，“行为豁达，随分从时”，荣府主奴上下都喜欢她。作者又说她“罕言寡语，人谓藏愚；安分随时，自云守拙”，正是传统社会时代有教养的大家闺秀的典型。她能规劝宝玉读“圣贤”书，走“仕途经济”的道路，受到宝玉冷落也不计较。黛玉行酒令时脱口念出闺阁禁书《西厢记》、《牡丹亭》里的话，她能偷偷提醒黛玉注意，还不让黛玉难堪。按当时贤惠女子的标准，她几乎达到无可挑剔的“完美”程度。但读者同这个典型总是有些隔膜，这是为什么呢？就是她对周围恶浊的环境太适应了，并且有时还不自觉地为恶势力帮一点小忙。如金钏被逼跳井后，她居然不动感情，反倒去安慰杀人凶手王夫人。有人评论说，她是个有尖不露、城府很深、一心想当“宝二奶奶”的阴谋家，这种说法似乎有些太过分了。她自己既是传统礼教的卫道士，又是个这种礼教的受害者。贾家败落后，她的下场也不妙，“金钗雪里埋”就是预示。

第二句是说林黛玉是个绝顶聪慧的才女。她的才华是大观园群芳之冠，是智慧的女神。她从小失去父母，寄养在外祖母家，尽管是贾母的“心肝肉”，可是以她的敏感，总摆脱不了一种孤独感。特别是在对宝玉的爱情上，几乎到了神经过敏的程度。好在宝玉对她一往情深，处处宽慰她，哪怕是黛玉歪派给他的“错误”，他也承认。这样，他们的爱情就在一种奇特的、连续不断的矛盾痛苦中发展着。一会儿笑，一会儿又哭了，哭时要比笑时多；刚刚和好了，突然又闹翻了，闹翻一次反倒加深一次感情。他们的爱情在有形无形的外界压力下，形成一种畸形。在荣国府那样的环境里，越敏感的人就越忍受不了。黛玉的悲剧就在于她不会像宝钗那样会装“糊涂”，她太聪明了。

宝钗和黛玉是一对相互对称的典型：一个胖、一个瘦；一个柔，一个刚；一个藏愚守拙，一个锋芒毕露；一个理所当然地成为“宝二奶奶”，一个凄凄惨惨地不幸夭折。但这一对情敌中没有胜利者，后两句说得明白：宝玉的心仍在“林中挂”，宝钗要冷清清地守一辈子活寡。

其　二

二十年来辨是非，榴花开处照宫闱。
三春争及初春景，虎兕相逢大梦归。

这一首说的是贾元春。

判词前面“画着一张弓，弓上挂着香橼”（弓字谐“宫”字，表明和宫廷有关；橼，一种叫佛手柑的植物，音 yuán，谐“元”字音）。

元春是贾家的大小姐，贾政的长女。她以“贤孝才德”被选进宫里做了女史（女官名），后来又被晋封为“凤藻宫尚书”，加封“贤德妃”，是荣府女性中地位最高的一位。贾家煊赫的势力，除靠祖宗功名基业外，还靠着家里出了“皇娘”这层重要关系。

“二十年”，大约是说元春懂事以来的年龄。她从贵族之家到宫廷，社会上的是非兴衰见得多了。石榴花开在宫廷里，喻元春的荣耀。为了她归家省亲，竟然修造一座规模宏丽的皇家式的大观园，再看她元宵节归省时轰轰烈烈的盛大场面，简直无与伦比了。第三句是说，迎春、探春、惜春三姊妹的命运无法与元春相比，可是元春的结局也不妙，第四句就说她在寅卯年之交就要一命呜呼！前三句极力渲染元春的荣耀，突然一句跌落下来，让你出一身冷汗。元春一死，靠山倒了，这个赫赫扬扬经历百载的贵族之家就要迅速土崩瓦解。元春虽然在书中出现的机会很少，但她的存在与否与这个大家族的兴衰紧紧联系着。

其　三

才自精明志自高，生于末世运偏消。
清明涕泣江边望，千里东风一梦遥。

这一首说的是贾探春。

判词前“画着两人放风筝，一片大海，一只大船，船中有一女子掩面涕泣之状”。这幅画象征着探春像断线风筝一样离别故土，船和海是暗示她远嫁时的情景。

探春是贾政的小老婆赵姨娘生的。在贾家四姊妹中她排行老三，是最聪明、最有才干的一个。说她志向高，是她想有一番作为。“敏探春兴利除宿弊”一回，写她代凤姐管理一段大观园，把那么纷繁的事务，一宗一件管理得井井有条，表现出不一般的才干，其精明几乎不在凤姐之下。

她在传统的宗法观念影响下，以自己是“庶出”为耻，加上赵姨娘为人卑琐，她就干脆不认她作娘。她同姐姐迎春懦弱的性格截然相反，人称“玫瑰花”，又鲜艳又有刺。在“抄检大观园”一回，她居然敢打那个大太太的陪房王善保家的一个大嘴巴，多么令人痛快！凤姐随意作践赵姨娘，可是对其生的这个出众的女儿却丝毫不敢小看，还要“畏她五分”，独表敬重。这样一个才貌双全的娇小姐，随着家族没落，命运也一样令人悲哀，年轻轻的就远嫁异国他乡，路远山遥，断绝了与家人的联系。判词前的画里画着两人放风筝，可能还有一个女孩儿同她一起嫁走，因曹雪芹没写完全书，不知是谁了。

其　四

富贵又何为？襁褓之间父母违。
展眼吊斜晖，湘江水逝楚云飞。

这一首说的是史湘云。

判词前“画几缕飞云，一湾逝水”。“飞云”照应词中的“斜晖”，隐“云”字；“逝水”照应词中的“湘江”，隐“湘”字。

湘云是保龄侯尚书令史家的姑娘，即史太君的侄孙女。她生下不久，就失去父母慈爱，成为孤儿，在叔婶跟前长大。她到大观园来，是她最高兴的时刻，这时她大说大笑，又活泼，又调皮；可是一到不得不回家时，情绪就顿时冷落下来，一再嘱咐宝玉提醒贾母常去接她，栖栖惶惶地洒泪而去，可见在家时日子过得很不痛快。这样一个健美开朗的女儿，结局如何呢？“展眼吊斜晖”，就是说她婚后的生活犹如美丽的晚霞转瞬即逝。“水逝云飞”，可能是预示她早死或早寡，或者命运蹇涩。“因麒麟伏白首双星”一回，写她拣到宝玉丢的一只金麒麟，同她原有的金麒麟恰好配成一对。从回目“双星”的字样看，这肯定是对她未来婚姻生活的暗示。那么她的配偶是谁？是宝玉吗？似乎是，其实又不是。有些研究者根据“庚辰本”脂批：“后数十回若兰在射圃所佩之麒麟正此麒麟也”，推断她可能同一个叫卫若兰的人结婚（第十四回秦可卿出丧时送葬的队伍里出现过一次“卫若兰”的名字）。或许后来宝玉把那只金麒麟再赠给卫若兰（犹如把袭人的汗巾赠给蒋玉菡一样），也未可知。因曹雪芹的书的全貌已不可窥，上述推测也只是推测罢了。

又有一则清人笔记说，有一种续书写贾家势败后，宝玉几经沦落，最后同史湘云结婚。这可能就是从“因麒麟伏白首双星”推衍出来的，聊备谈资。

其 五

欲洁何曾洁？云空未必空。
可怜金玉质，终陷淖泥中。

这一首说的是妙玉。

判词前“画着一块美玉，落在泥垢之中”。“美玉”就是“妙玉”，“泥垢”与判词中的“淖泥”都是喻不洁之地。

妙玉出身于苏州一个“读书仕宦之家”，因自小多病才出家当了尼姑。她“文墨也极通”，“模样又极好”，也是大观园中的一位佼佼者。说她“洁”，是因她嫌世俗社会纷纷扰扰不清净才遁入空门，这是一层含义；她又有“洁癖”，刘姥姥在她那里喝过一次茶，她竟要把刘姥姥用过的一只名贵的成窑杯子扔掉。她想一尘不染，但那个社会不会给她准备那样的条件，命运将把她安排到最不洁净的地方去。按规矩，出家就要“六根净除”，可她偏要“带发修行”，似乎还留一手，这是她尘心未断的一个根据。第六十三回写宝玉过生日时，妙玉特意送来一张拜帖，上写：“槛外人妙玉恭肃遥扣芳辰。”一个妙龄尼姑给一个贵公子拜寿，这在当时是荒唐的，似乎透露出她不自觉地对宝玉萌生了一种爱慕之意。这类地方把一个少女隐秘的心思写得极细。

作者写这些细节，不是要出妙玉的丑，不是对她进行谴责，而是充满了怜惜之情。一个才貌齐备的少女，冷清清地躲在庙里过着那种枯寂的生活，该是多么残酷！她的最后结局如何呢？有一条脂批说：“瓜洲渡口……红颜固不能不屈从枯骨。”推测起来，她可能在荣府败落后流落到瓜洲，被某个老朽不堪的富翁（枯骨）买去做妾。这是多惨的悲剧！这应该是“终陷淖泥中”的含义，与高鹗续书写的被强盗掠去有别。

其 六

子系中山狼，得志便猖狂。
金闺花柳质，一载赴黄粱。

这一首说的是贾迎春。

判词前"画着个恶狼，追扑一美女，欲啖之意"。这是暗示迎春要落在一个恶人手里被毁掉。

迎春是荣府大老爷贾赦的妾所生的女儿。她长得很美，虽然没有才华，但心地纯洁善良。因性格懦弱，又排行老二，人称"二木头"。后来她被其父许配给孙绍祖。孙绍祖的先人因有"不能了结之事"，才拜在贾家门下，靠贾家的势力起家的。这个孙绍祖家资饶富，并且"应酬权变"，在官场中很走运，正在兵部等待提升，所以贾赦就选他做了"东床快婿"。孙绍祖品质恶劣，连贾政都不同意这门亲事，但贾赦不听。迎春嫁过去之后，受尽种种虐待，一年之内就被折磨死了。

其　七

勘破三春景不长，缁衣顿改昔年妆。
可怜绣户侯门女，独卧青灯古佛旁。

这一首说的是贾惜春。

判词前面的是"一所古庙，里面有一美人在内看经独坐"，预示惜春将来出家当尼姑。

惜春是宁国府贾敬的女儿，贾珍的胞妹。她是贾家四位千金中最小的一个，从小就厌恶世俗，向往当尼姑，小时爱和馒头庵的小尼姑智能玩，后来又和妙玉成了朋友。惜春眼看着当了娘娘的大姐元春短命夭亡，二姐迎春出嫁不久被折磨死，三姐探春远嫁异国他乡音信渺茫，都没有好遭遇，所以才"看破红尘"毅然出家的。据脂砚斋的批语说，她将来要有"缁衣乞食"的经历，也就是要靠沿门托钵乞讨生活，真够可怜了。

其　八

凡鸟偏从末世来，都知爱慕此生才。
一从二令三人木，哭向金陵事更哀。

这一首说的是王熙凤。

判词前画的是"一片冰山，上面一只雌凤"，喻贾家的势力不过是座冰山，太阳一出就要消融。雌凤（王熙凤）立在冰山上，极危险。

王熙凤是“护官符”说的“龙王来请金陵王”的王家的小姐，嫁给荣府贾琏为妻。她的姑母是贾政的妻子，即宝玉之母王夫人。书中说金陵四大家族“皆连络有亲”，即指此类。

王熙凤掌荣府管家大权的时代，已是这个家族走下坡路的时期了。准备迎接元妃省亲时，凤姐慨叹：“可恨我小几岁年纪，若早生二三十年，如今这些老人家也不薄我没见世面了。”可见书中写的富贵生活较之其家族鼎盛时期还差得远，接着又趋向衰亡，所以说她“偏从末世来”。王熙凤实际上是荣国府日常生活的轴心。她姿容美丽，秉性聪明，口齿伶俐，精明干练，秦可卿托梦时说她：“你是脂粉队里的英雄，连那些束带顶冠的男子也不能过你。”秦可卿出丧时，她协理宁国府，就是在读者眼前进行了一次典型表演。从千头万绪的混乱状态中，她一下就找到关键所在，然后杀伐决断，三下五除二，就把宁国府里里外外整顿得井井有条，真有日理万机的才干。如果她是男人，可以在那个时代当个政治家。然而她心性歹毒，为了满足无止境的贪欲，克扣月银，放高利贷，接受巨额贿赂，为此可以杀人不眨眼，什么缺德的事全干得出来，是个吃人不吐骨头的女魔王。她的才能和她的罪恶像水和面揉在了一起。因此，当贾家败落时，第一个倒霉的就是她，将要凄惨地结束其短暂的一生。

其　九

势败休云贵，家亡莫论亲。
偶因济村妇，巧得遇恩人。

这一首说的是王熙凤的女儿巧姐。

判词前面的是“一座荒村野店，有一美人在那里纺绩”。这是暗示巧姐的最后结局是做一名勤苦操劳、艰辛度日的农妇。

巧姐是王熙凤的独生女。判词前的画面暗示她将嫁给一个庄稼汉，成为做饭纺织的农村妇女。从锦衣玉食的公府千金，沦为喂猪打狗的农妇，这是多么大的变化！在作者看来，这也是命运的戏弄。有人根据甄士隐《好了歌解注》里“择膏粱，谁承望流落在烟花巷”一句的提示，推测巧姐要被卖到妓院为娼，后被刘姥姥救出，同刘姥姥的外孙板儿结为夫妇。这个推测从书中可以找到根据。第四十一回写巧姐和板儿交换柚子和佛手的情节，很可能是预示他们未来的关系。板儿是农家孩子，将来是农民无疑，嫁给他才能纺线织布。高鹗续书写贾环、贾芸、王仁等人设圈套要把巧姐卖给一个外藩的郡王做妾，刘姥姥偷着把巧姐接到乡下，由她做媒把巧姐嫁给一个大地主的儿子（并且是个秀才），和作者的原意就有相当距离了。

“势败休云贵，家亡莫论亲”，正是对上层社会人情冷暖、世态炎凉的慨叹。倒是刘姥姥这个穷老太婆，受人滴水之恩，常思涌泉以报，使人感到人性善良的一面。

其　十

桃李春风结子完，到头谁似一盆兰。
如冰水好空相妒，枉与他人作笑谈。

这一首说的是李纨，连带也说了其子贾兰。

判词前“画着一盆茂兰，旁有一位凤冠霞帔的美人”。茂兰，指贾兰，说他要有出息，当大官。守着他的美人当然是其母亲。

李纨是宝玉的亲嫂子。她与其夫贾珠婚后生了贾兰，不久丈夫就死了。李纨同其妯娌王熙凤为人恰恰相反。王熙凤像一团烈火，她像一堆死灰；王熙凤像一把利刃，她像一块面团；王熙凤贪求无厌，她与世无争。在大观园诸女性中，她是最默默无闻的一个，她不注意别人，别人也不注意她。贾家没落后，贾兰要靠读书求取功名，“头戴簪缨”，“胸悬金印”，当一个大大的官；李纨要因此受诰封，“戴珠冠，披凤袄”，荣耀一番。可是在作者看来，这也是没有意义的，接着就是死亡，还是虚幻。年轻守寡，晚年母以子贵，也不过供世人作谈笑资料罢了。

其十一

情天情海幻情深，情既相逢必主淫。
漫言不肖皆荣出，造衅开端实在宁。

这一首说的是秦可卿。

判词前“画着高楼大厦，有一美人悬梁自缢”。这是暗示秦可卿的死不是正常死亡，而是自杀。

秦可卿是宁国府长孙贾蓉的妻子、贾珍的儿媳。她“生的袅娜纤巧，行事又温柔和平”，是贾母重孙媳妇中第一个得意的人。现在通行的《红楼梦》里是说她得病，久治无效死了，这同判词的预示完全矛盾。“情既相逢必主淫”，是说她有男女私通的丑事，并且因此“悬梁自缢”。有一条脂砚斋批语为我们解开了这个谜。甲戌本《石头记》第十三回脂批说：“秦可卿淫丧天香楼，作者用史笔也。”这就明确说秦可卿是因丑事败露在天香楼上吊自杀的，与判词及画一致。所谓“用史笔”，是说不明写，但字里行间有贬恶诛邪之义。脂砚斋是同曹雪芹关系极密切的人，他觉得秦可卿能够给凤姐托梦，对“贾家后事”料得准确，劝凤姐预留退步，其用心使脂砚斋“悲切感服”，原谅了秦可卿，因而“命芹溪（曹雪芹号）删去”了“淫丧天香楼”一节。后来作者又补写了秦可卿因病致死的过程。但删得不彻底，判词前的“画”的内容没改写，判词也没动。书中其他地方也留下蛛丝马迹，如第十三回写秦可卿死讯传出后，“彼时合家皆知，无不纳罕，都有些疑心”。如果是久病致死，大家都有精神准备，还“纳罕”、“疑心”什么呢？因此可以确定无疑地说，秦可卿是主动或被迫地堕落了，并因此丧命。那么她究竟同谁发生了不正当的关系呢？第七回里，宁府的奴才焦大喝醉酒耍酒疯，骂出了真话：“我要往祠堂里哭太爷去！那承望到如今生下这些畜生来，每日家偷鸡戏狗，爬灰的爬灰，养小叔子的养小叔子，我什么不知道！”这爬灰的就是秦可卿的公爹贾珍。秦可卿一死，“贾珍哭得泪人一般”，按传统礼法，这是不成体统的。这时贾珍的老婆尤氏又恰好“犯了旧疾，不能料理事务”，其实是怕丑托病不出。贾珍坚持要殓以极珍贵的上等棺木，并拍手打掌地要尽其所有为一个年轻媳妇办丧事，闹得沸沸扬扬，惊天动地，都是蹊跷事。丫鬟瑞珠触柱而死，决不会是出于对主子的忠心去“殉主”，肯定与秦可卿的非正常死亡有关。很可能是她撞见了贾珍乱伦的丑事，惧怕贾珍处死她，才自杀了。

《红楼梦》写了贾家水、代、文、玉、草五代人。第一代贾寅、贾源是创业的一代；第二代贾代善、贾代化是守业的一代；第三代贾敬、贾赦、贾政都是草包，开始走下坡路；第四代贾珍、贾琏等奢侈淫乐，无恶不作，成为狗彘不如的败类；第五代贾蓉、贾蔷一辈就更提不起来了。《红楼梦》的悲剧在很大程度上是贵族阶级后继无人的悲剧，“一代不如一代”的悲剧。作者在这里写贾珍一家的糜烂生活，不仅仅是谴责这种乱伦关系，而是要暴露以此为开端的全面的腐败堕落。

作者所说的悲剧，其实是以极其严肃的态度探索人在自然和社会中的位置和作用，提出人生处境的种种问题。《红楼梦》就是要探索人生的意义和人的命运问题，提出一连串问号，虽没有答案，但足可令人思索和玩味。

鲁迅说得更直截了当：“悲剧是将人生有价值的东西毁灭给人看”（《再论雷峰塔的倒掉》），大观园的最后结局不是恰恰如此吗？

19 世纪德国哲学家叔本华说，悲剧可分三类：人为的悲剧、偶然的悲剧、必然的悲剧。必然的悲剧是指由于种种社会关系交互作用必然导致的凄惨结果，《红楼梦》即属于这一类。

曹雪芹在其短暂的浮沉跌宕的一生中，深刻地体验到命运的无情和人情冷暖、世态炎凉。他看到眼前的一切都在动，都在变，都在向其对立面转化，所以借丫鬟小红之口说出“千里搭凉篷——没有不散的筵席”这样“悟道”之语。

仅存 16 回的甲戌本《红楼梦》（为胡适所有）的第一回有如下一首诗，颇值得人们玩味：

浮生着甚苦奔忙？盛席华筵终散场。
悲喜千般同幻渺，古今一梦尽荒唐。
漫言红袖啼痕重，更有情痴抱恨长。
字字看来皆是血，十年辛苦不寻常。

再谈《红楼梦》

《红楼梦》是中国文学和中国文化的永恒话题。西方有“说不尽的莎士比亚”的说法，据说原是歌德的话。在中国，《红楼梦》也是说不尽的，已经说了200多年，今后还要说下去。既然如此，我何妨在《漫谈红楼梦》之后，再谈一次《红楼梦》。

一、不表英雄话常人

中国古典小说有所谓“四大名著”之说，指的是《三国演义》、《水浒传》、《西游记》和《红楼梦》。实际上这四部著作的成书过程以及在类型和内涵上，均存在很大差异，价值也不相等，应该辨明。

《三国演义》署名作者是罗贯中，实际上三国故事早在唐代就在民间流传，到宋代通过艺人的表演说唱更为流行。宋元时代三国故事更被大量地搬上舞台。今存的元代《三国志平话》从内容和结构看，已粗具《三国演义》的规模。罗贯中是在民间传说及民间艺人创作的话本、戏曲的基础上，又参考陈寿《三国志》和裴松之注中的史料，写成了《三国志通俗演义》。

《水浒传》写的宋江等聚众起义的故事，在《宋史》和宋人笔记里已有记载，在民间影响深广。在宋、元年间，话本、杂剧广泛演说，有些存留到现在，如话本《大宋宣和遗事》和元人的某些杂剧。施耐庵把宋元以来史书、传说、话本和杂剧等“水浒”故事加以汇集、选择、加工，然后写成《水浒传》。

《西游记》是在唐代以来民间传说的唐僧取经故事以及宋元以来有关的话本、杂剧的基础上创作而成。据学者考证，孙悟空的形象源于印度两大史诗之一《罗摩衍那》中的神猴哈奴曼。哈奴曼协助阿逾陀国王子罗摩解救其美丽的妻子悉多，与罗刹恶魔罗波那大战。哈奴曼勇敢机敏，能腾云驾雾，面貌与身躯可随意变化，还能移山倒海，他的武器虎头如意金棍神奇无比。请看他像不像孙悟空？这样的“人物”是中国远古神话所没有的。《西游记》取材的《大唐西域记》是玄奘去印度取经后写的回忆录，因此孙悟空的形象源于印度就不奇怪了。

准确地说，上述三部作品是经几个朝代、许许多多人的集体创作，罗贯中、施耐庵、吴承恩只是最后完成者。

《红楼梦》则完全不同，它一无依傍，完全是平地起高楼，是曹雪芹一个人的、独出心裁的天才创作。鲁迅说过：“总之自有《红楼梦》出来以后，传统的思想和写法都打破了。”据我思考，《红楼梦》至少有如下三个方面的大突破：

（一）由追求曲折跌宕的故事情节，到描绘真实生活情态的突破

《三国演义》故事大到“赤壁鏖兵”，写得大开大合；小到“蒋干盗书”，写得绵密入微。《水浒传》故事大到“三打祝家庄”，写得机关迭出；小到“宋江杀惜”，写得曲折有致。《西游记》写妖魔鬼怪，磨难百出，吸引着任何年龄的读者。人们读这些小说，无不被其故事情节所吸引，为“欲知后事如何”而废寝忘食。

在《红楼梦》里，情形就完全不一样了，这里没有什么曲折离奇的情节，大如“秦可卿出丧”、“贾元妃省亲”之类，小如“良宵花解语”、“静日玉生香”之类，生活是什么样就写成什么样，恰如作者说的“追踪蹑迹，不敢稍加穿凿”，完全以生活的本然情趣取胜。

（二）由彰显社会伦理教化，到展示人的天然性情的突破

中国传统文化从其形成伊始，就是伦理政治型文化，因此道德教化无所不在。以《三国演义》说，刘备的“仁”、关羽的“义”、赵云的“勇”、黄忠的“忠”、孔明的“智”等等，都在为社会树立“典型”；甚

至曹操的“奸诈”、周瑜的“褊狭”、刘禅的“懦弱”等，也都有“反面教员”的意味。

《红楼梦》则正如空空道人所说：“并无大贤大忠理朝廷治风俗的善政，其中只不过几个异样女子，或情或痴，或小才微善，亦无班姑、蔡女之德能。”这些异样女子即是大观园群芳，她们或贵或贱，或刚或柔，或傲或谦，或敏或讷，都禀性善良，天真烂漫，整日簪花斗草，吟诗作赋，对即将到来的家族败落的厄运毫无觉察，保持着人的生活的“原生态”。

（三）由演绎类型化模式，到塑造个性化典型的突破

《三国演义》、《水浒传》叙述的是英雄传奇故事，着意刻画的是横空出世的传奇英雄。如关羽是忠义的化身，不能有任何错误和缺陷，“汉封侯，宋封王，清封大帝”，是和“文圣”孔子并列的“武圣”，无比崇高。诸葛亮是智慧的化身，借东风之类的情节已经使他成为呼风唤雨的神人，读者对他需仰视才可见。美猴王上天入地，除妖灭怪，威风凛凛一路杀往西天，当然更是英雄。武松、鲁达都是除暴安良的非同小可的英雄，几乎完美无缺，和普通人有距离，因而可敬而不可亲。

相反，读《红楼梦》时，我们就像回到现实世界。养尊处优的史老太君自然高贵，但宽容和善，喜欢刘姥姥，和这个农村穷老太婆很谈得来，并不相距十万八千里。王熙凤这个桀骜不驯、有权有势，令荣宁二府下人望而生畏的年轻贵妇，我们似乎也不陌生，仿佛在哪里见过。钗、黛、湘等贵族小姐自然有身份，但在读者眼中仍是常人。至于像焦大那样喝大酒，吹大牛，以当奴才骄人的下等人，在生活中随便都可找出来，曹雪芹把他写得那么活灵活现。正如鲁迅在《中国小说的历史的变迁》中说的：“至于说到《红楼梦》的价值，可是在中国底小说中实在是不可多得的。其要点在敢于如实描写，并无讳饰，和从前的小说叙好人完全是好，坏人完全是坏的，大不相同，所以其中所叙的人物，都是真的人物。”鲁迅的“实在是不可多得的”的评价，是对《红楼梦》为中国小说创作开创的新局面的准确的肯定。

《红楼梦》叙述的是中国社会的真故事，刻画的是现实生活中的真人物。凤姐、宝钗一流的人物，在我们日常生活里是可以遇见的，但赵云、武松一类的典型在普通生活中到哪里去找？

《红楼梦》的最动人之处即在于这些人物的遭际和命运。

二、悲金悼玉说红楼

作曲家王立平在为1987年版的《红楼梦》电视连续剧谱写完《葬花词》曲子后，感慨深沉地说："一首《葬花词》就是一首《天问》。"我当即接上说："岂止是《葬花词》，整个一部《红楼梦》都是《天问》，是一部关于人的命运的《天问》!"

《老子》说："天地不仁，以万物为刍狗。"天地及大自然不存在"仁爱"之情，它让包括人类在内的万物自生自灭。人类自存在于地球那天起，由于自然或社会的原因，其命运时不时地被黑暗和冷酷所笼罩。从古至今，人类中的最智者，常常向苍天大地发出执着又无奈的"为什么"的质问。古希腊索福克利斯的名剧《俄狄浦斯王》即展示了富有典型意义的希腊式的悲剧冲突——人跟命运的冲突。俄狄浦斯不是有意"杀父娶母"，本人完全无罪。这个为国家做了无数好事的英雄所遭受的厄运，令剧作家无比愤慨，发出了对神的正义性的怀疑，控诉命运的不公和残酷。伟大史学家司马迁在《伯夷列传》里讲完（好人）颜渊早死、（恶人）盗蹠长寿的事例后说："余甚惑焉，傥所谓天道，是耶非耶?"都说天道赏善罚恶，到底是不是那么回事？元杂剧《窦娥冤》里，窦娥临刑前悲愤地唱出："为善的受贫穷更命短，造恶的享富贵又寿延。天地也，做得个怕硬欺软，却原来也这般顺水推船。地也，你不分好歹何为地？天也，你错勘贤愚枉做天！哎，只落得两泪涟涟。"这也是对命运的血泪控诉。

第五回里《红楼梦引子》是这样唱的：

> 开辟鸿蒙，谁为情种？都只为风月情浓。奈何天，伤怀日，寂寥时，试遣愚衷。因此上演出这悲金悼玉的红楼梦。

在不可抗拒的命运面前，难以抑制的悲愤、惋惜、眷恋、怅惘而又无可奈何的情怀溢于言表。在太虚幻境，警幻仙姑招待贾宝玉的茶名叫"千红一窟（哭）"，酒名叫"万艳同杯（悲）"，《红楼梦》要说什么，还用解释吗?

悲剧，是以极其严肃的态度探索人在自然和社会中的位置和作用，提出人生处境的种种问题。《红楼梦》就是要探索人生的意义和人的命运问题，提出一连串问号，虽没有答案，但足可令人思索和玩味。

值得注意的是，在第一回里空空道人在大荒山无稽崖青埂峰下一块大石上，从头到尾读完《石头记》，发现“朝代年纪、地舆邦国却反失落无考”，窃以为这里大有深意。空空道人和石头对话时又提出：“据我看来，第一件，无朝代年纪可考”，石头笑答道：

“我师何太痴耶？若云无朝代年纪可考，今我师竟假借汉唐等年纪添缀，又有何难？但我想，历来野史皆蹈一辙，莫如我这不借此套者，反倒新奇别致，不过只取其事体情理罢了，又何必拘拘于朝代年纪哉！”

作者有意隐去朝代年纪、地舆邦国，因为书中蕴含的主旨和审美对象，即“事体情理”，无代无之，无地无之，超越时间，也超越空间，是永恒的存在。这个主旨不容易领会到，所以作者才有“都云作者痴，谁解其中味”的喟叹。《三国演义》、《水浒传》的作者是不会有这样担心的。《三国演义》开头有“滚滚长江东逝水，浪花淘尽英雄”（杨升庵词）的感慨，同类的感喟在历代咏史诗中并不少见，词虽然精彩，但不算新鲜。

曹雪芹的担心并不多余，现在还有某些所谓“揭秘式”的《红楼梦》研究，不但要限定其时空，还有把它限定在某些人或某些事上，那实在是对《红楼梦》艺术生命的扼杀。

三、当知红楼传诗意

在第一回里，空空道人对《石头记》有一句评论：“其中家庭闺阁琐事，以及闲情诗词倒还全备。”我们都知道，全部《红楼梦》大部分笔墨写的就是“家庭闺阁琐事”，这里把“闲情诗词”和它并列，可见并非“闲情”，而是在书中具有重要地位和作用。

也是在第一回里，落魄书生贾雨村在甄士隐书房，面对中秋朗月思念丫鬟娇杏，口占一首五言律，即“未卜三生愿”那首。脂砚斋在甲戌本《红楼梦》这首诗下有一条双行夹批："这是第一首诗。后文香奁闺情皆不落空。余谓雪芹撰此书，中亦有传诗之意。"深知《红楼梦》写作就里的脂砚斋的这句话，应该引起我们重视，即作家不只是让你读他写的故事，还要你欣赏他的诗作。在第二回开首"诗曰"之下，还有一则脂批："只此一诗便妙极！此等才情，自是雪芹平生所长。"明确指出并肯定了曹雪芹杰出的诗才。

"伟大作家曹雪芹"，这话经常挂在大家嘴边；"杰出诗人曹雪芹"，这话大家恐怕还说不习惯，至少现在如此，然而这却是千真万确的事实。

曹雪芹没有专门的诗集传世，在《红楼梦》之外甚至没有一首诗流传下来，但他的朋友们留下的笔墨却反复说到他和诗的关系。曹雪芹移居到京城西山后，结识了村塾先生张宜泉，常聚会于蒲牖蓬窗，成为诗文挚友。张宜泉在《题芹溪居士》的小注中说"其人工诗善画"，其诗句"门外山川供绘画，堂前花鸟入吟讴"作了注脚。这位村塾先生在另一首诗《怀曹芹溪》说："何当常聚会，促膝话新诗。"看来讨论新诗创作是他们快乐的生活内容。曹雪芹的好友敦诚更有"爱君诗笔有奇气"、"知君诗胆昔如铁"、"牛鬼遗文悲李贺"等诗句赞许其非凡的诗才。敦诚在《佩刀质酒歌》中，对曹雪芹有这样的描绘："曹子大笑称快哉！击石作歌声琅琅。知君诗胆昔如铁，堪与刀颖交寒光。"不仅诗酒佯狂的形态呼之欲出，还透露出雪芹拙重、锋利的诗歌创作风格。

《红楼梦》及其全部诗词韵语，都是特定的中国传统文化的产物，也是中国传统文化的注释。

在漫长的传统社会历史中，起始于孔孟的儒家思想、起始于老庄的道家思想、来源于印度光大于中国的佛家思想，都得到了充分发展和演化，形成了丰厚的文化积淀，这是《红楼梦》产生的文化养分、文化根基。曹雪芹出生于一个显贵官僚世家，其祖父曹寅曾任苏州织造、江宁织造等官职，为人风雅，喜交名士，为江南文坛领袖，主编过《全唐诗》，还有《楝亭诗抄》等著作传世。在这样一个具有浓厚文化氛围的家庭里，曹雪芹少年时代受到过最为良好的教育，再加他本人的天分，成为文化奇才不足为奇。

曹雪芹的《红楼梦》就其蕴含的所有文化因素来说，可以称之为集中国传统文化之大成。传统的"经史子集"中包含的政治思想、哲学思想、史学思想、文学思想等等，在书中随处都有体现。传统文化的各种表现样式，包括诗、词、曲、赋、歌、赞、诔、偈、匾额、对联、尺牍、谜语、笑话、酒令、参禅、测字、占卜、医药以及诗话、文评、画论、琴理，在《红楼梦》中应有尽有，无所不备。《红楼梦》的出现，可以说是中国文化史上的一个奇迹。

如果不是精通中国传统文化，断写不出《红楼梦》这样的作品；同样，读《红楼梦》也需要一定的传统文化知识的准备，才能对其内涵理解更多。如对孔孟学说（连类而及宋明理学）、老庄哲学（连类而及道教知识）、佛学原理（连类而及禅宗、净土等教派），至少应该有个概要的了解。

为了理解和欣赏书中大量的诗词韵语，也不妨效法书中的香菱，学学诗词格律，看看《平水韵》，读读诗话词话，这样才能判别优劣，并领略《红楼梦》诗词韵语的精深微妙之处。

评“于丹现象”

自五四以来，尤其是在新中国成立以后相当长一段时间里，包括儒家思想在内的中国传统文化被扣上“封建”的黑帽子遭到鄙视、批判，中国人和自己文化的根越来越疏离，道德信念越来越淡薄，甚至出现信仰缺失的可悲局面。改革开放之后，传统文化的名誉渐渐得到恢复，除个别者之外，大多数人感到了接续传统文化命脉的必要性和迫切性，有人开始研究和张扬传统文化，做了一些初步的尝试，这是势所必至、理有固然的。

正是在这种情势之下，于丹教授的读《论语》心得出现了，在很短的时间内就在社会上引发轰动效应，誉、毁、爱、恨——说长道短，各色评论充满各类媒体，一时形成十分可观的热闹局面。人们称之为“于丹现象”。

如何看待“于丹现象”？这是每个中国知识分子都该关心和思考的问题。我在读过于丹的书并看过许多或誉或毁的评论之后，首先感到的是兴奋和欣慰，因为看到有这么多的人在关心祖国的文化问题和文化命运，仿佛在晦暗不明的氛围中突然看到了亮光，觉得有希望了。至于看法不同，见仁见智，不同意见对立，本属自然，不足为怪。

为了普及传统文化典籍，于丹宣讲她的读《论语》心得，应该说是一次很可贵的尝试，即便存在偏差和不足，也应得到人们的称许。现在国内许多人在买《论语》和读《论语》，这是多么令人快慰的景象，甚至远在新加坡也刮起了“于丹旋风”。她有引导人们“读论”之功，就算路领的不够十分准确，人们可以随着读书的增多和素养的提高，慢慢矫正过来。回想小时蒙师给我们讲的话，难道句句都是真理吗？教师讲课当然应该避免差错，哪怕是最小的差错，以免误导学生，这是职业道德；但是绝对不出差错，圣人也难以做到，想一想恩格斯“向鸭嘴兽道歉”的故事就明白了。

有些媒体赞许于丹，说了许多过头话，有“捧杀”的迹象，应该收敛。然而更值得注意的是“棒杀”的倾向，且看下面这段评论文字：

> 中国文化已经到了最危急关头。……当于丹用《心灵鸡汤》般的语言来猥亵孔子时，人们早就在不知不觉中被煮熟。在这些形形色色的掘墓人那里，我们除了嗅到死尸的臭气，何尝掬得一丝传统文化的芬芳？……一旦人们连对传统文化的最后一丝敬畏都消失时，亡国亡天下的日子还会远吗？

作者说到这里赶紧说明，“这绝非危言耸听”。可我还是觉得像是“危言耸听”，把于丹讲《论语》的事，扯到“亡国亡天下”上去，未免太离谱了吧？中外历史上的任何经典，后人都有不同的解读（甚而至于相反的解读），这是极普遍的现象。就以《论语》而论，历史上何晏、邢昺、朱熹直至杨树达等许许多多学者注《论语》，各自谈自己的见解，后人可以置可否，有弃取，却没有人要求他们做出“标准答案”。于丹敬仰孔子，讲解《论语》态度严肃、认真，尽管有的地方讲得不那么切题，那也决不是不负责任地去亵渎《论语》，看过她的书就可以知道这点。至于把“荒悖无知”、“死尸的臭气”、“厕所”之类的词语一齐倾泻出来，就近乎侮辱谩骂，丢了学者风度。要知道，“语不惊人死不休”是说作诗有新意才能动人；至于知人论事，讲述道理，话说得越准确才越有说服力。“大字报”式的文风应该让它过时了。

于丹的《论语》阐述，可商量之处不少，我也想就便讲出来。我最有意见的是印在书的封面上的那段话：

> “《论语》的真谛，就是告诉大家，怎么样才能过上我们心灵所需要的那种快乐的生活。”

孔子不是伊壁鸠鲁，没有主张“快乐论”。《论语》的“真谛”，也不是让人们去追求“快乐的生活”。不错，宋代儒者周敦颐曾提示二程去探究“孔颜乐处”，那是指孔子、颜回在研究学问、探索真理过程中感受到的愉悦，是“道通天地有形外，思入风云变幻中”（程颢诗）的心理满足，不是一般意义上的心情愉快。其实孔子的一生并不快乐，《论语》里就有不少“道之不行，已知之矣”、“久矣吾不复梦见周公”一类的牢骚话，心思很沉重。依我个人的理解，讲《论语》应该把握住一个“仁”字，依此为根据，铺衍开去，庶几不致大错。《三字经》讲到孔孟时说“讲道德，说仁义”，就指出了儒家学说的要点。

> 子曰：“志于道，据于德，依于仁，游于艺。”（《论语·述而第七》）

为了便于理解，我把这句话作一下只供参考的今译：“要立志终生追求真理，目标在于完善自己的道德品格，始终把握住仁爱这个理论核心，然后掌握和运用各类知识和技艺（礼、乐、射、御、书、数）去干事业。”在这段话里，要紧的是“依于仁”一句。仁，在儒家学说中就是人本有的天性，也就是人的本质。所以孟子说：“仁，人心也。”朱熹在《四书集注》里说“仁”是“全德之称”。儒家把“仁”列为“五常”之首，就说明了它的重要。所以，讲《论语》不该离开“仁”这个出发点。于丹的讲解中也说到“仁”的重要，但把它和“恕”并列为儒家的理论核心，就不妥当了。特别是离开“核心”去强调“快乐的生活”的“真谛”，就极容易离题了。《论语》是研究孔子第一重要的典籍，许多古籍都有真伪问题，《论语》没有，所以价值极高。把书中有关道德修养的内容摘出作为“心灵鸡汤”讲给人，是可以的，不像有人说的是歪曲；但我总觉得还是介绍全貌为好，不然就类似杀鸡用了牛刀，没有物尽其用，浪费了。

讲解古代经典，不准出错，是不讲道理的。但由于“想当然”导致的明显误差还是应该尽可能避免。如于丹讲到学习方法时说：

> 古人的学习有两种方式，一种是“我注六经”，另外一种是

“六经注我”并且说，“前一种方式需要皓首穷经”，“而后一种方式是更高境界的学习”。学习方式有无“境界”高低之分，暂且不说，单是这样的两种“学习方式”的说法，我还是第一次听说，恐怕于丹教授搞错了。“六经注我”的话，是宋明理学中“陆王心学”开创者陆象山说的，他说的是理论主张，不是讲学习方法。他认为人要立志，自作主宰，不赞成一味崇拜圣人而贬低自己，也反对埋头注解经典而忽视涵养自心，影响自己成贤成圣。因此有人问他“胡不注六经?”，他便带着情绪反问：“六经当注我，我何注六经?”这些话，反映了他最尊崇的是人格精神培养，而认为注释先贤典籍不是很重要的。他的名言之一是：“若某则不识一个字，亦须还堂堂地做个人!”

2007年3月24日的新加坡《联合早报》报道：

于丹教授昨天接受本报访问时说，解读《论语》可以有两个层面，一是唯体，一是唯用。唯体是属于学术研究的范畴，包括历来《论语》的不同版本、历代各家对《论语》的不同注释等；至于唯用，每个人可以从各自的角度去做延伸和解读。

我不知道这个报道是否准确?如果大体准确，这种将“体、用”分开的讲法也是很值得商榷的。今人读许多古书都难于离开各类注释，抛开相对准确的“注释”，“每个人可以从各自的角度去做延伸和解读”，那岂不是乱套了吗?“体”和“用”的关系是“眼”和“视”的关系，是“耳”和“听”的关系，离开“眼耳”去“视听”，难矣哉!

最后想说几句也许不算离题的话。近代儒者钱穆先生于27年前在台湾的一次演说中讲道：“照理说，一个民族实在总该有一本两本人人共同必读的书。”他说，西方人有一本《新约》，回教民族亦有一本《可兰经》，“我们中华民族9亿人口，如果没有一两本大家共同必读的书，这对民族国家的前途相当严重”。我对钱穆先生的见识深表钦佩。我们提出要构建社会主义核心价值体系，这个体系的根必须深深扎在民族传统文化之中，否则那个“体系”就是无根的浮萍。如果是这样，我们要不要也有一两本人人共读的书?在中国历史上没有一本人人共读的书

(因为绝大多数人不识字)，但却有一本所有读书人共读的书，这就是《论语》。它从汉文帝起被列为学官，以后直到近代，士人都要读它。当然，我们现在读它，自有今人的立场和视角，要加以新的阐释和新的理解，有别于2000多年传统宗法社会的理解和运用。如果真要选一本中国人共同必读的书，我首先投《论语》一票。

重视人文科学研究
强化人文精神教育

科教兴国的口号，现在已被全民普遍接受。但是人们对其中的“科”字，多半仅仅理解为自然科学和各类技术，这是十分片面和不准确的。这里的“科学”，应该是：既包括自然科学，也包括人文科学。

现在国家十分重视自然科学，但对人文科学的重视却远远不够。

近年来，我们提出公民道德建设的任务，特别是党的十六大提出弘扬和培育民族精神，而要做到这些必须深入开展人文科学研究，在国民教育中强化人文精神教育，使我们的青少年不仅懂得数理化，还要懂得真善美，成为知识丰富、情操高尚、素养深厚、人格健全的社会主义建设者。

20 世纪二三十年代，在英国剑桥大学有过一场自然科学教授和人文科学教授之间的争论，自那以后，形成了“科学文化”和“人文文化”两种文化概念。

在世界近代史上，科学文化创造了无数奇迹，马克思把它称作“最高意义上的革命力量”，邓小平称“科学技术是第一生产力”，所以我们重视科学技术是理所当然的事。但是，科技并非万能，科技文化的昌明所带来的负面影响已经成了世界性问题，同时科技文化存在着若干盲点，如人类的伦理层面、精神层面、价值层面的诸多问题是科技文化管不了的，这是人文科学领域的事。

有人把整个人类文化比作是由“科技文化”和“人文文化”组成的一道“拱门”，19世纪以前“人文文化”这一侧高于“科技文化”那一侧，20世纪以后，则正好调转过来。这种科技文化昌明、人文文化萎缩的结果，犹如马尔库塞所说，造就了只有物质生活、没有精神生活、没有想象力和创造性的“单面人”。历史提醒我们，人文文化的力量不容忽视。一篇文章里说，1961年苏联在世界上第一个把人（加加林）送上太空，使得一些美国科学家很不服气，认为美国科学技术高出苏联一大截，这个风头应由美国人出。这时另一些更清醒的美国人指出，美国向来重实用主义，人文文化底蕴不如俄罗斯。19世纪俄罗斯出现过托尔斯泰、托思陀耶夫斯基等世界一流的文学家，赫尔岑、车尔尼雪夫斯基这样一流的理论家、柴可夫斯基这样一流的音乐家，列宾这样一流的美术家，等等，美国没有出现过这样的人文文化辉煌，所以美国人缺乏俄罗斯人那种文化底蕴带来的丰富的想象力，所以应该服气。这是大的例证。小的例证，如清华大学的一位高才生带着硫酸到动物园去烧黑熊，说明缺乏人文情怀会造成怎样扭曲的人格。如果我们把民族文化比作一辆车，那科学文化和人文文化就是车之两轮，缺一不可。

所说的人文文化，主张以人为出发点和落脚点，肯定人的价值，承认人的尊严，崇尚道德情操和人格理想的追求，向往人的自由全面的发展。在当前我们的教育中，人文精神教育显然是个弱项，无论学校教育还是全民教育都是如此。中小学的孩子用绝大部分时间学数理化，人文内容的课占很小的比例。大学生中理工科学生所占比例最大，他们都扑向自己的专业和外语，无暇顾及其他，形成与人文科学的疏远和隔离。这种情况必须改变。既有严格的科学精神，又有浓烈的人文情怀才是完整的人格。中国共产党的老一辈领导人都有极高的人文科学素养，是我们永久的榜样。

为了加强人文文化建设，我们应该从现在开始着手如下两方面的工作：

第一，逐步建立一支高水平的人文社会科学研究队伍。

第二，在国民教育中加大人文学科的比重。从小学、中学到大学，逐步增加人文知识的教育，从孔子和苏格拉底开始直到今天，重要的文、史、哲知识都要让学生有重点地有所了解，引发他们终生学习的兴趣，将来从事任何类型工作的人都不例外。

张中行先生留给我们的启示

张中行老人走了，现在文化界的人们正在悼念他。

大约是20世纪80年代后期，一位可称为忘年交的年轻人将他刚刚读完的《负暄琐话》特意给我送来，可能是怕我不在意，又特意嘱咐一句："很值得读！"我听了他的话，放下手头的事，立即展卷浏览，待看到三四篇后，就放不下了，记得是一口气读完的。作者说他这本随笔"就主观愿望说却是当作诗和史写的"。书中记述了20世纪上半叶若干位大师级学者治学和为人的风范，还有一些老北大、老北京的旧事，叙事之平实，情趣之高雅，评骘之机智，笔锋之灵秀，实为多年来之仅见，确有"史"和"诗"的价值。加之听人说，他就是"余永泽"的原型，所以张中行这个名字就深深地印在脑海中。当然，我清楚"余永泽"是出于某种需要虚构的，因此丝毫没有影响我对这位老者的尊重。从那之后，在书店里只要遇见他的书，我一定买回来，大约积攒了六七本，读了其中的大部分。

在张老先生的《写真集》一书的封面上印有两行手书恭楷毛笔字："岂有文章惊海内，漫劳车马驻江干。"显然，这是借杜诗表达自己的谦抑之情，但同时也说明老先生"已有文章惊海内"，甚至"惊海外"了。著名记者唐师曾在一篇文章中说："前年我经香港赴美探亲，后绕道回京。沿途意外发现，但凡能读中国字的，不问肤色发质五官布局，没有不读张中行的。"先生在年近八旬时"暴得大名"，被有些人称为"文坛老旋风”。对此，我们感到庆幸，一位国宝级的学者和作家终于没有被埋没，出现在文坛上，为当代中国文化增添了一些新内容。同时，我们也不无遗憾，由于历史没有提供应有的条件，他出现在文化视野的时间实在太晚了些，否则他会贡献得更多。我曾和一位同事谈到这点，他半开玩笑地说：“宋代梁灏 82 岁中状元，成为历史佳话，张老先生成名时还不到 80，不算晚！”我当即从书架上拿下《蒙学辑要》一书，请他看《三字经》的一条注解：“梁灏中状元时尚年轻，八十二岁中状元之说实属子虚乌有。”看罢我们同时哈哈大笑。历史上的梁灏二十几岁中状元，之后在朝廷和地方为官 10 多年，英年早逝，享年只有 41 岁。梁灏的例证无法为张中行的历史的遗憾解嘲。

实际说来，张中行现象不是孤例，改革开放之后，还有启功、金克木、季羡林等若干位学者皆在耄耋之年才显现出其真正价值。有人曾经感慨：20 世纪上半叶，我们的文化史上出现过若干位值得中国人骄傲的学贯中西的大学者，如陈寅恪、王国维、梁启超、赵元任、钱穆等人；而 20 世纪下半叶就再没有同一“量级”的学者出现。是中国人智商退化了吗？当然不是。设想，如果学术环境和气氛能够宽松的话，张中行等老人也许在四五十年前就已成名，其中总会有人赶上王国维等人的“量级”的。“往者不可谏，来者犹可追。”近 20 多年来，我们的学术禁忌减少了许多，学术天地开阔了许多，学术成果渐渐多起来，初步显示出繁荣的苗头。但从一个和谐社会和现代社会的标准要求，现在还差得很远。没有繁荣文化的和谐社会是难以想象的，而没有以各种类型的学者为代表的精英文化，文化的繁荣就没有依归和灵魂。近几年来，我们提出公民道德建设的任务，特别是党的十六大提出弘扬和培育民族精神，而要做到这些必须深入开展人文科学研究，在国民教育和全民教育中强化人文精神教育，使我们的后代不仅懂得科学技术，还要懂得真善美，成为知识丰富、情操高尚、素养深厚、人格健全的人。为此，我们必须特别重视建立高水平的人文社会科学研究队伍，培养出一批类似上面说到的重量级的人文学科学者。

谈论张中行，还不能不提到他作为学者的人格魅力。季羡林曾用 8 个字评价他：“学富五车，腹笥丰盈。”读过张先生著作的人大概对此不会有大的异议。季先生还用了“高人、逸人、至人、超人”等字眼来形容他的这位老友，因为其标准难以确切定义，所以不好断言是或否；但张中行其人的私德大醇而小疵，摆脱了许多庸俗趣味，是可以肯定的。有人问他的养生之道，他回答说："我没有什么养生秘诀。要说有的话，就是我这一辈子，一不想做官，二不想发财，只是一门心思读书做学问。除此之外，我别无他求。"从我们知道的情形看，他没有自夸其德。没有这个精神，想做学问也是骗己又骗人。好几篇文章都谈到他的一身布衣、布鞋，有时以一块烤白薯当一餐的简朴生活。他家住在德外某小区，一小套三居室的单元房，没有装修，而且是 1994 年他 85 岁时才分给他的。对照当前学术界的一些腐败现象，诸如争权夺利、跑官要官、鼠窃狗偷、邀名弃实等等非正常作为，就更显出张中行的价值。在这样的典型目前，应该有人惭愧和自责。

在《顺生论》一书中，张先生讲到他于 20 世纪 30 年代初，受当时风气影响钻过几年故纸堆，经、史、子、集都曾广泛涉猎；到大学毕业前夕，兴趣突然转到探究人生意义即"人生哲学"上来，这时他把眼光又投向西方，培根、休谟、康德、罗素、边沁等等都进入了他的研究视野。据他自己说，他的"人生哲学"的探究方向终其一生没有再变，所以他以思想家自许。根据这些情况，许多人说张先生学兼中西，显然是有根据的。不过，就我读过的他的著作来看，他的专长还应该说是在"国学"方面。我曾把他的《禅外说禅》从头到尾仔细读过一遍，他学识的博雅、思维的细密，特别是"知之为知之，不知为不知"的"修辞立其诚"(《易经》语)的治学态度令我深为叹服和感动。他的思考对象主要是中国人和中国社会，他的价值信念、他的思维方式、他的审美情趣主要来自中国传统文化。我当然承认西学对他的影响，但作为学者类型，他仍然是中国型的，是中国传统文化塑造出来的，和胡适一类的学者有所不同。美国的一位钻研东亚文化的黑人学生说：张中行的书"透着中国文人几千年的高贵气质和文化传统"。如果上述判断是对的，那么我们就可以说张中行的出现证明了传统文化的价值。就是陈独秀、鲁迅一类的历史人物，他们的爱国情愫和饱满的人格也是中国传统文化塑造的。因此，我们必须理性地对待我们民族传统的精神文化。我们要构建社会主义市场经济条件下的新的道德体系，我们要弘扬和培育我们的民族精神，这一切都只能建立在传统的地基之上。我们从来没有说传统文化百分之百优秀，根据现代社会的要求一定要扬弃一些必须扬弃的东西，但其核心精神是超越时代的，中国文化绵延数千年不断而依然保持其生命力就是证明。如自强不息的从道精神，厚德载物的博大襟怀，贵和尚中的和谐理想，崇德重义的价值信念等，今天仍然是鼓舞我们自尊自强，建设现代社会的精神力量。如著名国学大家钱穆先生所说，我们对本国以往之历史应怀有一种“温情与敬意”，不可以拿“两千年封建专制”为借口，把一切罪过都推诿给古人。设想，如果五四时代的先哲们生活到今天，他们也定会重新审视“打倒孔家店”的口号，作出一些新的思考和判断。珍视和继承传统文化不是从五四向后倒退，而是从五四向前迈进。

上面所述，是我在悼念张中行先生时的一些肤浅的思考，表述出来，就教于时贤。

律绝诗格律简说[1]

一、律绝诗的形成

律绝诗开始出现是在南北朝的南朝时期，齐代的永明年间。当时佛教传入中国已经三四百年了，随着佛经的大量翻译，印度的语言学即“声明”之学传入了中国。中国人知道了一个音节里面有声母、韵母之分，音节又有声调的区别。当时一批很有名的诗人，如沈约、谢朓、王融等人，把音韵学应用在诗歌写作之中，做诗开始讲求“四声”（平上去入）的搭配，这就是所谓的“永明体”。永明体和我们现在讲的律绝诗不完全一样，还只是律绝诗的雏形。

到唐初，经沈佺期、宋之问等人的创作实践，最后形成了律绝诗。此后其格律就确定下来，再也没有变化。从永明体到律绝诗的形成经历了两百年左右的时间，从公元5世纪到7世纪。

“律诗”和“绝句”就是格律诗，也叫“今体诗”、“近体诗”。杜甫的“国破山河在，城春草木深”虽然写在1300多年前，但它不能叫“古体诗”，因为它是格律诗，是“近体诗”。这个“近”是就李白、杜甫那个时代而言，不是今天的“近”。“古体诗”是非格律诗，汉魏乐府以及之前的《诗经》、《楚辞》都是非格律诗。格律诗到唐初才形成，古

① 本稿原为18000余字，后由谢武军教授摘编加工而成。

体诗唐以前就有，唐以后仍然在做，一直做到清代，做到近代。李白、杜甫既写古体诗也写近体诗，比如“君不见黄河之水天上来，奔流到海不复回。君不见高堂明镜悲白发，朝如青丝暮成雪”，就是“古体诗”。“今体诗”、“近体诗”、“古体诗”都是专用名词，不是凡古代的诗就可以叫“古体诗”。

沈佺期有一首《独不见》：

卢家少妇郁金堂，海燕双栖玳瑁梁。
九月寒砧催木叶，十年征戍忆辽阳。
白狼河北音书断，丹凤城南秋夜长。
谁谓含愁独不见，更教明月照流黄。

《独不见》是个乐府诗题，按说它应该属于古体诗，但这首诗不是，这首诗已经完全合乎律绝的标准了，已经是律绝诗了。为什么呢？因为它讲究音韵，平仄搭配得非常好，已经是一首完整的七言律诗。

二、律诗的五个要素

律诗大体上有五个要素：

第一，篇有定句。就是每篇诗句数有规定，不能随便变，绝句就是4句，律诗就是8句，10句以上就叫排律。

第二，句有定字。五言诗就是5个字，七言诗就是7个字。

第三，字有定声。平仄要搭配，要讲“对”和“粘”。在本句之内，平仄要间错。“国破山河在”，仄仄平平仄，“城春草木深”，平平仄仄平，平声和仄声，两个字两个字搭配起来；本句之内平仄要间错，都是仄仄仄仄不行，都是平平平平也不行；上、下句平仄要对立，第一句，仄仄平平仄，第二句平平仄仄平，仄对平，平对仄，下面也一律是这样，这就叫“对”。上、下联相接处的第二个字平仄要一致，就叫“粘”，比如《春望》首联“城春草木深”的第二个字“春”字是个平声字，颔联“感时花溅泪”的第二个字“时”字也必须是平声字，粘起来。同样，颔联“恨别鸟惊心”的“别”与颈联“烽火连三月”的“火”，平仄必须一致，都是仄，粘起来。

第四，韵有定位。哪一句押韵、押什么韵是有规定的。有的是双句押韵，有的第一句也押韵。押韵是押《平水韵》的上平声15韵或下平声15韵，共30韵。

第五，联有定对。就是“五律”或“七律”颔联、颈联要讲对仗。绝句可以对仗，也可以不对仗。

王之涣的《登鹳雀楼》是律绝诗的典型：

白日依山尽，黄河入海流，
欲穷千里目，更上一层楼。
仄仄平平仄，平平仄仄平，
平平平仄仄，仄仄仄平平。

篇有定句：4句。句有定字：5个字。字有定声：仄仄平平仄，平平仄仄平。韵有定位：押《平水韵》下平声的“十一尤”韵。联有定对：上下联都对仗。

格律诗的所有要素皆包含这首诗中。严格记住这首五言绝句的格律，所有的律诗和绝句的格律都可以从这首诗“推导”出来。从王之涣的《登鹳雀楼》推导，是当年我学诗时参考王力先生的书，自己琢磨出来的，好记，供大家参考。

三、五言绝句的四种样式

五言绝句的第一种样式就是：

仄仄平平仄，平平仄仄平，
平平平仄仄，仄仄仄平平。

就是“白日依山尽”这首诗的样式。

第二种样式就是

仄仄仄平平，平平仄仄平，
平平平仄仄，仄仄仄平平。

上面第一种样式的首句是不押韵的，如果把它押了韵，尾字仄变平。为了平衡这一句里面的平仄搭配，再把第三个字由平改成仄，就成了仄仄仄平平，第二种样式就出来了。后三句和“白日依山尽”的平仄是完全一样的。这种样式也有一首诗作证，就是卢纶的《塞下曲》：

月黑雁飞高，单于夜遁逃。
欲将轻骑逐，大雪满弓刀。

卢纶是唐代“大历十才子”之一，他这首诗也是脍炙人口的。

第三种样式就是：

平平平仄仄，仄仄仄平平，
仄仄平平仄，平平仄仄平。

把“白日依山尽，黄河入海流”的上联和下联一颠倒，这种样式就出来了。“欲穷千里目，更上一层楼”的格式在上，“白日依山尽，黄河入海流”的格式挪到下边。这种样式可以用王维的《山中送别》为例：

山中相送罢，日暮掩柴扉。
春草年年绿，王孙归不归？

他押的是上平声的“五微”韵。王维在中国诗歌史上的影响不在李白、杜甫之下。

第四种样式，就是：

平平仄仄平，仄仄仄平平，
仄仄平平仄，平平仄仄平。

把上面这首“山中相送罢”的首句入韵，把平平平仄仄最后这个仄字改成平声，相对的第三个字改成仄声，这样就成了平平仄仄平，仄仄仄平平。后边三句与第三种样式是完全一样的。

以卢纶的《塞下曲》为例：

鹫翎金仆姑，燕尾绣蝥弧。
独立扬新令，千营共一呼。

简括一下：五言绝句的四种样式，都可以从王之涣的“白日依山尽”这首诗推演出来：(1) 这首本身是一种；(2) 把其第一句入韵出来一种；(3) 上下联一颠倒又出来一种；(4) 颠倒完了以后首句入韵又一种。五言绝句的四种样式就全出来了。

“七言绝句”也有四种样式，就是在“五言绝句”每句的前面加两个字。仄仄前面加平平，平平前面加仄仄就行了。比如：仄仄平平仄，平平仄仄平，平平平仄仄，仄仄仄平平，每句前面加两个字就成了平平仄仄平平仄，仄仄平平仄仄平，仄仄平平平仄仄，平平仄仄仄平平。七言绝句其他三种样式也是如此。

四、五言律诗的四种样式

五言律诗也可以由“白日依山尽”这首诗推导出来。

第一，把“白日依山尽”再重复一遍，就是五律的第一种样式。就是仄仄平平仄，平平仄仄平，平平平仄仄，仄仄仄平平。仄仄平平仄，平平仄仄平，平平平仄仄，仄仄仄平平。如杜甫的《春望》就是。

第二，五言律诗的第二种样式：五绝句的“第二种样式”再加上“第一种样式”。就是仄仄仄平平，平平仄仄平，平平平仄仄，仄仄仄平平。仄仄平平仄，平平仄仄平，平平平仄仄，仄仄仄平平。也就是“月黑燕飞高”再加上“白日依山尽”的格律样式。

第三，五律的第三种样式：五言绝句的“第三种样式”乘二，即重复一遍，亦即把“山中相送罢”的平仄格式再重复一遍，第三种样式就出来了。就是平平平仄仄，仄仄仄平平，仄仄平平仄，平平仄仄平。平平平仄仄，仄仄仄平平，仄仄平平仄，平平仄仄平。

第四，五律的第四种样式：把“鹫翎金仆姑”和“山中相送罢”的格律加在一起就出来了。就是平平仄仄平，仄仄仄平平，仄仄平平仄，平平仄仄平。平平平仄仄，仄仄仄平平，仄仄平平仄，平平仄仄平。

关于“五言律诗”的四种样式，大家可以记住四首诗：一是“白日依山尽”；二是“山中相送罢”；三是“鹫翎金仆姑”；四是“月黑燕飞高”。把这四种样式颠来倒去，律诗的几种样式就出来了。

“七言律诗”也很简单：把四种“五言律诗”每句前边加两个字，仄仄前边加平平，平平前面加仄仄，就是七言律诗的四种样式。

关于律绝诗，向来有“一三四不论，二四六分明”的说法。准确说，五言诗是“一三不论，二四分明”，即每句诗的第一、第三字可以不论平仄（可平可仄），而第二、第四字平仄必须分明，不能马虎。七言诗才是“一三五不论，二四六分明”。在多数情况下，这个口诀是适用的，但是遇到“仄平”韵脚时，即遇到“平平仄仄平”或“仄仄平平仄仄平”这样句子，五言第一字、七言第三字必论！如“黄河入海流”一句，“黄”字必须是平声，如果用了仄声，就成了“仄平仄仄平”，即除了韵脚之外，只剩下第二字一个平声，这叫“犯孤平”，绝对不被认可。七言的第三字与此同理。

五、律绝和古绝的差别

我们不要看整整齐齐的五言四句就以为它是绝句，那不一定。不遵守律诗规则的四句诗不是“律绝”而是“古绝”。比如“春眠不觉晓，处处闻啼鸟。夜来风雨声，花落知多少”，它看起来好像是一首五言绝句，但它不是律绝。律绝诗必须押平声韵，“春眠不觉晓”，是仄声韵，它不合平仄规矩，但它是好诗。再比如说柳宗元的“千山鸟飞绝，万径人踪灭。孤舟蓑笠翁，独钓寒江雪”，也不是“律绝”，但它也是绝句，叫“古绝”，就是古诗的绝句。李绅的“锄禾日当午，汗滴禾下土”，“春种一粒粟，秋收万颗子”，也不是我们讲的“律绝”，这个必须分清楚。

六、押韵与四声

方才我们讲到律绝诗押韵是押《平水韵》的平声 30 韵。什么叫

《平水韵》呢？律绝诗出来以后，对音韵特别讲究。隋代的陆法言编了一本《切韵》，隋唐人做诗就是依照这个《切韵》。宋朝是个文化特别发达的时代，诗歌也特别发达，宋人把《切韵》拓展开来叫《广韵》。南宋山西平水人刘渊在《切韵》和《广韵》的基础上，编了一部韵书《壬子新刊礼部韵略》，107 韵，因刘渊是山西平水人，以他的地望命名，称为《平水韵》。清朝康熙年间，把刘渊的《平水韵》改成 106 韵，用康熙皇帝的“佩文书屋”命名为《佩文书韵》，通行直到今天。

《平水韵》(或《佩文诗韵》)：(1) 上平声 15 韵：一东二冬三江四支五微六鱼七虞八齐九佳十灰十一真十二文十三元十四寒十五删。(2) 下平声 15 韵：一先二萧三肴四豪五歌六麻七阳八庚九青十蒸十一尤十二侵十三覃十四盐十五咸。这 30 个韵部里面，少的有几十个字，多的有几百字，比如“三江”含 50 多个字，“四支”含 460 多个字。要做律绝诗必须在上平声、下平声这 30 个韵部里选一个韵部，只能用这个韵部的字押韵。

除此而外，还有上声 29 韵、去声 30 韵、入声 17 韵，一共是 106 韵。比如上声：一董，二肿，三讲，四纸，五尾……去声：一送，二宋，三绛，四寘，五未……入声：一屋，二沃，三觉，四质，五物……

“平上去入”是古人的四声，有几句口诀：“平声平道莫低昂，上声高呼猛烈强，去声分明哀远道，入声短促急收藏”(见《康熙字典》)。平则平矣，仄就是不平。现代汉语的四声称为阴平、阳平、上声、去声。一般地说：阴平阳平就是平声，上声去声就是仄声。但是古代的有些字它本来是仄声，后来由于语音的变化成了平声，做诗的时候还必须把它当仄声。“七”我们现在念平声，“八”和“十”我们也念平声，但是在平水韵里面它们都是仄声。其实“一二三四五六七八九十”这 10 个字里面只有“三”是平声，其他都是仄声。再如仆人的“仆”、竹子的“竹”，现在是平声，但是在《平水韵》里它们是仄声。这些就得硬记了，没有别的办法。

七、对　仗

律绝诗有些特别用语，如上一句叫“出句”，下一句叫“对句”。

“黄河远上白云间，一片孤城万仞山。羌笛何须怨杨柳，春风不度玉门关。”“黄河远上白云间”就是出句，“一片孤城万仞山”是对句。下联也一样。律诗的前两句叫“首联”，三四句称“颔联”，五六句称“颈联”，七八句称“尾联”，其中“颔联”和“颈联”要对仗。

过去人们为了做诗在对仗上是下了很大功夫的，像《声律启蒙》、《笠翁对韵》这类的书过去人开蒙时都是要学的。为什么呢？因为科举制度始于隋代，到唐代大兴。唐代科举考试除了做文章还要做诗，诗做得不好，科举是考不上的。所以必须从小就进行做诗的训练，对仗就是其中之一。比如说老师出了一个上句，你就得给对出下句来。为了进行这样的训练，有了《声律启蒙》（清车万育撰）、《笠翁对韵》（明李渔撰）等书。如《笠翁对韵》在“一东”韵里：“天对地，雨对风，大陆对长空，山花对海树，赤日对苍穹，……风清秋月白，雨霁晚霞红……”等等，这都是对对子，让你不断地这么念，到时候张口就来了。我见过民国四公子之一的张伯驹老先生，他在北京的文化界是名望极高的一位老者，诗词做得好极了，80 年代过世了。如有人请求；“张伯老给我拟个对联吧！”，他会在一分半分钟之内就拟出来。为什么呢？就是他对《声律启蒙》这些东西太熟了，平时做诗不断灵活运用，达到了纯熟的地步。因此，对仗这事儿必须经过训练。

对仗最典型的就是杜甫的一首诗：“两个黄鹂鸣翠柳，一行白鹭上青天。窗含西岭千秋雪，门泊东吴万里船。”这是他在安史之乱避难到四川时写的，全诗都对仗。“两个”对“一行”，“窗”对“门”，“黄鹂”对“白鹭”，“西岭”对“东吴”，“鸣翠柳”对“上青天”，“千秋雪”对“万里船”。数字对数字，名词对名词，形容词对形容词，这是最典型的对仗。

对仗，一类是工对，杜甫这首诗就是工对，对得绝对工巧；还有的为了不“以辞害意”，马虎一点，对得不那么工整也可以的，照样可以是好诗。

做诗为了合乎格律，还有一种通融的办法，叫作“拗救”。

第一，是“孤平本句 1—3 救”（这个口诀是我编的，为了好记）。比如李白的“我宿五松下，寂寥无所欢。田家秋作苦，邻女夜春寒。”“我宿五松下，寂寥无所欢”，第二句本来应该是平平仄仄平，第一个字应该用平，但“寂”用了仄声字，这就不合格律了——叫“犯孤平”，即除了韵脚的平声外，只剩一个平声字，是律诗之大忌。挽救的办法是，第三个字本来应该是用仄的，他改成了平声字“无”，这样平仄就平衡了，这就叫“孤平拗救”。本句里第一个字出了毛病，在第三个字把它挽救回来，不在另外的句子里去救。

第二，是“出对上 4 下 3 救”（这也是我编的，为了好记）。就是“出句”如果出了毛病，在“对句”里面把它救过来。出句的第 4 个字出了毛病，在对句的第 3 个字把它改过来。白居易的“野火烧不尽，春风吹又生”，野火烧不尽，这个“不”本来应该用平声他用了仄声，怎么办呢？在下一句的第 3 个字把它改过来，“春风吹又生”，“吹”应该用仄声，他用了平声，就把它挽救过来了。所谓的“拗救”就是以平声来挽救仄声。这些是最常见的拗救。关于“拗救”我们只举如上的简单的例子。

八、词的格律

词的格律我只能提示一下。用韵，如果说做律绝诗有 106 个韵部，那么词韵有 19 部，把《平水韵》的平、上、去三韵合并成 14 部，把入声字合并成 5 部，就变成 19 部。词的用韵比较宽，也可以押仄声韵，辛弃疾的词很多就是押仄声韵。

声律样式，如果说律绝诗有四种样式，那么词的声律样式就有 1000 种到 2000 种，什么“蝶恋花”“沁园春”等等，每一个词牌都不一样。你要填“蝶恋花”，你就把它的词牌找来，看看平仄是怎么回事，用韵是怎么回事，“照猫画虎”，猫画多了，就会画虎了。

至于对仗，词可以对仗也可以不对仗。“一曲新词酒一杯，去年天气旧亭台。夕阳西下几时回？无可奈何花落去，似曾相识燕归来。小园香径独徘徊。”这是北宋晏殊的词，做得好极了。“无可奈何花落去，似曾相识燕归来”，这是对仗的，前边他就不对仗了，他愿意对就对，不愿意对就不对。

词的字数最少的是《十六字令》，如北宋蔡伸的词：“天！休使圆蟾照客眠。人何在？桂影自婵娟”，这就是一种样式，是一两千种的一种。它的平仄样式是：平，仄仄平平仄仄平，平平仄，仄仄仄平平。其实你看这个平仄的样式和律绝诗是很相似的，也是律句，不过字数有多有少而已。

词的分类，有小令、中调、长调的分法。还有小令、慢词的分法，慢词就是比较长的。还有单调、双调、三叠、四叠的分法。单调比如说《十六字令》，双调是分上、下阙，三叠就是三段，四叠就是四段。还有按字数分的，58 字以内的叫小令，59 字到 90 字叫中调，91 字以上叫长调。有人还主张 60 字以内的叫小令，以外的统统都叫慢词。